유아를 위한

동작교육의 이론과 실제 3판

| 심성경 · 이선경 · 변길희 · 박주희 · 전영선 공저 |

학지사

머리말

유아에게 있어 자신의 신체를 활용하여 움직임을 만드는 일은 중요한 의미를 갖는다. 유아기의 동작활동의 경험은 평생에 걸쳐 한 인간의 삶에 지속적인 영향을 미치게 되므로 적절하고 충분한 동작활동의 경험을 제공해 주는 일은 매우 중요하다.

그러나 유아교육 현장에서 이루어지는 동작활동은 정해진 동작으로 춤을 추는 등의 정형화된 동작활동과 학예회 등 공연 중심의 보여 주기 위한 동작활동이 대부분이며, 심지어는 무용 전문가에 의해 고안된 획일적 무용 동작을 정확히 모방하도록 훈련하는 활동이 이루어지기도 한다.

이유를 생각해 보면, 많은 유아 교사가 동작활동 자체에 대한 거부감이나 두려움을 가지고 있거나, 동작활동을 번거롭게 여기기 때문이라고 할 수 있다. 또한 예비 유아교사교육 단계에서부터 대부분의 학생이 동작활동 관련 과목에 대해 거부감이나 두려움을 가지고 있으며 귀찮게 여기는 것이 사실이다. 이러한 문제의식으로부터 출발하여 어떻게 하면 예비 유아교사들과 현장의 교사들이 부담을 느끼지 않고 즐겁게 동작활동을 지도하도록 도울 수 있을까 하는 질문과 의욕으로부터 이 책의 집필이 시작되었고, 이번 3차 개정 작업 역시 같은 맥락에서의 노력이라고 할 수 있다.

저자들은 특별히 학문적으로 심오하게 동작교육을 연구한 사람들은 아니다. 다만, 유아교육을 공부하는 학생으로서, 현장에서 유아들을 가르치는 교사로서, 그리고 대학에서 학생들을 가르치는 사람으로서 유아동작교육에 대한 특별한 관심과 흥미를 갖게 되었다. 그리고 유아에게 좀 더 쉽고 재미있게, 또한 발달적으로 필수적이며 적절하게 동작활동의 경험을 제공해 줄 수 있도록 도움을 주고 싶은 바람이 절실했다.

이에 학부 학생들의 수준에 맞으면서, 한 학기 강의 교재용으로 적합한 실용적인 책을 쓰고자 하였다. 이 책은 처음 집필할 때와 마찬가지로 유아동작교육의 이론과 실제로 구성되어 있다. 제1부에서는 동작교육의 이론인 유아동작교육의 이해, 유아의 발달 특성과 동작교육, 유아를 위한 동작의 요소, 유아동작교육의 내용, 유아를 위한 동작교육의 환경구성, 유아동작교육의 교수방법과 유아동작교육의 평가를 다루었다. 제2부에서는 동작교육의 실제로서 주제를 중심으로 하여 기본운동 동작하기, 동작 감상하기, 표현 동작하기 활동을 제시하였다.

이번 3차 개정에서의 초점은 이론편에서 유아를 위한 동작의 요소를 재정립하는 것과 실제편에서 2019 개정 누리과정을 반영하는 것이었다. 아울러 교재 전반에 걸쳐 다수의 사진을 교체하는 작업도 이루어졌다.

책이 나오기까지 애써 주신 학지사의 김진환 사장님, 정승철 상무님, 그리고 추가된 사진 자료가 많아 편집 과정에서 많이 수고한 편집부의 박나리님께 감사의 마음을 전한다.

더불어, 항상 우리들의 일을 격려하며 든든한 힘이 되어 주는 사랑하는 가족에게 감사와 사랑의 마음을 전하고 싶다. 특히 이제는 훌쩍 컸지만 3차 개정판에서도 여러 사진 속에 등장하는 소중한 우리 아이들, 규연, 현서 그리고 정후에게 말할 수 없는 고마움과 애정을 전한다. 또한 자료 제작을 도와주었던 원광대학교 유아교육과 학생들, 사진 촬영에 도움을 주신 원광대학교 부속유치원 선생님들, 그리고 상록어린이집 선생님들과 사진 속에 등장하는 여러 어린이에게도 고마움을 전한다.

끝으로, 코로나바이러스감염증-19로 인한 힘든 상황에서도 3차 개정을 위해 힘쓴 우리 저자들 모두에게도 따뜻한 감사한 마음을 전하고 싶다.

2021년 3월
저자 일동

차례

PART 2 실제편

PART 1

이론편

chapter 01

유아동작교육의 이해

1 유아동작교육의 필요성 및 목적

1) 유아동작교육의 필요성

인간의 움직임은 태내에서부터 시작되며, 임신 4~5개월 무렵이 되면 모체가 태아의 움직임을 느낄 수 있을 정도가 된다. 즉, 인간의 정서적 상태가 신체의 움직임으로 표현되는 양상은 이미 태내에 있을 때부터 시작되고 출생 후에는 내면적·외면적 자극에 의해 보다 다양한 움직임으로 나타난다.

전통적으로 유아교육기관에서는 유아에게 정해진 순서대로 일률적으로 움직이도록 요구하는 율동과 정형화된 춤을 가르쳐 왔다. 그러나 인간의 신체역학에 대한 연구와 체육학의 발달이 이루어짐에 따라 유아의 동작을 새로운 관점에서 보게 되었다. 즉, 신체와 정신의 조화, 미적 감각, 전인아동, 개인차 등을 중시하고 움직임에 있어서 인간의 신체기관과 정신, 감정 간의 복합적 상호작용을 인식하게 되면서 창조적이고 탐색적인 동작을 강조하게 된 것이다(심성경 외, 2019).

유아에게 신체적 움직임은 그들의 삶 자체이며 성장의 원동력으로, 신체운동능력의 발달뿐만 아니라 심리적 발달과도 밀접한 관계를 갖는다. 또한 인지, 사회, 정서, 언어, 창의성, 문제해결력 등의 전인적 발달에 직간접적으로 기여한다. 유아는 움직임을 통해서 자신과 외부세계를 지각하며 신체와 공간에 대한 기본 이미지를 발달시키고 반복적인 움직임 속에서 신체를 조정하는 능력과 다양하게 움직이는 방법들을 발견하고 새로운 운동기능을 습득하게 된다.

황순각(2005)은 유아기의 신체건강과 그에 적합한 운동습관을 형성하기 위하여 유아기 신체활동의 중요성을 강조하였다. 동작활동이 유아기 신체 · 사회성 · 인지 · 정서 발달에 기여하며, 신경계의 급격한 발달이 이루어지는 유아기에 다양한 운동경험을 통하여 운동신경을 지배하는 중추회로를 단련해야 할 필요가 있고, 스스로 자신의 몸을 다양하게 움직여 보면서 안전에 대처하는 능력을 향상시킨다는 것이다. 또한 윤희경 등(2003)에 따르면, 동작활동은 심신을 발달시키고 정서적 안정감을 길러 주며 유아의 생각과 느낌을 창의적으로 표현할 기회를 주어 창의성 발달을 도모한다. 또한 춤 감상하기, 극 놀이 감상하기, 예술적 표현 존중하기, 전통예술에 친숙해지기를 통해 심미적 경험을 제공할 수 있다.

따라서 유아기의 신체를 통한 움직임은 결코 소홀히 다루어질 수 없다. 동작활동을 위한 교육적 접근, 즉 교육의 목적, 내용 및 지도방법에 대한 충분한 검토가 이루어져야 하며, 조심스럽게 계획된 체계적 교수-학습 경험이 제공될 수 있어야 할 것이다.

유아를 위한 동작교육에 대한 기초적인 이해는 '유아에게 동작교육이 왜 필요한가'를 인식하는 것에서부터 시작해야 한다. 유아동작교육의 필요성을 살펴보면 다음과 같다.

(1) 유아의 신체적 성장, 건강과 체력 증진을 위해 동작교육이 필요하다

유아기의 구르기, 기기, 오르기, 걷기, 달리기, 미끄러지기 등의 적절한 신체활동은 유아의 신체적 성장에 필수적이며 과도한 칼로리가 세포 조직 속으로 유입되어 비만해지는 것을 방지하고 건강 증진에 중요한 역할을 한다. 플로이드(Floyd, 1990)

는 신체활동이 심장병과 대장암의 위험을 낮추고, 당뇨병, 비만, 고혈압, 의기소침, 심장혈관계 질병을 감소시키며 죽음의 원인이 되는 모든 위험을 낮추는 것과 밀접한 관련이 있음을 밝히고 있다. 즉, 유아기의 신체활동이 신체가 성장하고 건강을 유지하는 데 필수적 요소임을 알 수 있다.

유아 초기에 경험한 동작활동에서 자신의 신체조절능력에 대한 성취감, 자신감, 즐거움 등을 경험한 유아일수록 성인기에도 역시 자유롭게 움직이고 마음껏 표현하며 신체의 움직임을 좋아하게 될 가능성이 높으며 더불어 이 시기의 운동능력은 이후의 건강, 운동기능, 신체조절능력을 좌우한다. 그러므로 유아기에 여러 가지 다양한 운동경험을 제공하여 신체 움직임에 익숙해지도록 하는 일은 유아교육에서 필수적이며, 특히 유아기의 운동발달 특성에 비추어 볼 때 기본운동능력과 지각운동능력 향상을 위해서 동작교육은 반드시 필요하다. [그림 1-1]은 유아기 운동습관이 평생건강에 어떻게 영향을 미치는지를 보여 주는 개념적 모형으로, 유아기의 운동과 건강이 성인기의 운동과 건강에 직접적인 영향을 주는 요인임을 알 수 있다.

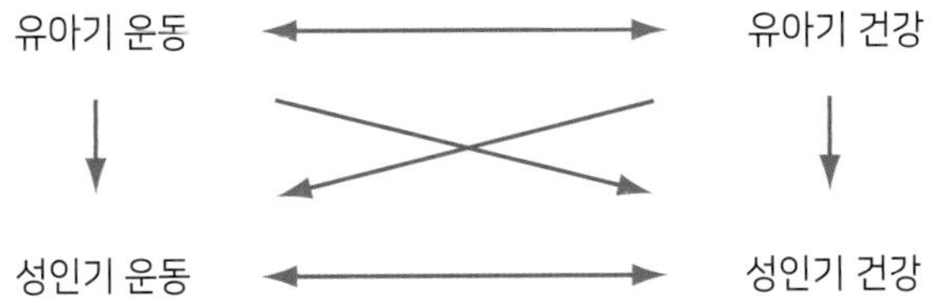

그림 1-1 유아기 운동습관이 평생건강에 미치는 영향에 관한 개념 모형

출처: Pica, 2010.

즉, 신체적으로 건강한 성인을 육성하는 데 있어서 유아가 동작에 대한 애정을 잃지 않도록 해야 한다.

체력은 인간이 살아가는 데 있어 환경에 적극적으로 대처하고 환경의 변화와 스트레스를 이겨 낼 수 있는 능력이며, 건강한 정도를 확인할 수 있는 준거가 된다. 따라서 체력 증진을 위한 활동을 꾸준히 체계적으로 실시해야 한다. 유아의 적절한 체력 증진을 위해서도 동작교육은 필수적이다.

(2) 유아의 사회정서적 적응을 위해 동작교육이 필요하다

동작활동은 교사뿐 아니라 또래와의 상호작용 기회를 제공한다. 즉, 유아가 다른 유아와 함께 동작활동에 참여할 때 공간을 공유하는 다른 유아를 인식하고 자기 차례를 기다리며 협동하는 등 사회적 상호작용의 기회를 갖게 된다. 이러한 과정을 통해서 유아의 사회적 인식(social-awareness)과 사회적 능력이 발달되므로 유아동작교육이 필요하다.

또한 유아에게 동작활동은 성공적인 경험의 기회를 제공한다. 피카(Pica, 2010)에 따르면, 유아는 동작활동을 통해 신체를 움직여 조절할 수 있는 능력에 자신감을 가지며, 자연스러운 자기표현을 통해 자기 확신감과 즐거움의 기회를 갖게 되므로 동작교육의 중요성이 강조된다. 적극적인 신체활동과 성공적인 동작활동의 빈도가 높은 유아일수록 높은 자긍심과 성취감을 보인다. 즉, 동작활동은 또래와의 상호작용 기회와 성공적 경험을 통한 정서적 만족감을 제공하므로 사회·정서적 적응을 위해 필수적이다.

(3) 유아의 사고와 학습을 위해 동작교육이 필요하다

사고와 학습이 인간의 머리에서만 일어나지 않는다는 것은 분명하며 신체동작은 우리의 삶이 시작되고 계속되는 동안 사고와 학습에 필수적인 신경 세포망의 생성에 결정적인 역할을 한다. 즉, 유아의 사고와 학습에는 신체 동작이 필수적이다.

유아는 놀이, 실험, 탐색, 발견을 통한 경험 등 다양한 방법으로 지식을 획득한다. 가드너(Gardner, 2011)의 다중지능이론[1]에서도 인간이 서로 다른 여러 가지 방법으로 각각의 정보를 처리한다고 주장하였다. 그에 따르면, 가장 일반적인 학습활동, 즉 언어적 교수법에 의한 교과중심(subject matter) 교수-학습활동에만 의존할 때 많은 잠재력 개발의 기회를 상실하게 된다. 가령, 유아에게 동작과제(예: 친구와 함께 각자 신체의 네 부분을 이용하여 균형을 잡을 수 있는 방법 찾기)의 해결을 요구하

[1] 가드너는 지능이 단순히 종이와 연필로 테스트할 수 있는 단편적인 것이 아니며 각각의 정보에 대해 배우고 이해하는 방법이 다르다고 주장하였다. 즉, 인간은 정도의 차이는 있으나 다양한 조합으로 이루어진 적어도 아홉 개의 지능, 즉 언어지능(Linguistic Intelligence), 논리/수학적 지능(Logical/Mathematical Intelligence), 자연지능(Naturalist Intelligence), 음악적 지능(Musical Intelligence), 신체/운동 지능(Bodily/Kinesthetic Intelligence), 대인관계 지능(Interpersonal Intelligence), 개인 내 지능(Intrapersonal Intelligence), 실존지능(Existentialist Intelligence), 공간지능(Spatial Intelligence) 등이 있으며 각각의 다른 과업에 대해 다른 지능을 사용한다는 것이 다중지능이론의 핵심이다.

는 활동은 유아의 개인 내 지능과 논리/수학적 지능을 강화시킨다. 그리고 음악을 동작과 연합하여 사용하는 일반적인 동작활동은 음악적 지능을 발달시키며, 협동 활동은 대인관계 지능을 발달시킨다. 또한 동작에 영감을 주기 위해 자연, 시, 노래로부터 주제를 사용하는 활동은 자연지능과 언어지능을 함께 다룰 수 있게 해 준다. 즉, 유아의 다양한 영역의 사고와 학습에 신체 동작이 필수적이므로 동작교육이 필요하다.

(4) 유아의 창의성 발달과 심미적 발달을 위해 동작교육이 필요하다

동작활동은 유아에게 생각과 느낌을 창의적으로 표현할 기회를 제공한다. 골맨 등(Goleman, Kaufman, & Ray, 1992)에 따르면, 창의성은 마음에서만 생기는 것이 아니며, 사고와 감정, 정신과 신체 간의 관계를 형성하는 데 창의적인 동작보다 더 좋은 것은 없다. 또한 다양한 동작 표현과 감상활동은 유아에게 풍부한 상상의 기회를 제공한다. 예를 들어, 거북이와 토끼를 창의적으로 표현해 보는 활동은 거북이의 느린 움직임과 토끼의 경쾌한 움직임에 대해 적극적으로 상상해 보도록 하며 창의적인 표현 본능을 자극해 준다. 즉, 경험과 상상을 기초로 새로운 움직임을 창조해 보도록 한다는 점에서 유아의 창의성과 상상력의 발달을 위해 동작교육이 필요하다.

(5) 자유로운 실외놀이 기회를 제공하기 위해 동작교육이 필요하다

현대 사회의 유아는 읽기, 쓰기, 셈하기 등 학문적 기술과 능력의 조기 성취를 위해 일찍부터 정적인 학과 학습활동을 요구받고 있다. 또한 최근에는 스마트 기기와 함께 보내는 시간이 증가되면서 유아의 활동량이 급격히 감소되었다. 게다가 유아에게 적합하고 안전한 놀이시설을 갖춘 놀이 공간의 부족으로 대부분의 유아가 실외놀이 활동의 기회를 제한받고 있다. 특히 또래와 대・소근육을 사용하여 다양하게 움직여 볼 수 있는 기회가 줄어들었기 때문에 이를 보충하기 위해 유아교육기관에서의 동작교육이 절실히 요구되고 있다.

NASPE(National Association for Sport and Physical Education)에서 발간한 『생후 5세까지의 유아를 위한 활동지침서』(2002)에 따르면, 걸음마기 유아는 하루에 최소 30분가량의 구조화된 신체활동이 필요하며, 1시간 이상의 비구조화된 신체활동에 참여해야 한다. 즉, 적절한 신체활동을 유아의 일상생활의 한 부분으로 포함시킬 필요가 있으므로 부족한 신체활동의 기회를 보충하기 위해서 동작교육이 필수적이다.

이와 같이 동작활동은 유아의 신체 건강과 체력 증진을 위해서뿐 아니라 실외놀이 기회의 제공, 유아의 사회·정서적 발달과 창의성 및 심미적 발달을 위해 반드시 필요하며, 사고와 학습의 필수적 요인인 신체 동작의 기회 제공을 위해서도 필요하다. 유아는 동작활동의 부족으로 체력이 약화되면 자신의 잠재력을 발휘하고자 하는 의욕과 자신감도 없어지게 되며 자아개념에도 부정적 영향을 미칠 수 있다. 따라서 유아의 체력과 운동능력을 증진시키는 동작활동은 건강한 신체의 발달뿐 아니라 지적 발달과 사회·정서적 발달, 그리고 창의성 등 전인적 발달에 필수적이라고 할 수 있다.

또한 동작교육은 유아교육과정을 운영할 때 반드시 포함되어야 하는 필수적이고 기본적인 영역으로 보아야 한다. 유아를 위한 동작교육에서 현재 가장 논쟁이 되고 있는 것은 유아의 운동발달을 우연에만 맡겨서는 안 된다는 것이다. 유아의 운동기능 사용과 발달 사이에는 밀접한 관계가 있기 때문에 유아의 연령과 발달정도를 고려하여 조심스럽게 계획된 프로그램이 이 시기의 유아에게 주어져야 할 것이다(김은심, 2003).

2) 유아동작교육의 목적 및 목표

유아동작교육의 목적은 그 필요성에 비추어 유아발달의 전체적인 맥락에서 논의되어야 한다. 이에 동작교육의 목적은 활동에 즐겁게 참여하고 즐길 수 있는 흥미와 능력의 발달뿐 아니라 신체, 사회, 언어, 인지, 정서, 창의성, 상상력, 심미감 등 유아의 전인적 발달의 추구라고 할 수 있다. 김은심(2003), 배인자와 한규령(2005), 이영 등(2004), 피카(Pica, 1995), 겔라휴(Gallahue, 1993) 등의 관련 문헌을 기초로 유아동작교육의 구체적 목표를 정리해 보면 다음과 같다.

① 신체의 여러 부분을 활용해 볼 수 있는 다양한 동작활동을 통해 신체적 자아

인식과 성장을 촉진하고 건강을 도모하며 체력을 증진시키는 등 유아의 신체적 발달을 돕는다.

② 집단적인 동작활동을 통해 협동심과 공동체의식을 기르고, 타인에 대해 효과적으로 반응하고 행동할 수 있는 능력을 가지는 등 유아의 사회적 발달을 돕는다.

③ 동작활동 과정의 언어적 상호작용을 통해 어휘력(예: 신체 부분의 명칭)과 표현력(예: 움직임의 방향이나 성격에 대한 표현) 등 유아의 언어능력을 발달시킨다.

④ 다양한 지각력과 이해력이 요구되는 동작활동을 통해, 자연 및 사회현상에 대한 개념과 수 · 과학적 개념(높이, 거리, 방향, 시간, 공간 개념 등) 습득 등 유아의 인지적 발달을 돕는다.

⑤ 신체활동에 몰입하는 과정에서 집중력을 기르고 좌절이나 분노, 기쁨과 슬픔 등 감정 표출을 통해 내면의 세계를 풍요롭게 하는 등 유아의 정서적 발달을 돕는다.

⑥ 경험과 느낌, 상상한 바를 창의적으로 표현하고, 다양한 동작 표현을 감상해 봄으로써 유아의 창의성과 상상력, 심미감의 발달을 돕는다.

⑦ 즐겁게 동작활동에 참여하고 감상하는 경험을 통해 동작활동에 대한 흥미와 참여 동기, 표현과 감상능력의 발달을 돕는다.

2 동작교육의 역사적 변화

유아동작교육에 대한 역사적 관점은 '아동을 어떤 존재로 보는가', '교육을 무엇이라고 보는가' 또는 '유아기의 신체운동 발달과 인간의 조화로운 발달의 관련성은 어떠한가'에 대한 인식의 변화에 따라 많은 변천을 가져왔다.

원시시대의 신체활동은 주술적인 의미를 지닌 종교의식이었다. 고대 그리스인은 신체와 정신의 조화에서 오는 아름다움을 최고로 여겼으며, 특히 아리스토텔레스는 그의 저서 『정치학(politics)』에서 5세 유아의 성장을 방해하지 않도록 충분한 운동을 허용해야 하고 이 운동은 특히 놀이를 통해 이루어져야 한다고 주장하였다

(김옥련, 2000).

중세에 들어와서는 기독교의 파급과 더불어 인간과 신의 관계가 중시되면서 조화로운 신체발달보다는 인간의 정신세계에 관한 교육에 관심이 집중되었다. 움직임 교육이나 체육교육은 학교 교육과정에서 제외되고, 단지 심미적인 인식을 통한 영적 발달 측면이 많이 강조되었다.

문예 부흥기에는 중세의 신(神) 중심적 사고에서 벗어나 다시 신체와 정신의 조화를 추구하였다. 특히 남아에게는 전신의 움직임을 강조하는 여러 가지 운동이 장려되었다. 17세기 교육 사상가인 존 로크(John Locke)는 "건강한 신체에 건전한 정신이 깃든다"라고 주장하면서 특히 획일적인 동작만으로 교육하는 것을 반대하였다. 루소 또한 종래의 신체 경시 사상으로부터 탈피하여 자연에 의한 신체훈련과 이를 통한 정신개발을 주장하였다.

문예 부흥기 이후 19세기에는 상류층 일부에서 자녀의 신체활동에 대한 관심과 배려가 높아졌으나, 이와 반대로 빈민층 유아는 열악한 환경과 많은 질병으로 신체적 놀이를 할 기회가 없었다. 그러나 이 시기부터 청소년 학교를 중심으로 체육활동이 시작되었고 이러한 체육활동에 대한 관심은 20세기 이후 동작활동의 기초를 이루는 데 기여하게 되었다.

20세기에 들어와 심리학적 연구들은 신체적 · 심리적 발달의 계열과 원리를 밝히고자 하였고, 인간의 성장과 발달의 기저가 되는 과정에 초점을 두게 되었다. 따라서 인생 초기의 발달과정을 관심 있게 연구하게 되었으며 신체발달, 인지발달, 성격발달, 사회성발달 등 발달의 제 영역에 관한 이론이 형성되었다(이영, 전인옥, 김온기, 2004).

무용교사였던 라반(Laban)은 창의적 자기표현의 기회가 없는 고전 발레와 같은 획일적인 동작교육에 반대하였으며, 움직임을 통해서 다양한 운동지각능력을 개발시킬 수 있다는 전제하에 동작활동에 관한 이론을 체계화하였다. 그의 이론에 따르면, 체육은 단편적이고 피동적인 전통 관념의 신체활동이 아니라 독창적인 자기표현 중심의 자유로운 신체 움직임, 즉 인간 움직임(human movement) 교육으로 행해야 한다. 그는 인간 동작의 기본원리를 네 가지 주제(신체-Body: what the body can do, 노력-Effort: how the body moves, 공간-Space: where the body moves, 관계-Relationships: relationships of body to each others)로 분석하였다. 이러한 라반의 동작교육이론은 오늘날 유아의 기초적인 동작기술 능력을 도모하고, 무엇보다 자유로운 움직임과 창의적인 표현을 돕는 동작활동을 강조한 유아동작교육 프로그램에 큰 기저를 이루고 있다(배인자, 한규령, 2005). 즉, 라반의 이론은 무용교육뿐만 아니라 체육의 광범위한 신체활동영역에 널리 적용되어 현대에 와서 동작교육의 혁신을 가져온 계기가 되었다.

동작교육은 고대에서 현대에 이르는 동안 역사적 맥락 속에서 인간과 인간의 교육에 관한 철학적 사고나 학문적 발전 경향과 함께 변천해 왔음을 알 수 있다. 동작교육의 역사적 변천은 인류의 교육사와도 불가분의 관계를 맺으며, 정신과 신체, 이 두 요인의 상대적 중요성에 따라서 서로 다른 비중으로 강조되어 왔다. 그러나 현대에는 인간은 하나의 유기체로서 신체와 정신 그리고 감정이 상호작용하고 있으며, 이들의 상호작용이 개인의 독특한 환경 속에서 복합적으로 작용하고 있음이 널리 인정되고 있다. 더욱이 각 학문 분야에서 체육교육학자, 심리학자, 유아교육학자들이 인간발달에 있어서 신체활동의 역할에 대하여 다각도로 연구하기 시작한 이래로 동작교육의 개념이나 방법은 급속히 확장되고 체계화되고 있다(이영 외, 2004).

우리나라의 동작교육도 초기 '노래에 맞춰 율동하는 춤(dance)'의 개념에서 점차 '기본운동 및 창의적 동작 표현하기'로 발전하며 체계화되고 있다. 즉, 우리나라의 초기 유치원 교육과정은 유희(play), 창가(song), 수기(handwork), 담화(storytelling)로 구성되었으며 이 중 유희가 노래에 맞춰 움직이는 춤으로 인식되었다. 대한민국 수립 후에도 1949년「교육법」이 제정되면서 유치원 교육목표가 제시되었으나 이 목표와는 무관하게 여전히 춤추고, 노래하고, 그림 그리기나 하는 곳이 유치원이라는 생각이 사회 전반에 자리 잡혀 있었다(이기숙, 2013). 이후 1969년 제1차 유치원 교육과정부터 제7차 유치원 교육과정, 그리고 현재 2019 개정 누리과정에 이르기까지의 개정이 이루어지면서 유아교육현장에서의 동작 관련 교육은 크게 기본운동 능력의 함양과 창의적 동작 표현하기를 중심으로 다양하게 개발되고 발전되어 왔다. 즉, 우리나라의 동작교육은 서구의 동작교육 발전 방향과는 달리 단순히 모방 운동능력의 훈련교육에 대한 강조로부터 '기본운동 및 창의적 동작 표현'을 포함시킨 현대적 동작교육의 정착으로 발달이 이루어졌다고 볼 수 있다.

3 유아동작교육의 개념

유아기에 신체탐색과 기본동작 기술의 숙련이 이루어져야 이후 아동기에 보다 복잡한 운동기술의 학습이 용이하게 된다. 그러나 실제 유아교육 현장에서는 유아 자신이 적절히 움직임을 조절할 수 있게 되기도 전에 이미 상당히 복잡하고 구조적인 무용이나 전문적 기술을 요하는 운동과 같은 활동을 지도하는 경우가 많다.

실제로 많은 연구(김은심, 1994; 김혜정, 1988; 원정자, 1986; 이영심, 1995)에서 유아교사가 동작교육의 필요성에 대한 인식은 높게 하고 있지만 창의적 동작 지도에 어려움을 호소하며, 동작활동의 내용으로 유아의 기본동작활동 내용을 선정 · 조직하여 지도하기보다는 실내놀이 기구나 혹은 바깥놀이 기구를 이용한 전통적인 활동에 비중을 두고 있음을 지적하고 있다. 또한 재롱잔치의 공연을 위한 훈련 등 보여주기 위한 결과 중심의 동작교육이 이루어지는 경우가 많다. 즉, 유아교사들은 움직임 교육에 대한 필요성은 인식하고 있으나, 실제로 교육현장에서 유아를 위한 적절한 동작교육 활동을 제공하지는 못하고 있음을 알 수 있다. 이는 교사와 부모 모두 동작교육의 개념에 대한 인식이 부족하기 때문이다. 따라서 유아동작교육에 대한 명확한 개념 정립이 전제되어야 한다.

동작에 대한 사전적 의미는 '몸이나 손발의 움직임'이다(민중서림 편집부, 2011). 그러나 유아에게 동작은 단순히 움직인다는 것 이상의 의미를 가지고 있다. 유아는 언어로 의사를 충분히 표현하기 어렵기 때문에 동작은 의사소통의 수단이 되는 것이다.

홍용희 등(2007)에 따르면, 동작활동은 예술활동으로서 음악이나 조형과 같은 다른 예술활동들과 마찬가지로 다음과 같이 표현성, 창의성, 통합성의 특징을 가지고 있다.

첫째, 예술의 가장 우선적 가치를 '표현'에 두는 견해는 20세기 초 예술표현주의 이론에 의해 구축된 것으로 대부분의 무용전문가는 동작(무용)의 가장 기본적인 의미는 표현이라고 주장한다. 여러 예술활동 중에서도 특히 동작활동은 유아의 생각과 느낌을 보다 효과적으로 표현할 수 있도록 한다.

둘째, 창의성은 한 가지 문제에 대해 되도록 많은 해결책을 생각해 내는 확산적 사고나 산출, 사고의 융통성, 유창성, 독창성 및 민감성을 포함한다. 창의성은 유아 자신이 역할을 주도하는 '놀이하는 분위기'에서 길러지며 아무런 제약 없이 자신의 생각을 탐색하고 실험하며 즐기는 기회가 풍부히 제공될 때 더욱 촉진된다. 풍부한 상상력을 전제로 한 자유로운 표현 동작활동은 매우 창의적인 성격을 갖는다.

셋째, 유아는 다양한 상징적 체계를 이용하여 자기표현을 한다. 특히 음악, 조형, 춤 및 극화하기 등의 예술적 활동이 상상이나 상징을 이용한 자기표현의 주축을 이루므로 동작활동은 단편적이고 분리된 기술 습득을 위한 것보다는 놀이 중심의 통합적 성격의 것이어야 한다.

한편, 유아동작교육은 유아무용교육, 율동, 유희, 신체표현활동, 움직임 교육, 창의적 표현활동 등의 다양한 이름으로 불리고 있는데, 이름에서 알 수 있듯이 음악교육과 상당한 연관이 있다. 심성경 등(2019)은 유아음악교육은 음악을 듣고 음악적 요소를 이해하는 법을 배우며 노래하기와 악기 다루기를 통해 이 요소들을 다시 표현해 보고 신체동작을 이 표현들과 연결시켜 보는 내용으로 구성되어야 한다고 하였다. 그리고 음악교육의 다른 영역들과 유기적인 관계를 유지하며 진행되는 동작활동을 제안하였다. 그 외에도 많은 학자와 유아교사는 음악과 동작을 분리할 수 없는 밀접한 관련이 있는 것으로 보고 동작을 음악활동 속에 그리고 음악교육과정에 포함시켜 통합할 것을 제안하였다(Neil, 1990).

동작교육의 개념을 정립하기 위해 먼저 동작교육에 관한 여러 학자의 정의를 살펴보면 다음과 같다.

동작교육에 대한 개념은 1930년대 초기에 움직임 연구에 혁신을 불러일으킨 라반(Laban)에 의하여 처음으로 소개되었다. 라반은 동작은 신체라는 도구를 통해 움직이는 것이며, 자기 나름대로의 유연하고 자연스러운 움직임을 통해 동작에 관련된 지식을 발견하는 것이고, 이러한 의미를 포함하고 있는 동작개념을 중심으로 교육하는 것이 동작교육이라고 보았다(김은심, 1994).

드마리아(DeMaria, 1974)는 동작교육은 신체의 움직임에 대한 기본원리를 이해하여 운동발달을 능률적으로 개발하는 문제해결의 한 접근이라고 정의하였다. 한편, 이영자 등(1986)은 동작교육의 개념은 공간, 신체, 동작의 질을 위한 특별한 개념을 포함하며, 인간의 움직임에 수반되는 동작의 원리와 일상적인 요소를 배우도록 하는 일반적인 영역이라고 하였다.

시펠트(Seefeldt, 1987)는 인간의 성장 발달과정에서 신체동작을 통하여 자아인식을 기르고, 사회적으로 협동하는 능력을 기르며, 심미감을 발달시키고, 자신의 몸을 점차 복합적인 방법으로 활용하는 능력을 기르며, 사고하고 상징적으로 표상화할 수 있는 능력을 기르는 것이 동작교육이라고 정의하였다. 또한 한국유아교육학회(1996)에서 동작교육은 유아에게 집단으로 똑같은 동작을 요구하는 전통적 신체교육 접근방법에 반대하고 경쟁보다는 창조적인 방법으로 게임, 체조, 댄스 등을 통해 유아의 신체적 · 정서적 발달을 촉진하려는 접근방법이라고 정의하고 있다.

홍용희 등(2007)은 동작교육이란 유아로 하여금 자신의 신체를 인식하게 하고, 동작에 영향을 주는 노력, 공간, 시간 등과 같은 요소들에 대한 인식을 발전시킴으로써 창의적이고 효율적인 움직임을 만들어 낼 수 있고 운동능력을 기르며, 결과적으로 의미 있는 생활을 영위할 수 있도록 도와주는 영역이라고 하였다. 또한 한규령(1998)은 동작교육이란 유아가 신체탐색을 함으로써 동작 구조를 이해하며 자신의 신체기술능력을 증진시키도록 돕고 창의적 자기표현을 도모하는 교육영역으로 정의하였다.

이와 같은 학자들의 견해를 요약해 보면, 동작교육이란 기본적으로 유아의 신체에 대한 인식을 전제로 신체조절능력 및 운동능력을 발달시키고, 그 외에 사회성, 정서, 창의성에 초점을 맞춘 교육영역이라 할 수 있다.

한편, 유아를 위한 동작교육을 정의할 때 '동작을 위한 교육'과 '동작을 통한 교육'을 모두 포함하는 교육으로 보는 견해가 있다. 이는 동작교육이 동작의 기본 원리와 요소를 배우도록 하는 기본동작교육(동작을 위한 교육)뿐 아니라 동작을 통하여 경험의 폭을 넓히며 학습을 위해 몸을 움직일 수 있는 방법(동작을 통한 교육)으로 구성된다고 정의하는 입장이다. 이러한 견해는 다우어(Dauer, 1972)와 겔라휴(Gallahue, 1976, 1996), 이영 등(2004)에서 찾아볼 수 있다.

'동작을 위한 교육(learning to move)'이란 기본동작을 가르치는 교육으로서 주로 자기발견을 강조하는 체육교육의 일부다. 자기발견적 동작교육은 특히 유아에게 중요하다. 왜냐하면 이 시기의 유아는 그 이전 단계의 아동에 비해 비교적 많은 신체운동기능을 획득했지만 아직도 새로운 환경에 처할 때마다 자신의 능력에 대해 두려워하며 한편으로는 자신의 가능성에 대해 매우 궁금해하기 때문이다.

반면, '동작을 통한 교육(moving to learn)'이란 몸을 움직임으로써 전반적인 발달을 추구하고자 하는 목적을 가지고 여러 가지 다양한 동작을 시도하고 경험하게 하는 교육을 말한다. 특히 유아는 쉴 새 없이 움직이고 활동하는 것을 즐기기 때문에 움직임으로써 자신의 신체적 운동기능을 발달시킬 뿐만 아니라 움직임을 통해 무의식적으로 자연스럽게 자신의 내적 감정을 표현하기도 하고 특히 리듬적 동작(rhythmic movement)을 통하여 즐겁게 여러 가지 개념을 학습할 수 있도록 하는 것이다.

따라서 동작교육의 개념을 동작 자체가 목적이 되며, 동작의 기본 원리와 요소를 배우도록 하는 '동작을 위한 교육'과 동작이라는 매개체를 통해 학습의 장을 넓힐 수 있는 '동작을 통한 교육' 모두를 포함하는 개념으로 보아야 할 것이다.

황순각(2005)은 최근 국내 유아교육 분야에서 '동작교육'이나 '유아체육'이라는 용어를 명확한 구분 없이 이용하고 있으나 동작교육은 표현적인 움직임에, 체육교육은 기능적인 움직임에 중점을 두었다고 보아 동작이나 체육교육을 포괄하는 개념으로 '신체활동'이라는 용어를 제안하기도 하였다. 즉, 신체활동의 개념을 크게 두 가지 측면으로 나누어 보자는 것이다. 첫 번째 측면은 '기능적인 움직임'에 중점을 둔 것으로 신체를 움직이는 방법과 기술을 습득하여 신체를 보다 효율적으로 사용하는 가운데 자신의 능력과 가능성을 발견하는 것이다. 두 번째 측면은 '표현적인 움직임'에 중점을 둔 것으로 신체를 통하여 자신의 감정을 표현하고 전달하는 동시에 아름다움을 지향하는 예술적 발달을 추구하여 사회·정서 및 인지를 통합하는 전인발달을 도모하는 것이다.

교육인적자원부(2003)의 『유아를 위한 체육활동자료』에서도 체육활동이란 신체의 움직임으로 이루어지는 모든 활동이라고 언급함으로써 동작교육의 개념과 유사하게 보아 크게 두 가지 측면으로 나누고 있다. 첫째는 기초체력요소나 기본동작 운동과 같은 기능적인 측면을 강조한 활동이고, 둘째는 표현적인 것을 강조하여 몸으로 주변의 여러 가지 모양과 움직임을 창의적으로 표현해 보는 것이다. 표현적 움직임의 의미는 특히 라반의 동작이론의 등장 이후 기능적 움직임보다 더 강조되어 왔으나 오늘날에는 표현적 움직임과 기능적 움직임 모두에 가치를 두고 있다(Pica, 1995). 따라서 유아동작교육의 개념은 유아 자신의 생각을 나타내는 표현적 움직임(expressive movement)의 의미와 신체의 운동기술과 관련된 기능적 움직임

(functional movement)의 의미를 모두 포함한 것으로 보아야 할 것이다.

이러한 논의를 종합하여 동작교육의 정의를 내려 보면, 신체의 움직임을 통해 건강한 신체 및 체력을 유지·증진하고 이를 통해 자아개념, 사회·정서적 협동 능력을 기르며, 자신의 신체를 사용하는 창의적 움직임을 통해 사고와 상징적 표현 능력, 심미적 감각을 기르는 교육적 접근이라 할 수 있다.

즉, 통합적 전인교육이라는 유아교육의 본질에 입각할 때 유아동작교육은 단순히 신체발달을 돕거나 건강증진을 위한 것이라기보다 인간의 동작을 분석·연구하여 적절한 지도방법과 교육원리를 탐구하고, 다양한 신체활동을 개발하여 그 활동을 매개체로 유아의 언어, 인지, 사회, 정서, 창의성, 상상력 등 다른 여러 영역의 통합적인 발달을 증진시키고자 하는 접근이다. 또한 다른 사람에게 보여 주기 위한 공연 성격의 활동으로 이루어지는 결과 중심의 교육이 아니라 다양하고 균형 있는 활동에 의한 과정 중심의 교육으로 그 개념이 이해되어야 할 것이다. 덧붙여, 유아를 위한 동작교육의 개념에 있어서 기본적이고 우선적인 전제는 '인간은 움직임을 통해 즐거움을 느낀다'는 것으로, 유아동작교육은 유아에게 즐거움을 주는 경험으로서의 의미를 가져야 할 것이다.

참고문헌

교육인적자원부(2003). 유아를 위한 체육활동자료. 서울: 교육인적자원부.

김옥련(2000). 유아교육사. 서울: 정민사.

김은심(1994). 통합적 동작교수 방법이 유아의 기본동작 능력과 창의적 사고 및 신체표현 능력에 미치는 효과. 중앙대학교 대학원 박사학위논문.

김은심(2003). 유아동작교육. 서울: 정민사.

김혜정(1988). 창의적 동작교육에 대한 유치원 교사의 태도 분석. 이화여자대학교 대학원 석사학위논문.

민중서림 편집부(2011). 민중 엣센스 국어사전. 경기: 민중서림.

배인자, 한규령(2005). 유아를 위한 동작교육의 이론과 실제. 경기: 양서원.

심성경, 이희자, 이선경, 김경의, 이효숙, 박주희(2019). 영유아음악교육(3판). 경기: 양서원.

원정자(1986). 유치원에서의 동작교육 실태에 관한 연구. 이화여자대학교 대학원 석사학위 논문.

윤희경, 임미혜, 김애옥, 이분려, 장미아, 고영희(2003). 현장중심 유아교수-학습방법. 서울: 창지사.

이기숙(2013). 유아교육과정(제5판). 경기: 교문사.

이영, 전인옥, 김온기(2004). 유아를 위한 창의적 동작교육. 서울: 교문사.

이영심(1995). 유치원 동작교육 프로그램의 운영실태 분석. 중앙대학교 스포츠과학 연구소 체육연구 논문집, 8(12), 157-176.

이영자, 이기숙, 이정욱(2017). 유아교수・학습방법(개정증보판). 서울: 창지사.

한국유아교육학회(1996). 유아교육 사전. 서울: 한국사전연구사.

한규령(1998). 움직임교육 지도에 관한 사례 연구. 이화여자대학교 대학원 석사학위논문.

홍용희, 이한영, 최혜로, 원영신(2007). 유아를 위한 동작교육의 이론과 실제. 서울: 다음세대.

황순각(2005). 유아신체활동-이론과 실제-. 경기: 양서원.

Dauer, V. P. (1972). *Essentials of movement experiences for preschool and primary children*. Minneapolis, MN: Burgess.

DeMaria, C. R. (1974). *Dimensions of physicial education*. Saint Louis, MO: The C.V. Mosby Co.

Floyd, J. D. (1990). *A public health perspective on physical fitness: The role of self perception*. Dekalb, IL: Office for health promotion, Northern Illinois University.

Gallahue, D. L. (1976). *Motor development and movement experiences for young children* (3-7). New York: John Wiley & Sons.

Gallahue, D. L. (1993). *Developmental physical education for today's children* (2nd ed.). Dubuque, IA: Wm. C. Brown Communications, Inc.

Gallahue, D. L. (1996). *Developmental physical education for today's children* (3rd ed.). Dubuque, IA: Times Mirror Higher Education Group, Inc.

Gardner, H. (2011). *Frames of mind: The theory of multiple intelligences*. New York: Basic Books.

Goleman, D., Kaufman, P., & Ray, M. (1992). *The creative spirit* New York: Penguin.

NASPE (2002). *Active start: Physical activity for children birth to 5 years*. Reston, VA: National Association for Sport and Physical Education.

Neil, J. (1990). Elementary music: Con moto. *Music Educators Journal, 76*(5), 29-31.

Pica, R. (1995). *Experience in movement-with music, activities and theory*. Albany, New York: Delmar Publishers Inc.

Pica, R. (2010). 출생부터 8세까지 유아를 위한 동작교육(김은심 역). 경기: 정민사.

Seefeldt, C. C. (1987). *The early childhood curriculum*. New York: Teachers College Press.

chapter 02

유아의 발달 특성과 동작교육

유아를 위한 교육활동 구성에서 가장 중요한 것은 교육하고자 하는 대상, 즉 유아에 대한 이해다. 따라서 유아를 위한 동작교육을 이해하고 연구, 실천하기 위해서는 유아의 발달 특성에 대한 이해가 선행되어야 할 것이다. 즉, 보다 효율적인 동작교육을 위한 계획과 실행은 유아의 발달적 요구에 부응한 것이어야 하며, 그러한 부응 정도가 교육의 질을 결정하는 주요 요인이 된다. 따라서 이 장에서는 유아의 발달수준에 적합한 동작교육을 계획하고 실행하기 위한 기초로서, 유아의 동작과 관련된 발달 특성을 살펴보고자 한다.

생애 초기에 일어나는 성장과 발달은 사회적 · 정서적 · 인지적 · 언어적 · 신체적 발달의 각 측면이 서로 분리되어 이루어지는 것이 아니라 통합적으로 이루어진다. 이때 모든 발달의 우선적 자원이 되는 것은 신체적 기술이 발휘되는 동작 경험이다. 즉, 생애 초기일수록 다양한 동작경험을 통해 각 영역의 발달이 통합적으로 이루어진다.

세상에 갓 태어난 신생아는 미분화되고 반사적인 움직임만을 하게 되지만, 점차

근육과 신경조직이 발달함에 따라 좀 더 조절된 신체 움직임을 할 수 있게 된다. 마에스키(Mayesky, 2002)에 따르면, 유아의 운동능력은 세 가지의 일반적인 방향에 따라 발달된다([그림 2-1] 참조).

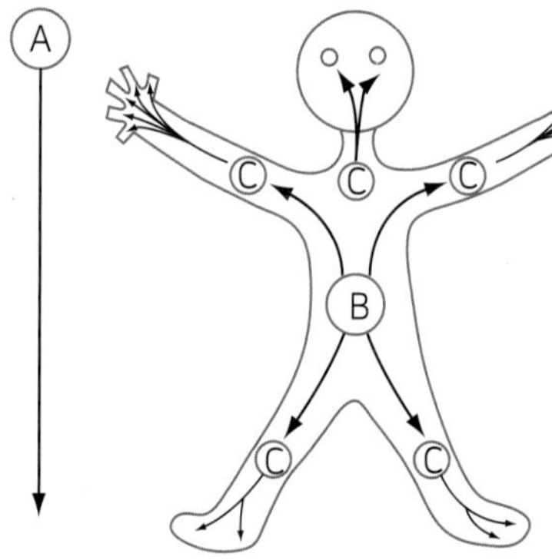

Ⓐ	위 (머리)	→ 상체에서 하체로 발달	아래 (발가락)
Ⓑ	안 (몸통)	→ 중심에서 말단으로 발달	바깥 (말단)
Ⓒ	대근육 (몸통, 목, 팔, 다리)	→ 대근육에서 소근육으로 발달	소근육 (손가락, 손, 발가락, 손목)

그림 2-1 **유아 운동능력 발달의 방향**

첫째, 운동능력은 신체 상부에서 하부, 즉 머리에서 다리 방향으로 발달이 진행된다. 예를 들면, 유아는 생후 2개월이면 머리와 가슴을 들 수 있으며, 7~8개월이 되면 혼자 앉을 수 있게 되고, 생후 1년 정도가 되면 서서 걸을 수 있게 된다.

둘째, 운동능력은 신체의 중심부에서 시작되어 바깥쪽으로 발달이 진행된다. 즉, 몸통과 어깨근육의 발달이 이루어진 후에 손, 손목, 손가락의 운동능력이 발달한다.

셋째, 운동능력은 전체적인 운동에서 세부적인 운동으로 발달한다. 즉, 몸, 팔, 다리 등의 대근육이 발달된 후에 손가락, 발가락 등의 소근육이 발달한다.

이와 같은 일반적 방향에 따라 운동능력은 신생아기에서 청년기에 이르기까지 여러 단계를 거쳐 발달하며, 신생아기의 극히 단순한 동작에서 시작하여 점차 복합적인 동작으로 위계적 변화를 거치게 된다. 한국행동과학연구소(1983)에 따르면, 유아의 운동능력은 신생아기에서 청년기에 이르기까지 대체로 6단계를 거쳐 발달한다(〈표 2-1〉 참조).

유아교육의 대상 연령은 일반적으로 0~8세로 정의한다. 이에 출생에서 8세까지를 영아기, 걸음마기, 유아기, 초기아동기로 나누어 각 단계별 발달 특성을 살펴보면 다음과 같다.

표 2-1 **운동능력 발달 단계**

제1단계	반사운동기 (태아기, 신생아기)	외부 자극에 따라 자신의 신체를 반사적으로 움직인다.
제2단계	초보적 운동발달기 (출생에서 2세)	직립운동이 이루어지는 시기이며, 자발적인 의지에 의한 신체운동이 이루어지기 시작하는 시기로 안정감(아동의 근육조직이 안정된 직립 자세를 취할 수 있는 능력), 전위동작(장소를 이동하며 움직일 수 있는 능력), 조작력(어떤 사물과의 접촉 시 필요한 움직임으로 목표물에 손을 뻗치기, 잡기, 놓기 등을 의미) 등이 발달한다.
제3단계	기본적 운동발달기 (2~7세)	초보적 운동능력이 더욱 발달되나 세분화되고 정확한 기술적 움직임은 발달되지 못한다.
제4단계	보편적 운동발달기 (7~10세)	기본적 운동발달기보다 각종 동작이 정확하게 구사된다.
제5단계	특수 운동발달기 (11~13세)	복합적 운동기술이 발달된다.
제6단계	전문적 기술발달기 (14세~청년기)	전문화된 운동기술이 발달되어 모든 운동능력을 오락적인 활동(스포츠, 레크리에이션)에 활용 가능하다.

1 영아기(출생~18개월)

태아기에서 5세까지는 기본운동기술 발달의 최적기(Robert, 2001)로, 영아기는 운동발달 면에서 매우 중요한 시기로 인식되고 있다. 또한 최근의 뇌 연구에 따르면, 초기 동작경험은 건강한 뇌발달에 필요한 신경자극에 필수적인 요소로서 초기의 동작경험이 최적의 뇌발달에 유익하다는 것이 강조되고 있다(Gabbard, 1998).

신생아는 자신의 욕구충족과 만족을 얻기 위해 전적으로 성인에게 의존한다. 특히 성인과 신체 접촉을 선호하는데, 이 신체접촉은 감각 · 운동적 경험을 갖기 위해 노력하는 첫 시도로 볼 수 있다.

출생 후 12개월까지 몸무게는 출생 시보다 거의 3배, 키는 1.5배 정도로 증가하여 급격한 신체적 성장을 나타낸다. 또한 근육과 신경계의 발달로 걷기 동작이 가능해지면서 이전보다 활동의 폭이 점점 더 넓어진다. 유아가 세상에 태어나서 첫 한 달 동안 할 수 있는 운동은 빨기, 삼키기, 하품하기, 눈 깜빡이기, 배설하기 등 선천적으로 가지고 있는 반사행동이다. 주 신경체계가 성숙함에 따라 의도적 · 목적적인 행동이 시작되며 4개월이 되면 영아는 엎드리거나 누워서 머리를 들 수 있다. 4~8개월의 영아는 양팔을 물체를 향해 뻗을 수 있으며, 8~12개월에는 한 손을 물체를 향해 뻗을 수 있다. 또한 배로 기기, 두 손과 두 다리로 기기가 시작되는데, 이는 최초의 진정한 이동 기술이다. 이어서 가구를 붙잡고 서기 시작하며 성인의 도움을 받아 걸을 수 있다. 그러고 나서 12~18개월에 유아가 아무 도움 없이 걸을 수 있는 순간이 온다. 유아는 걸으면서 물체를 밀고 당기며 운반하는 것을 즐긴다.

2 걸음마기(18~36개월)

유아는 생애 첫 3년 동안 상당히 많이 자랄 뿐 아니라 자신의 몸에 대해 많은 것을 알게 된다. 유아의 몸은 점점 협응적(coordinated)이고 안정적으로 되며, 주변 환경을 보다 적극적으로 탐색하려고 한다. 독립적이고자 하는 충동과 지치지 않는 에너지가 합쳐져서 운동발달은 걸음마기의 가장 중요한 발달 측면 중 하나가 된다. 2세가 되면 흔들림이 거의 없이 좀 더 안정적으로 걷게 된다. 이 시기의 유아는 여전히 자신의 신체를 조절하는 능력은 부족하나, '달리기'를 시도하기도 한다. 그러나 유아가 좀 더 잘 달리려면 균형을 잡고, 출발하고, 빨리 멈추는 능력이 향상되어야 한다. 이 시기에 새로 습득하는 기술은 뛰기(jumping)와 기어오르기(climbing)이며, 던지기와 차기 동작도 해 보려고 하지만 이러한 기술은 아직 미숙하다.

또한 이 시기에는 음악에 대한 리듬감 있는 반응이 극적으로 증가하며, 2세 무렵의 영아는 음악에 맞춰 튀어오르기(bouncing), 흔들거리기(swaying), 팔 흔들기, 고개 끄덕이기, 발로 톡톡 치기, 박수치기를 즐긴다. 3세가 되면 보다 부드럽고 빠르게 혹은 느리게 몸을 움직일 수 있다(Seefeldt, 1998). 즉, 2~3세 무렵의 유아는 적극적으로 음악에 반응하며 몸을 튕기거나 한 바퀴 돌고, 손을 흔들거나 고개를 끄덕이는 등 좀 더 많은 신체적 반응을 보이게 된다.

이 시기의 유아는 달리기나 뛰어넘기 같은 동작 기술이 아직 미성숙한 단계이므로 안전에 유의하면서 다양한 동작경험을 하도록 해야 한다. 즉, 이 시기의 유아가 쉽게 상상하며 표현할 수 있는 활동을 할 수 있도록 하는 것이 좋다. 예를 들어, 유아교육기관 사육장에서 볼 수 있는 닭의 걸음걸이를 흉내 내어 보는 등의 활동을 제공할 수 있다.

3 유아기(3~5세)

이 시기의 유아는 더 많은 운동기술을 획득하며 더불어 인지능력도 급격한 진보를 이루고, 언어적 능력의 확장은 물론 사회적 기술도 진전된다. 3세 무렵에는 걸음마기 유아보다 움직임이 훨씬 유연해지며, 5세경에는 대부분 상당량의 조작 능력과 체조 기술뿐 아니라 기본적인 이동 기술과 비이동 기술 모두를 수행하게 된다.

3~5세 유아는 다른 사람의 동작이나 모습을 정확하게 모방하거나, 음악을 들으

며 박자에 맞추어 움직이는 능력이 생겨 리듬에 맞춰 손뼉을 칠 수 있으며, 신체 협응력이 증가하고 리듬적 동작을 할 수 있는 능력이 생긴다(심성경 외, 2019). 그리고 음악의 빠르기, 음향, 음조(음의 고저)에 따라 신체를 다르게 움직일 수 있게 된다.

이 시기에는 언어적 능력도 발달하므로 3세 유아에게는 동요를 이용해서, 4세 유아에게는 손유희, 이야기, 동시, 동요를 이용해서 동작을 이끌어 낼 수 있다. 5세에는 유아의 동작과 자세에 대한 설명을 통해 자신의 행동이나 위치, 모습에 대한 묘사를 할 수 있는 능력을 갖게 되며, 또한 노래를 부르면서 손뼉치기, 춤추기와 같은 신체적인 움직임을 동반할 수 있게 된다.

이 시기의 유아를 위해서는 대근육 활동을 위한 시간이 적절히 제공되어야 하며, 활동 중에 서투르고 비능률적인 동작들이 나타나므로 그러한 동작 경험이 성숙된 수준으로 발전되도록 지도하고 조언해야 한다. 움직임이 묘사된 간단한 동시나 동화를 듣고 동작으로 표현하는 활동 등도 적절하다. 또한 사물의 조작과 눈과 손의 협응을 요구하는 다양한 활동, 다리와 하체를 이용한 활동뿐 아니라 상체 근육을 사용한 다양한 오르기 활동을 마련해 주어야 한다. 교사는 다양한 상상적 동작활동을 통해 유아의 표상능력과 창의성이 발휘될 수 있도록 기회를 주어야 하며, 4~5세가 되면 집단 형태로 간단한 동작활동을 경험하도록 하는 것도 좋다.

4 초기 아동기(5~8세)

기본적인 운동능력은 보통 5세 정도에 나타난다. 6세 유아는 성숙한 패턴으로 대부분의 이동기술을 수행할 수 있게 되는데, 미끄러지기(sliding)와 스키핑(skipping)은 흔히 가장 마지막에 얻어지는 이동기술이다. 일반적으로 유아는 5, 6세가 되어야 부드럽게 스키핑을 할 수 있다.

대부분의 유아는 6세가 되면 오르내릴 수 있게 된다. 또한 거의 성숙한 수준의 던지기가 가능하며, 던질 준비를 위해 물체를 던지는 팔과 같은 쪽의 발에 체중을 이동시킬 수 있다. 또한 대부분의 5, 6세 유아는 바닥에 공을 튀길 수 있으며 튀겨진 공을 잡을 수도 있다. 더불어, 굴러가는 공을 찰 수 있고 목표물을 맞히기 위해 공을 정확히 굴릴 수도 있다. 또한 이 시기의 유아는 특별한 리듬패턴을 따라 할 수 있으므로 댄스를 교육과정에 포함할 수도 있다(Mayesky, 2002).

이 시기 유아는 특정 음악에 맞추어 춤(dance)동작을 할 수 있으며 음악과 창의적 리듬을 사용한 활동이 유아에게 즐거움을 줄 수 있으므로 둘이 짝이 되거나 다양한 크기의 집단으로 특정 모양 만들기, 둥글게 서서 한 발로 균형잡기 등의 활동을 할 수 있다. 또한 이 시기의 후반부가 되어서야 비로소 스포츠에 대한 흥미가 발달하기 시작하므로 기본적인 체육기술과 단순한 게임 정도를 소개할 수 있다.

〈표 2-2〉는 심성경 등(2019), 홍용희 등(2007), 김은심(2015), 이영 등(2004), 피카(Pica, 2010) 등을 근거로 유아기 운동 발달과정에 있어서 연령에 따른 중요한 발달사항과 그에 적절한 음악을 동반한 동작활동의 예를 정리한 것이다. 그러나 이 표는 어떤 연령적 기준에 도달했는지를 비교하는 것보다는 개인적 차이나 전체적인 발달의 견지에서 비율적인 측면에 초점을 맞추어 이해해야 할 것이다.

표 2-2 유아기 운동발달과 그에 적절한 음악을 동반한 동작활동의 예

단계	운동발달	음악을 동반한 동작
출생~6개월	• 옆으로 머리 돌리기 • 엎드리거나 누워서 머리 들어 올리기 • 물체를 향해서 뻗쳐 닿기 • 팔을 잡아 주면 앉기 • 뒤집기	• 음악이 들리면 반응하며 소리 나는 쪽으로 고개 돌리기
6~12개월	• 앞에서 뒤로, 그 반대로 뒤집기 • 배로 기기, 손발을 이용해 기기 • 서기 • 성인의 도움을 받으며 걷기 • 한 손이나 양손으로 물체에 뻗쳐 닿기	• 음악을 듣고 앉거나 서 있는 자세에서 몸 흔들기
12~24개월	• 앞, 뒤, 옆으로 걷기 • 계단 기어오르기 • 위아래로 점프하기	• 박자를 맞추지는 못하나 흔들기, 끄덕이기, 손뼉치기 등으로 음악에 반응하기
24~36개월	• 혼자서 계단 오르내리기 • 머리 위로 팔 올리기 같은 간단한 동작 따라하기 • 기어오르기 • 초보적 수준의 던지기	• 크고 작은 동작과 리듬이 반복되는 아주 단순한 음악활동 따라하기 • 음악에 맞추어 창의적 동작하기

	• 제자리에서 걷기 • 공 굴리기 • 넘어지지 않고 허리 구부리기 • 발끝으로 걷기 • 한 발로 잠시 균형 잡기 • 물건 건너뛰기 • 큰 공 차기	
3~4세	• 신호에 맞춰 동작의 방법, 속도, 방향 바꾸기 • 일직선 위나 낮은 평균대 위에서 잠깐 동안 걷기, 발끝으로 달리기 • 공 던지기 • 날아오는 공을 몸을 사용해 받기 • 서투른 갤러핑(galloping)하기 • 짧게 호핑(hopping)하기 • 두 손과 두 발을 동시에 사용하기 • 발 바꾸면서 계단 오르기 • 두 팔을 쭉 펴서 튄 커다란 공 잡기 (bouncing) • 자전거 타기	• 동작을 곁들인 노래나 손가락 놀이에 적극적으로 참여하기
4~5세	• 잘 사용하지 않는 쪽 다리로 호핑하기 • X자로 걷기 • 발 바꾸면서 계단 내려오기 • 발 바꿔 호핑하기 • 공을 튀기거나 잡기 • 원 모양 따라 걷기 • 효율적이며 숙련된 달리기 • 서투른 갤러핑하기	• 노래를 부르면서 동시에 손뼉 치기나 춤추기
5~6세	• 미끄러지기(sliding) • 능숙하게 호핑하기 • 발 바꾸면서 스키핑하기 • 날아가는 공을 손을 사용해 잡기 • 간단한 춤 스텝해 보기 • 구르는 공 차기 • 성숙한 갤러핑하기	• 간단한 무용이 곁들여진 노래 게임하기
6~8세	• 잘 발달된 대근육 운동능력 가짐 • 둘 혹은 그 이상의 기술을 동시에 수행하기(예: 달리면서 공 잡기)	• 간단한 민속춤 추기

참고문헌

김은심(2015). 유아동작교육(개정판). 경기: 정민사.

심성경, 이희자, 이선경, 김경의, 이효숙, 박주희(2019). 영유아음악교육(제5판). 경기: 양서원.

이영, 전인옥, 김온기(2004). 유아를 위한 창의적 동작교육. 서울: 교문사.

한국행동과학연구소(1983). 동작활동. 서울: 문교부.

홍용희, 이한영, 최혜로, 원영신(2007). 유아를 위한 동작교육의 이론과 실제. 서울: 다음세대.

Gabbard, C. (1998). Windows of opportunity for early brain and moter development. *Journal of Physical Education, Recreation, & Dance*, *69*(8), 54-55.

Mayesky, M. (2002). *Creative activities for young children*. Clifton Park, New York: Deima Learning.

Pica, R. (2010). 출생부터 8세까지 유아를 위한 동작교육(김은심 역). 경기: 정민사.

Robert, D. L. (2001). Successful preschool movement programs. *Teaching Elementary Physical Education*, *12*(5), 30-33.

Seefeldt, C. C. (1998). *The early childhood curriculum*. New York: Teachers College Press.

chapter 03

유아를 위한 동작의 요소

동작이란 몇 가지 동작의 기본요소로 구성된 움직임이다. 동작은 신체 어느 부분을, 어디로, 어떻게 무엇으로 움직일 것인지에 대한 동작의 기본요소를 이해하고 이를 적절하게 활용할 때 다채롭게 표현될 수 있다. 따라서 교사는 동작의 기본요소를 고려하여 동작교육을 실시해야 한다.

1 동작의 기본요소

동작의 요소는 학자나 이론에 따라 약간씩 다르게 제시하고 있다. 유아동작교육에 지대한 영향을 끼친 현대 무용의 아버지 라반(Laban, 1975)은 동작의 기본요소를 신체(body), 공간(space), 관계(relationship), 노력(effort)의 네 가지로 구분하였고, 퍼셀(Purcell, 1994)은 동작의 기본요소를 신체인식, 공간인식, 노력, 그리고 관계로 구분하였다. 피카(Pica, 1995)는 동작의 요소를 공간(space), 형태(shape), 시간(time), 힘(force), 흐름(flow), 리듬(rhythm)으로 분류하고 있다. 이 책에서는 김화숙(2006)을 근거로 신체, 공간, 시간(시점과 속도), 에포트, 관계, 주제로 동작의 요소를 나누어 살펴보고자 한다.

교사가 동작의 요소를 이해하는 것은 유아의 다양한 동작 표현을 지원하기 위해 매우 중요하다. 다음은 유아교사가 유아동작교육 활동계획과 진행 시 고려할 질문 목록이다(김화숙, 2006).

그림 3-1 **유아교사가 유아동작교육 활동계획과 진행 시 고려할 질문목록**

② 동작의 요소가 시사하는 유아동작교육

유아의 다양한 동작에는 동작의 요소가 반드시 포함되어 있기에 유아동작교육 전개 시에는 동작의 기본요소 탐색이 포함되어야 한다. 즉, 신체, 공간, 시간(시점과 속도), 에포트, 관계, 주제의 여섯 가지 동작요소에 기초한 유아동작교육 내용과 활동이 무엇인지를 살펴보아야 한다. 다음은 김화숙(2006)이 제시한 여섯 가지 동작의 요소에 관한 설명이다.

1) 신체

동작은 신체를 활용한다. 동작은 그것이 기본적인 동작이든 표현적 동작이든 자신의 신체를 이용해서 표현하는 것이다. 따라서 동작을 위해 신체 각 부분에 대한 충분한 인식과 신체를 사용하는 방법을 익히고 이해하는 것이 선행되어야 한다. 즉, 유아가 신체의 각 부분의 명칭과 각 부분들의 움직임을 충분히 탐색하고 인식한 후 신체 각 부분을 독립적으로 움직여 형태를 만들거나 신체의 각 부분을 합하여 다양한 동작을 표현해 보아야 한다.

특히 연령이 어릴수록 신체 각 부분의 인식을 위한 탐색활동이 더 우선시되어야 하며, 충분한 탐색 후에 이를 동작으로 연결시켜 전체적인 신체의 움직임으로 이끄는 것이 좋다. 유아는 자신의 신체에 대하여 충분히 탐색해 보고 알아보는 과정을 통하여 여러 가지 동작의 가능성을 열어 가는 동시에 신체의 각 부분에 대한 명칭과 역할을 알고, 신체를 통한 다양한 움직임을 표현할 수 있게 되는 것이다.

- 눈(코, 입)은 어디 있나?
- 머리(고개, 허리, 온몸)를 흔들어 보자.
- 손가락(손, 발)으로 하트 모양을 만들어 보자.
- 발꿈치/발끝으로 걸어 보자.
- 몸을 동그랗게 만들어 보자. 앞-뒤-옆쪽으로 몸을 둥글게 만들어 보자.
- 팔꿈치(목, 손목, 발목, 허리)를 구부려 보자.

몸을 동그랗게 만들기

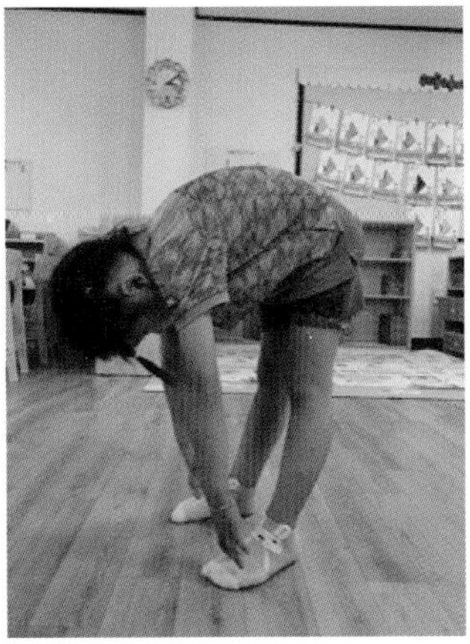

몸을 앞으로 동그랗게 만들기

몸을 옆으로 동그랗게 만들기

2) 공간

동작을 위해서는 공간이 필요하다. 공간이란 신체를 움직일 수 있도록 만들어진 장소다. 공간은 크게 '개인 공간'과 '일반 공간'으로 분류되며, 개인 공간과 일반 공간 안에서 높이(낮게, 중간, 높게)와 너비(넓게/좁게, 길고/짧게), 방향(앞/뒤, 위/아래, 왼쪽/오른쪽)과 경로(똑바로, 지그재그로, 돌아서 등) 등 움직임의 요소를 인식하는 것이다.

(1) 개인 공간

개인 공간은 개별 유아를 둘러싼 공간으로 유아의 신체와 접해 있으며, 동작 시 다른 사람을 방해하지 않으면서 자신에 의해서만 사용되는 공간이다. 바닥에 훌라후프나 작은 매트를 놓고 그 안에서만 움직여 보거나 팔, 다리 등을 최대한 뻗어 커다란 캡슐을 만들어 그 안에서 움직여 보는 활동 역시 개인 공간과 관련된 동작활동의 예가 될 수 있다. 동작활동은 개인 공간에서 높이, 너비, 방향, 경로 등이 고려될 때 보다 다양해진다.

- 훌라후프 안에서 몸을 낮게/높게 만들어 보자.
- 손과 발을 쭉 뻗어 커다란 비눗방울을 만들어 보자.
- 몸을 움츠려 작은 씨앗을 표현해 보자.
- 누워서 몸으로 원을 만들어 보자.

훌라우프 안에서 몸을 낮게 만들기

훌라우프 안에서 몸을 높게 만들기

(2) 일반 공간

일반 공간은 여럿이 함께 사용하는 공간으로, 다른 위치로 이동하는 활동이 일반 공간과 관련된 활동이다. 일반 공간에 대한 인식이 발달하면 동작 시 충돌하지 않고 공간을 움직이거나 친구들과 함께 또는 도구를 가지고 복잡한 표현을 할 때 공간 관계를 이해하여 안전하게 움직일 수 있게 된다. 또한 유아의 다양한 동작을 지원하기 위해 일반 공간에서도 높이, 너비, 방향, 경로 등을 고려한 탐색이 충분히 이루어지면 좋다.

일반 공간을 탐색하는 동작활동으로는 교실 안에서 다른 사람을 건드리지 않게 똑바로 걸어 보거나 지그재그로 걸어 보는 활동 등이 대표적이다. 유아는 이러한 활동으로 자연스럽게 일반 공간을 탐색하고 공간과 신체의 관계를 설정하거나 타인을 방해하지 않으면서 신체의 움직임 범위를 조절하는 능력을 형성하게 된다.

- 음악에 맞추어 다양한 동작을 하며 교실 안을 돌아다녀 보자.
- 작고 낮게(크고 높게) 걸어 보자.
- 훌라후프 비행기를 타고 여행을 떠나 보자.
- 악어(뱀, 거북이, 캥거루)의 움직임을 표현해 보자.
- 꽃게처럼 옆으로 움직여 보자.
- 음악에 맞추어 바닥에 그려진 길을 따라 이동해 보자.

음악에 맞추어 다양한 동작을 하며 교실 안을 돌아다니기

3) 시간(시점과 속도)

시간이란 동작의 '시점'과 '속도'와 관련된 표현요소다. 시점은 동작을 시작하거나 멈춰야 하는 또는 동작을 전환하는 순간과 관련되어, 신호나 지시 등이 나오는 순간 바로 동작하는 것이다. 즉, 자유롭게 춤추다가 멈춤 신호가 나오면 멈추거나 앞으로 걷다가 노래가 멈추면 뒤돌아 뛰어오기 등이 예가 될 수 있다.

속도는 신체나 신체 각 부분을 여러 속도로 반응하여 움직이는 요소로, 빠르고 느린 리듬의 차이에 따라 반응하여 동작하는 것이다. 연령이 어린 유아일수록 먼저 특징이 잘 드러나는 대조적인 리듬(빠른 리듬과 느린 리듬)을 소개하는 것이 좋으며, 다음으로 점점 빠르게나 점점 느리게 등으로 동작해 보도록 한다. 이때 음악이나 소리에 대한 다양하고 충분한 탐색이 먼저 이루어진다면 유아의 동작활동은 더욱 극대화될 수 있다. 유아에게 빠르고 느린 음악을 함께 소개하면서 동시에 관련된 그림이나 사진 또는 언어적 자극(빠른 토끼, 느린 거북이, 졸린 사자)을 제공한다면 유아는 더욱 효과적으로 시간의 요소를 탐색할 수 있다.

- 아주 빨리/아주 천천히 걸어 보자.
- 신호가 울리면 빠르게 걷다가 점점 천천히 걸어 보자.
- 빠른 속도로 달리던 차가 급정거하는 것처럼 멈춰 보자.
- 음악에 맞추어 스키핑/갤러핑을 해 보자.
- 좋아하는 동물이 되어 빠르게/느리게 움직여 보자.

보통 걸음으로 걷다
천천히 느리게 걸어 보기

빠른 속도로 달리다 급정거하기

4) 에포트

에포트는 동작의 질을 의미하는 것으로 '무게(힘)'나 '흐름'과 관련된 요소다. 동일한 동작을 표현하는 경우라도 에너지의 사용에 따라 그 움직임이 달라진다.

연령이 어릴수록 대조적인 질, 가령 무게(힘)에 대해서는 무겁게/가볍게 또는 강하게/약하게 등을 비교해 가며 동작해 보도록 하는 활동이 적절하다.

(1) 무게(힘)

무게(힘)는 동작의 강하고 약한 정도를 표현하는 요소로 유아가 다양한 느낌을 표현하는 데 필요하다.

유아는 코끼리의 움직임을 무겁게 표현하거나 다람쥐의 움직임을 가볍게 표현하면서 신체의 어떤 부분을 강하고/무겁게 움직일 수 있는지, 또는 약하고/가볍게 움직일 수 있는지 알게 된다.

- 군인처럼 힘차게 행진해 보자.
- 헬리콥터의 프로펠러가 힘차게 돌아가는 모습을 표현해 보자.
- 헬리콥터가 멈추고 프로펠러가 힘없이 서서히 멈추는 모습을 표현해 보자.
- 산들바람에 흔들리는 코스모스를 손/몸으로 표현해 보자.

군인처럼 힘차게 행진해 보기

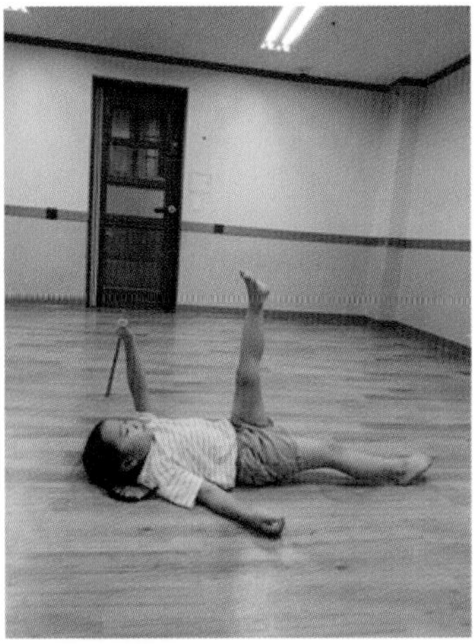

헬리콥터의 프로펠러가 힘차게 돌아가는 모습 표현하기

(2) 흐름

흐름이란 움직임의 계속성이다. 동작의 흐름은 '자유로운 흐름(free flow)'과 '제한된 흐름(bound flow)'으로 나눌 수 있다. '자유로운 흐름'은 움직임이나 움직임의 부분들을 부드럽게 연결시키는 것을 의미하며, '제한된 흐름'은 동작의 끝이나 동작의 일부가 끊어지는 것을 의미한다.

'자유로운 흐름'의 예로는 얼음 위에서 스케이트를 타는 사람이 유연하게 미끄러지는 동작이나 새가 날아가는 표현처럼 멈추는 과정 없이 유연하게 천천히 움직이며 천천히 정지해 가는 것 등이 있다. 반면에 '제한된 흐름'은 기본동작활동 중 '호핑'과 '멈추기' 동작을 반복해서 하는 경우와 같이, 언제든지 쉽게 멈출 수 있는 동작으로 신나게 몸을 움직이다 신호 악기 소리에 맞춰 동작을 멈추고, 다시 몸을 움직여 보는 것 등을 예로 들 수 있다.

- 음악에 맞추어 리본을 부드럽게 흔들어 보자.
- 스케이트 타듯 부드럽게 교실을 돌아보자.
- 로봇처럼 움직여 보자.
- 자유롭게 춤을 추다가 신호가 나오면 그대로 멈춰 보자.
- 자유롭게 돌아다니다가 신호가 울리면 두 팔을 위로 뻗어 점프해 보자.

음악에 맞추어 리본을 부드럽게 흔들어 보기

5) 관계

관계란 '신체'를 중심으로 신체 부분 간의 관계, 다른 사람이나 사물과의 관계가 어떻게 이루어지는가에 대한 요소다.

유아가 자신의 움직임을 잘 표현하기 위해서는 신체의 각 부분 간의 관계를 파악하고, 다른 사람과 어떻게 함께 동작하며 어떤 도구를 사용하여 표현할 것인가 하는 등 관계 설정이 우선되어야 한다. 동작활동을 통해 이러한 관계를 인식하고 표현함으로써 유아는 자신의 신체 부분을 협응하여 동작하는 능력을 기르며, 다른 사람이나 사물과의 다양한 관계를 비교하고 분류하는 능력을 기르게 된다. 또한 관계와 관련한 다양한 언어(위, 아래, 가까이, 멀리, 함께 등)를 학습할 수 있으며, 타인과의 접촉을 통해 사회성 발달이 촉진될 수 있다. 따라서 동작의 요소로서 관계를 다루기 위해서는 다른 사람과 함께, 적절한 도구를 사용하여 다양하게 동작해 보는 활동이 필요하다.

- 두 친구가 짝이 되어 터널을 만들어 보자.
- 친구와 마주보고(뒤에서) 친구의 동작을 똑같이 따라 해 보자.
- 세 명의 친구가 함께 커다란 한 마리 코끼리를 만들어 보자.
- 탄력밴드로 모양(세모, 네모, 동그라미)을 만들어 보자.
- 스카프로 물결을 표현해 보자.
- 리본막대의 리본으로 다양한 모양을 만들어 보자.

친구의 동작을 똑같이 따라 하기

6) 주제

주제란 '왜 움직이는가?'에 대한 질문으로서 움직임을 표현하고자 하는 '동기', '의도' 움직임에 대한 '아이디어' 그리고 움직임에 관한 '자극'을 말한다.

유아교육기관에서는 진행되는 교육과정의 주제에 따라 동작활동을 계획하고 실시한다. 예를 들면, '토끼'와 관련된 동작 표현을 위해 관련되는 그림이나 사진을 제시하거나, 토끼의 움직임을 나타내는 경쾌한 음악을 제공하는 등 적절한 자극을 제공한다. 이러한 자극은 유아에게 움직임에 대한 동기나 아이디어를 부여하게 되며, 주제에 따라 동작 표현을 하게 된다.

- 토끼처럼 뛰어 보자.
- 거북이처럼 엉금엉금 기어 보자.
- 비행기가 되어 보자.
- 좋아하는 놀이를 동작으로 표현해 보자.

토끼처럼 뛰어 보기

거북이처럼 엉금엉금 기어 보기

동작으로 특정한 아이디어나 생각과 느낌을 효과적으로 전달하거나 창의적으로 표현하기 위해서는 이와 같은 여섯 가지 동작의 요소들이 반드시 포함되어야 한다. 따라서 유아가 동작교육 활동 시에는 동작의 기본요소들을 탐색하고 활용해 보는 경험이 제공되어야 한다. 그러나 유아교육현장에서는 아직도 동작의 요소를 고려하여 다양한 내용의 동작교육을 실시하기보다는 정형화된 율동을 중심으로 하거나 단순하고 반복적인 동작활동에 치우쳐 지도하는 경우가 많다.

동작의 요소가 시사하는 점을 요약하면 다음과 같다. 즉, 유아가 자신의 신체에 대한 인식을 시작으로 다양한 주제에 따라 다양한 무게와 흐름, 속도의 동작을 인식하고 표현하며, 다른 사람이나 도구와의 다양한 관계 및 다양한 공간 사용에 의한 동작을 경험할 수 있도록 다양한 동작교육 활동이 이루어져야 할 것이다.

또한 명심해야 할 점은 유아가 동작의 요소에 대해 의식하면서 동작활동에 참여하는 것은 아니며, 관련된 동작의 요소에 대해 유아에게 설명하거나 인식을 강요해서는 안 된다는 것이다. 그러나 교사는 유아의 동작교육 활동을 계획하고 실행할 때 동작의 요소를 반드시 고려하고 반영해야 할 것이며, 활동의 지도 시 유아가 관련된 동작의 요소를 자연스럽게 인식하고 표현해 볼 수 있도록 발문하고, 환경을 제공하며, 적절한 상호작용을 제공해야 할 것이다.

참고문헌

김화숙(2006). 유아를 위한 창의적 신체 표현활동. 한국유아교육학회 전북지회 제14차 하계 워크숍.

이영, 진인옥, 김온기(2004). 유아를 위한 창의적 동작교육. 서울: 교문사.

Laban, R. (1975). *Laban's principles of dance and movement notation*. Boston: Plays.

Pica, R. (1995). *Experience in movement-with music, activities and theory*. Albany, New York: Delmar Publishers Inc.

Pica, R. (2010). 출생부터 8세까지 유아를 위한 동작교육(김은심 역). 경기: 정민사.

Purcell, T. M. (1994). *Teaching children dance: Becoming a master teacher*. Illinois: Human Kinetics.

chapter 04

유아동작교육의 내용

1 동작교육의 내용

동작교육의 내용에 대한 관점은 학자나 교육과정에 따라 약간씩 다르게 제시되어 왔다. 가바드(Gabbard, 1988)는 동작교육의 내용을 기초영역(기본동작, 동작의 기본요소 인식)과 응용영역(창의적 동작, 표현, 게임, 체조)으로 나누었고, 퍼셀(Purcell, 1994)은 동작의 기본요소, 창의적인 춤(비구조적인 동작), 다른 사람에 의해 고안된 춤(구조적 동작)으로 구분하였다. 또한 월과 머레이(Wall & Murray, 1994)는 동작교육의 내용 유형을 그 의도에 따라 기능적 동작(동작기술 증진, 신체단련, 체력 향상이 목적)과 표현적 동작(동작을 통해서 새로운 생각을 창출해 내고 자신의 생각을 다른 사람에게 전달하는 것이 목적)으로 나누었으며, 오연주 등(2013)도 기초영역(기본요소, 이동 동작, 비이동 동작, 조작 동작)과 응용영역(리듬활동, 창의적 활동)으로 구분하고 있다.

한편, 배인자와 한규령(2005)은 동작교육의 내용을 좀 더 세분화하여 신체탐색, 기초적 동작, 리듬동작(율동), 창의적 동작으로 제시하였으며, 홍용희 등(2007)은 기본동작, 동작의 구성요소 탐색, 창의적 동작, 다른 사람에 의해 만들어진 동작으로 제시하였다. 또한 심성경 등(2019)은 음악교육의 부분적 내용으로 동작으로 표현하기를 포함시키고 그 내용을 기본동작(이동 동작, 비이동 동작), 음악에 반응하는 동작(구조적 음률활동, 비구조적 음률활동, 창의적 음률활동)으로 구분하여 제시하고 있다.

이와 같이 동작교육의 내용 분류는 학자에 따라 다소 차이가 있으나, 대부분 실제 현장에서 행하고 있는 교육활동을 동작교육의 내용으로 인식하고 있음을 알 수 있다. 또한 학자들의 분류에서 공통적으로 이동 동작, 비이동 동작, 조작적 동작과 같은 기본운동 동작과 자신의 느낌과 생각을 표현하는 창의적 동작 두 가지를 동작교육의 기본적 내용으로 보고 있음을 알 수 있다. 이를 통해 유아동작교육의 내용은 기본운동 동작과 이를 바탕으로 한 창의적 표현 동작까지를 모두 포함해야 함을 알 수 있다.

한편, 우리나라 국가수준 교육과정인 '2019 개정 누리과정'과 '제4차 어린이집 표준보육과정'에 포함된 동작교육의 내용을 살펴보면 다음과 같다.

먼저, '2019 개정 누리과정'에서 동작교육 관련 내용은 신체운동·건강과 예술경험 영역에 제시되어 있다(〈표 4-1〉 참조). 신체운동·건강 영역은 '실내외에서 신체활동을 즐기고, 건강하고 안전한 생활을 한다.'를 목표로 「신체활동 즐기기」, 「건강하게 생활하기」, 「안전하게 생활하기」의 3개 내용범주, 총 12개 내용으로 구성되어 있다. 이 중 「신체활동 즐기기」의 '신체를 인식하고 움직인다.', '신체 움직임을 조절한다.', '기초적인 이동운동, 제자리 운동, 도구를 이용한 운동을 한다.', '실내외 신체활동에 자발적으로 참여한다.'의 4개 내용이 동작교육 내용과 관련되어 있다.

예술경험 영역은 '아름다움과 예술에 관심을 가지고 창의적 표현을 즐긴다.'를 목표로 하여 「아름다움 찾아보기」, 「창의적으로 표현하기」, 「예술 감상하기」의 3개 내용범주, 총 10개 내용으로 구성된 영역이다. 이 중 「아름다움 찾아보기」의 '자연과 생활에서 아름다움을 느끼고 즐긴다.', '예술적 요소에 관심을 갖고 찾아본다.'와 「창의적으로 표현하기」의 '신체, 사물, 악기로 간단한 소리와 리듬을 만들어 본다.', '신체나 도구를 활용하여 움직임과 춤으로 자유롭게 표현한다.', '극놀이로 경험이나 이야기를 표현한다.', 「예술 감상하기」의 '다양한 예술을 감상하며 상상하기를 즐긴다.', '서로 다른 예술 표현을 존중한다.', '우리나라 전통 예술에 관심을 갖고 친숙해진다.' 등 3개 내용범주에 걸친 8개 내용이 동작교육 내용과 관련되어 있다.

표 4-1 동작교육과 관련된 '2019 개정 누리과정'의 내용 체계

영역	내용범주	내용
신체운동·건강	신체활동 즐기기	신체를 인식하고 움직인다.
		신체 움직임을 조절한다.
		기초적인 이동운동, 제자리 운동, 도구를 이용한 운동을 한다.
		실내외 신체활동에 자발적으로 참여한다.
	건강하게 생활하기	자신의 몸과 주변을 깨끗이 한다.
		몸에 좋은 음식에 관심을 가지고 바른 태도로 즐겁게 먹는다.
		하루 일과에서 적당한 휴식을 취한다.
		질병을 예방하는 방법을 알고 실천한다.
	안전하게 생활하기	일상에서 안전하게 놀이하고 생활한다.
		TV, 컴퓨터, 스마트폰 등을 바르게 사용한다.
		교통안전 규칙을 지킨다.
		안전사고, 화재, 재난, 학대, 유괴 등에 대처하는 방법을 경험한다.
예술경험	아름다움 찾아보기	자연과 생활에서 아름다움을 느끼고 즐긴다.
		예술적 요소에 관심을 갖고 찾아본다.
	창의적으로 표현하기	노래를 즐겨 부른다.
		신체, 사물, 악기로 간단한 소리와 리듬을 만들어 본다.
		신체나 도구를 활용하여 움직임과 춤으로 자유롭게 표현한다.
		다양한 미술 재료와 도구로 자신의 생각과 느낌을 표현한다.
		극놀이로 경험이나 이야기를 표현한다.
	예술 감상하기	다양한 예술을 감상하며 상상하기를 즐긴다.
		서로 다른 예술 표현을 존중한다.
		우리나라 전통 예술에 관심을 갖고 친숙해진다.

또한 '제4차 어린이집 표준보육과정'에는 신체운동과 예술경험 영역에 동작교육 관련 내용이 포함되어 있다. 즉, 신체운동 영역의 「감각과 신체 인식하기」, 「신체활동 즐기기」와 예술경험 영역의 「아름다움 찾아보기」, 「창의적 표현하기」 등 4개 내용범주에 걸쳐 동작교육 관련 내용이 진술되어 있다. 0~1세와 2세 연령별 내용으로 구분되어 있으며 그 내용을 정리하면 〈표 4-2〉와 같다.

표 4-2 동작교육과 관련된 '제4차 어린이집 표준보육과정'의 내용 체계

영역	내용범주	내용	
		0~1세	2세
신체운동	감각과 신체 인식하기	• 감각적 자극에 반응한다. • 감각으로 주변을 탐색한다. • 신체를 탐색한다.	• 감각능력을 활용한다. • 신체를 인식하고 움직인다.
	신체활동 즐기기	• 대소근육을 조절한다. • 기본운동을 시도한다. • 실내외 신체활동을 즐긴다.	• 대소근육을 조절한다. • 기본운동을 즐긴다. • 실내외 신체활동을 즐긴다.
예술경험	아름다움 찾아보기	• 자연과 생활에서 아름다움을 느낀다. • 아름다움에 관심을 가진다.	• 자연과 생활에서 아름다움을 느끼고 즐긴다. • 아름다움에 관심을 갖고 찾아본다.
	창의적으로 표현하기	• 소리와 리듬, 노래로 표현한다. • 감각을 통해 미술을 경험한다. • 모방행동을 즐긴다.	• 익숙한 노래와 리듬을 표현한다. • 움직임과 춤으로 자유롭게 표현한다. • 미술 재료와 도구로 표현해 본다. • 일상생활 경험을 상상놀이로 표현한다.

이 책에서는 월과 머레이를 근거로 동작의 의도에 따라 유아동작교육의 내용을 크게 기본운동 동작하기와 표현 동작하기로 구분하였다. 또한 동작교육의 내용을 실제 현장에서의 교육활동으로 인식하는 입장에서 감상하기를 교육 내용으로 포함시켜 기본운동 동작하기와 표현 동작하기, 동작 감상하기의 세 가지로 구분하여 살펴보고자 한다. 하위내용으로는 기본운동 동작하기의 경우 이동 동작하기 · 비이동 동작하기 · 조작적 동작하기로, 표현 동작하기의 경우 동작의 구조성 정도에 따

라 구조적 표현 동작하기 · 반구조적 표현 동작하기 · 창의적 표현 동작하기로 구분하였다. 동작 감상하기의 경우는 하위내용을 구분하지 않고 다양한 춤과 체조 등을 감상하고 그 느낌이나 생각을 표현해 보고, 더 나아가 작품의 미적 · 문화적 · 역사적 가치에 대해 이해해 보는 활동으로 이루어진다. 이를 정리하면 [그림 4-1]과 같다.

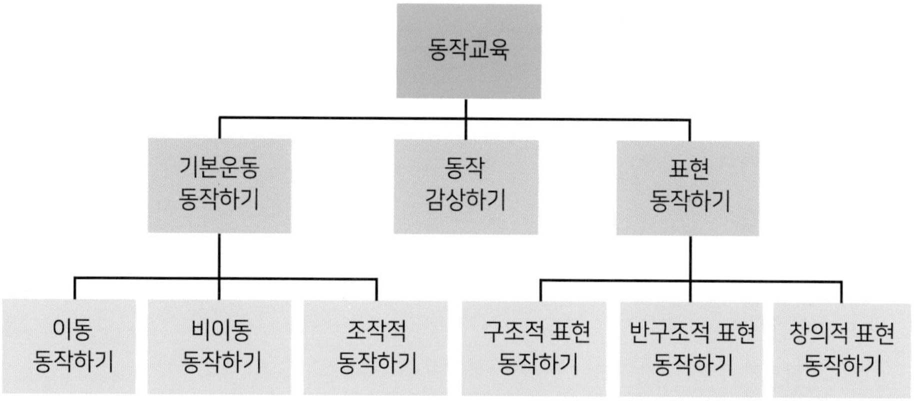

그림 4-1 **유아동작교육의 내용 구성**

이 책에서는 동작의 요소 탐색하기는 별도의 내용 유형으로 포함시키지 않았는데, 이는 동작의 요소는 모든 유형의 활동에서 지속적으로 탐색될 수 있는 것이므로 하나의 교육활동의 유형이라 보기 어렵기 때문이다.

1) 기본운동 동작하기

기본운동 동작의 목적은 신체를 효율적으로 움직이는 데 필요한 운동 능력을 키우는 것으로 기초 체력을 형성하며 인지, 정서, 사회성 등 모든 영역의 발달과 관련되고 이후의 보다 정교하고 복합적인 운동능력을 발달시키는 기초가 된다.

유아기는 겔라휴(Gallahue)가 제시한 운동발달 단계 중 기초적 동작 단계에 속하는 시기로, 전문적인 운동기술보다는 자신의 신체를 효율적으로 관리하는 기초적 동작기술의 습득이 더 중요한 시기다. 기본운동 동작이란 일상생활에서의 움직임이 기본이 되는 동작을 의미하는 것으로, 제자리에서 움직이는 비이동 동작(Nonlocomotor movement)과 장소를 옮기면서 움직이는 이동 동작(Locomotor movement), 도구를 사용하여 움직이는 조작적 동작(Manipulative movement)으로 구분된다.[1]

세 가지 유형별 동작을 살펴보면 다음과 같다(〈표 4-3〉 참조).

표 4-3 기본운동 동작의 유형

비이동 동작	이동 동작	조작적 동작
구부리기	걷기	던지기
뻗기	달리기	받기
꼬기	두 발 모아 뛰기	차기
흔들기	호핑	치기
떨기	스키핑	
회전하기	갤러핑	

출처: 교육인적자원부(2003).

(1) 비이동 동작하기

비이동 동작은 몸의 중심을 한 장소에 고정한 상태로 움직이는 운동 동작을 일컫는 것으로, 정확한 비이동 동작하기는 몸의 올바른 자세를 형성시켜 주는 기초가 된다.

① 구부리기

구부리기(Bending)는 목, 허리, 무릎, 팔꿈치, 손목, 발목, 손가락 등과 같이 신체 부위 중 관절이 있어서 몸을 구부릴 수 있는 부분을 접는 동작이다. 유아가 구부리기 동작을 경험할 수 있도록 하는 활동으로는 우리 몸에서 구부릴 수 있는 곳을 찾아 구부려 보기, 조각상 되어 보기, 몸으로 자모음이나 숫자를 만들어 보기 등이 있다.

[1] 2019 개정 누리과정에서는 제자리 운동, 이동운동, 도구를 이용한 운동으로 진술하고 있음.

② 뻗기

뻗기(Stretching)는 신체의 여러 부위를 수직이나 수평으로 최대한 쭉 펴는 동작이다. 유아의 흥미와 유아교육기관의 주제에 맞추어 가능한 크게, 넓게, 길게 몸을 뻗어 보는 활동을 전개하는 것이 좋다. 즉, 교육과정의 주제가 '추수'와 관련된 경우에는 높은 나무에 열린 사과나 밤을 따는 모습을 상상하며 팔과 다리를 쭉 뻗어 보는 활동을 해 볼 수 있으며, '물놀이' 관련 주제일 때에는 교실 바닥에 종이 벽돌 블록 등을 이용하여 징검다리를 만들어 다리를 최대한 뻗어 건너 보는 활동을 전개할 수 있다.

③ 꼬기

꼬기(Twisting)는 신체의 한 부분을 고정시킨 상태에서 고정시킨 신체의 부분을 돌리며 꼬는 동작이다. 유아가 꼬기 동작을 경험할 수 있도록 하는 활동으로는 수건 등을 이용하여 다양한 꼬기를 충분히 경험해 본 후 몸의 여러 부분을 실제로 꼬아 보거나 친구와 함께 손을 잡고 꼬아 보기, 실타래 되어 보기 등이 있다.

④ 흔들기

흔들기(Rock and Away) 동작은 몸의 근육을 긴장시켜 좀 더 세차게 흔드는 동작과 보다 유연하고 가볍게 흔드는 동작으로 나누어 볼 수 있다(홍용희 외, 2007). 유아가 흔들기 동작을 경험할 수 있도록 하는 활동으로는 꽃이나 나뭇잎이 되어 교사가 제시하는 바람의 세기에 따라 세차게, 가볍게 흔들어 보는 활동 등이 있다.

⑤ 떨기

떨기(Shaking)는 유아가 매우 흥미 있어 하는 동작으로 신체의 각 부분이나 몸 전체를 떠는 동작을 의미한다. 유아가 떨기 동작을 경험할 수 있도록 하는 활동으로는 북 소리에 맞추어 몸 전체를, 또는 몸의 각 부분을 세게 또는 약하게 떨어 보기, 진동 상태인 휴대전화처럼 표현해 보기 등이 있다.

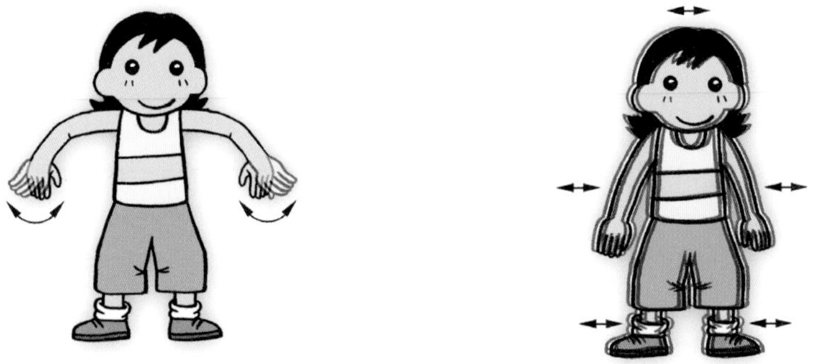

⑥ 회전하기

회전하기(Turning)는 몸의 한 부분을 중심으로 신체의 전체 또는 부분을 수직이나 수평으로 돌리는 동작이다. 유아가 회전하기 동작을 경험할 수 있도록 하는 활동으로는 팽이나 프로펠러 등과 같이 우리 주변에서 회전하는 물건들을 찾아 충분히 탐색해 본 후 각 물건의 회전하는 모습처럼 축을 중심으로 회전해 보기 등의 활동이 있다.

(2) 이동 동작하기

이동 동작은 몸을 한 곳에서 다른 곳으로 움직이는 동작으로, 유아의 대소근육이나 지구력을 향상시키는 데 필요한 동작이다(교육부, 보건복지부, 2020; 교육인적자원부, 2003). 이동 동작하기는 단순하게 기본적인 이동 동작을 하는 활동과 속도나 방향, 힘 등과 같은 동작의 요소를 반영하여 다양한 이동 동작을 하는 활동이 있다. 또한 이동 동작하기는 북소리 등 리듬에 맞추어 동작하는 활동이 일반적이며 효과적이기도 하다.

① 걷기

걷기(Walking)는 두 발을 번갈아 떼어 옮기는 동작으로 가장 기본적인 이동 동작이다. 걷기 활동의 예로는 음악에 맞추어 다양한 동작을 하면서 느리게 또는 빠르게 걷기, 바닥에 그려진 다양한 선 모양을 따라 걷기 등이 있다.

② 달리기

달리기(Running)는 몸을 순간적으로 공중에 띄우면서 두 발을 번갈아 떼어 옮기는 동작으로 걷기에 비해 속도가 빠른 이동 동작이다. 달리기 활동의 예로는 직선, 곡선, 지그재그로 달려 보기, 음악에 맞추어 빠르게 또는 느리게 달리기, 신호에 따라 방향 바꾸어 가며 달리기 등이 있다.

③ 두 발 모아 뛰기

두 발 모아 뛰기(Jumping)는 말 그대로 두 발을 모아 위에서 뛰어내리거나 제자리에서 뛰어오르는 동작이다. 두 발 모아 뛰기 활동의 예로는 종이 벽돌 블록 등에서 깡충 뛰어내리기, 줄을 뛰어넘기, 토끼나 캥거루처럼 뛰어 보기 등이 있다.

④ 호핑

호핑(Hopping)은 한 발로 뛰는 동작으로, 앙감질이라고도 한다. 호핑은 한쪽 발은 공중에 띄우고 다른 쪽 발에 몸의 무게를 실어 균형을 유지하며 뛰는 것이다. 이때 공중에 띄운 발은 ㄱ자 모양으로 앞으로 드는 것이 일반적이나, 앞, 뒤, 옆으로 다리를 들어서 뛰기도 한다. 또한 호핑은 발을 번갈아 가며 리듬을 유지하면서 동작하는 것이 보통이다. 호핑 활동의 예로는 간단한 악기 소리에 맞추어 호핑하기, 다양한 방향으로 호핑하기 등을 들 수 있다.

⑤ 스키핑

스키핑(Skipping)은 걷기와 호핑이 함께 이어지는 동작으로, 같은 발로 호핑을 하면서 걷기 스텝이 이어지는 동작이다. 스키핑의 경우 보통 호핑보다는 바닥에서 덜 높이 뛰며 갤러핑보다는 속도가 덜 빠르다. 스키핑 활동의 예로는 경쾌한 음악에 맞추어 큰 원으로 돌다가 북소리 등 신호에 따라 반대 방향으로 돌기, '우리 집에 왜 왔니?'에서 앞뒤로 번갈아 스키핑하기가 있다.

⑥ 갤러핑

갤러핑(Galloping)은 한 발을 앞으로 내밀고 다른 쪽 발을 빨리 끌어 앞으로 내민 발의 뒤쪽에 붙이는 동작이다. 가장 어려운 이동 동작이며, 마치 말이 달리는 모습과 같아 말뛰기라고도 한다. 갤러핑 활동의 예로는 두 명의 유아가 짝을 이루어 한 명은 말이 되고 다른 한 명이 마부가 되어 보기, 빠르고 경쾌한 음악에 맞추어 말처럼 뛰어 보기 등이 있다.

(3) 조작적 동작하기

조작적 동작이란 공, 줄, 후프 등의 도구를 이용해서 하는 동작으로, 주로 손과 팔, 다리와 발 등 대근육을 조작하는 형태로서 몸의 전체적인 균형과 협응을 요하는 동작이다. 조작적 동작이 효율적으로 이루어지기 위해서는 이동 동작과 비이동 동작이 기초가 되어야 한다. 조작적 동작은 신체와 사물과의 관계 이해와 사물이 움직이는 경로에 대한 이해를 돕는다.

① 던지기

던지기(Throwing)는 팔과 손을 사용하여 공중으로 물체를 날려 보내는 동작이다. 던지기 활동으로는 공 던지기가 일반적이나 어린 유아의 경우는 정확하게 물체를 던지는 것보다는 던지는 동작에 익숙해지고 적절한 던지기 자세를 취해 보도록 하는 것이 중요하다.

② 받기

받기(Catching)는 손을 사용하여 자신에게 다가오는 사물을 잡는 동작이다. 유아는 대부분 가슴으로 껴안듯이 자신에게 던져진 물체를 잡으며, 물건이 날아오면 두려움의 반응으로 머리를 돌리거나 뒤로 젖히는 행동을 나타낸다. 이는 받기가 던지기보다 시지각의 추적능력이나 눈과 손의 협응이 좀 더 정교하게 이루어져야 하는 어려운 동작이기 때문이다. 받기 활동 역시 공 받기가 일반적이며, 정확하게 받기보다는 받기 동작에 익숙해지고 적절한 받기 자세를 취해 보도록 하는 것이 중요하다.

③ 차기

차기(Kicking)는 다리를 뻗어 발로 물체에 힘을 가하는 동작으로, 능숙하게 방향과 거리를 조절하여 찰 수 있는 기술의 발달에 기초가 된다. 차기 활동의 경우도 공 차기가 가장 일반적이나 어린 유아의 경우 공이 멀리 튀겨 나가지 않아도 의미 있는 차기 활동으로 보아야 한다. 즉, 정확한 차기를 강조하기보다는 차기 동작에 익숙해지고 적절한 차기 자세를 취하도록 하는 것이 우선시되어야 한다.

④ 치기

치기(Striking)는 도구를 이용하여 손으로 물체에 힘을 가하는 동작이다. 유아의 경우 날아오는 사물을 시각적으로 추적하면서 멀리 쳐내는 동작은 어렵다. 따라서 특히 초기의 치기 활동으로는 물체를 끈으로 매달아 정지된 상태에서 쳐 보는 활동이 적절하다.

유아의 기본운동 동작하기는 동작의 기본요소들을 포함한 다양한 형태로 제시될 때 더 큰 효과를 얻을 수 있다. [그림 4-2]는 동작의 기본요소와 동작활동 분석표다. 동작의 기본요소와 동작활동 분석표를 제작하여 동작교육 계획 시 활용해 볼 수 있다(〈부록〉 pp. 327-329 참조).

🌱 그림 4-2 **동작의 기본요소와 동작활동 분석표**

2) 표현 동작하기

표현 동작은 유아가 자신의 생각과 느낌을 움직임과 춤으로 자유롭게 표현해 보는 동작이다. 유아는 자신의 주변 자연과 생활에서 발견한 다양한 움직임을 표현해 보거나 자신의 생각과 느낌을 자신의 신체나 여러 도구를 활용하여 움직임과 춤으로 표현하는 과정 자체를 즐긴다. 표현 동작도 기본운동 동작과 동작의 기본요소들이 어우러질 때 다양하게 이루어질 수 있다([그림 4-2] 참조). 표현 동작하기는 일반적으로 구조적 표현 동작하기, 반구조적 표현 동작하기, 창의적 표현 동작하기로 구분된다.

(1) 구조적 표현 동작하기

구조적 표현 동작하기는 '머리, 어깨, 무릎, 발'이나 '오른발 왼발' 체조와 같이 노랫말이나 음악의 주제에 의해 특별하게 정해진 대로 움직이는 활동이다. 주로 교사의 시범이나 지시에 따라 유아가 따라 해 보는 형태로 이루어진다. '오른발 왼발' 활동을 예로 들면, '오른발 왼발 뛰어라'라는 노랫말의 지시에 따라 오른발 한 번, 왼발 한 번을 뛰는 것이다. 일반적으로 유아교육기관에서 행해지는 손유희도 대부분 노랫말에 맞춰 정해진 대로 동작하는 것으로 구조적 표현 동작하기의 대표적인 예라 할 수 있다. 또한 재롱잔치의 주요 레퍼토리인 공연 작품으로서의 율동은 전형적인 구조적 표현 동작하기에 속한다.

구조적 표현 동작하기는 유아의 발달과 흥미에 맞는 경우 많은 장점을 가진다. 즉, 모방을 즐기는 유아에게 동작에 대한 관심과 흥미를 갖게 해 주고, 일련의 순서를 알게 해 주며, 단어의 의미를 쉽게 이해할 수 있도록 돕는다. 또한 성격적으로 창의적 동작 표현에 부담을 가지는 유아나 아주 어린 유아에게는 쉽게 동작 경험의 기회를 제공해 줄 수 있으며, 교사 입장에서는 쉽게 활동을 전개할 수 있다는 점도 장점이라고 할 수 있다. 그러나 이러한 모방 위주의 구조적 표현 동작은 특히 정확한 동작의 모방을 강조하는 경우 유아의 창의성 개발을 저해할 가능성이 크다.

(2) 반구조적 표현 동작하기

반구조적 표현 동작하기는 부분적으로는 정해진 지시에 따라야 하지만, 창의적으로 자유롭게 움직일 수 있는 부분이 있는 활동이다. 즉, 부분적으로 노랫말에 내포된 제한적 지시에 따라 창의적으로 동작하는 활동이다. 예를 들어, '그대로 멈춰라' 활동에서 '그대로 멈춰라' 부분에서는 반드시 몸을 지시대로 멈춰야 하지만 '즐겁게 춤을 추다가' 부분과 멈추는 순간의 동작에서는 유아가 자유롭게 창의적으로 동작할 수 있다.

(3) 창의적 표현 동작하기

창의적 표현 동작하기는 '~처럼 해 보는' 또는 '~이 되어 보는'과 같은 상상적이고 창의적인 가작 행동이 일어나는 동작활동으로, 완성해야 하는 목적이나 올바로 연습해야 하는 일정한 형식이 있는 것이 아니고 유아가 탐색 과정을 통해 유아의 분위기 또는 내적 상태를 반영하여 나름대로 자신의 개성을 자신의 스타일로 표현하는 활동이다. 창의적 동작하기는 유아의 인지적(cognitive), 정의적(affective), 심동적(psychomoter) 영역의 발달에도 매우 효과적이다. 또한 창의적 표현 동작하기는 유아에게 자신의 감정을 자연스럽게 표현해 보고 조절해 보는 기회를 제공하며 상상력을 키워 준다는 점(김화숙, 2006)에서 중요하다. 창의적 표현 동작하기는 사진이나 비디오 또는 명화와 같은 시각적 자료, 동화와 동시, 동극 대본과 같은 문학적 자료, 그리고 다양한 악기나 주변의 소리와 같은 청각적 자료 등을 활용함으로써 교육과정의 주제에 알맞게 다양한 창의적 표현 동작활동을 통합적으로 전개할 수 있다.

대체로 창의적 표현 동작하기는 내용을 중심으로 이야기를 상상하여 동작으로 표현해 보는 활동과 음악의 요소에 맞추어 창의적 동작으로 표현해 보는 활동으로 구분할 수 있다.

① 이야기를 듣고 상상하여 동작으로 표현해 보는 활동

이야기의 내용을 중심으로 상상하여 동작으로 표현해 보는 활동의 예로는 '식물의 성장' 또는 '곰사냥을 떠나자'와 같은 짧은 이야기나 동시를 듣고 상상하여 표현해 보는 활동 등을 들 수 있다.

② 음악의 요소에 맞추어 창의적 동작으로 표현해 보는 활동

음악 요소에 맞추어 창의적 동작으로 표현해 보는 활동의 예로는 '아기 코끼리의 걸음마'와 같은 음악을 듣고 '빠르기' 등의 음악적 요소에 따른 느낌에 초점을 두고 창의적으로 표현해 보는 활동을 들 수 있다.

유아에게 동작은 그 자체만으로도 의미가 있으나 음악과 함께 경험을 하게 되면 걷거나 달리거나 미끄러지기 등과 같은 기본운동 동작에 빠르게/느리게, 가볍게/무겁게, 크게/작게 등의 음악 요소가 첨가되어 상호 보완적 역할을 하게 되므로 더 큰 의미를 갖게 된다. 또한 유아는 자연스럽게 음악에 대한 반응을 창의적인 몸짓으로 표현함으로써 자신의 신체 부분, 정신, 감정과 기분들을 사용하고 통합하게 하는 기회를 갖게 된다(Ririe, 1980).

음악의 요소에 맞추어 창의적 동작으로 표현해 보는 활동의 예로는 음악의 속도 변화에 따른 느낌을 리본막대를 흔들며 표현해 보기, 활동이나 음악의 속도 변화에 맞추어 빠르게 또는 느리게 움직이는 동물 표현하기, 바람에 따라 흔들리는 나뭇잎 표현해 보기, 자동차 바퀴가 되어 빠르게 또는 느리게 움직여 보기 등이 있다.

한편, 김화숙(2006)은 유아를 위한 동작교육은 정형화된 움직임의 반복 훈련보다는 즉흥표현과 상상표현이 이루어지는 창의적 동작활동이 바람직하다고 강조하면서, 창의적 동작활동은 무용요소를 깨닫도록 돕는 신체 · 움직임의 탐색으로부터 시작하여 점차 즉흥표현(improvisation)과 상상표현(imagination)이 이루어져야 한다고 제안하였다.

동작에서 즉흥표현은 사물에 대한 감성을 즉각적이고 반사적으로 표현함을 의미하는 것으로(김화숙, 1976), 유아와 함께 전개해 볼 수 있는 즉흥표현으로 동작요소, 동작단어(예: 돌기, 치기 등), 문학(동화나 동시)적 자극, 소리(소리와 음악)에 의한 자극, 다양한 물체, 교사의 지시에 의한 즉흥 등을 제시하고 있다. 즉흥표현하기 활동의 예를 들면, '동물' 주제 전개 시 유아에게 동물소리를 들려주면서 유아가 느끼는 소리에 대한 느낌이나 연상을 즉흥적으로 표현해 보도록 하는 것이다. 동물 소리에 대한 즉흥표현 시 주의할 점은 유아가 표현하는 동물이 꼭 들려준 소리와 맞아야 하는 것이 아니라 유아가 느끼는 대로 창의적으로 표현해 보도록 해야 한다는 점이다. 즉, 사자 소리를 듣고 유아가 강아지를 느꼈다면 유아의 느낌이나 연상 그대로 표현하도록 한다. 유아를 위한 즉흥표현 활동 시 움직임 요소의 탐색은 보다 흥미롭고 재미있는 창의적 표현으로 활동을 전개하도록 돕는다. 즉, 유아는 움직임 요소에 대해 충분히 탐색함으로써 보다 많은 움직임의 가능성을 인식하게 되고, 더 나아가 좀 더 다양한 표현으로 즉흥표현을 전개해 나갈 수 있기 때문이다.

상상표현은 이야기를 꾸며 동작으로 표현해 보는 것이다. 즉, 유아가 주제를 상상하여 간단한 이야기(혹은 문장)를 춤으로 표현해 보는 단계다. 상상을 통한 동작표현은 동작의 다양함이나 기술적 향상보다 창의적인 표현에 중점을 둔다고 밝히고 있듯이(이춘희, 1987), 상상표현은 유아의 상상력과 창의력을 향상시켜 줄 수 있다.

상상표현은 유아를 상상의 세계로 안내하는 활동으로, 유아에게 수족관의 물고기 되어 보기와 같은 하나의 주제를 제시하여 충분히 상상하게 한 후 상상한 것을 마음껏 창의적 동작으로 표현해 보게 하는 것이 중요하다. 상상표현하기는 창의적 동작활동을 전개하기 전에 주제에 대해 충분히 상상할 시간을 가진다는 점이 주제를 즉흥적으로 표현하는 즉흥표현하기와의 차이점이다.

유아와 함께 전개할 수 있는 상상표현의 주제는 우리 주변에서 볼 수 있는 모든 자연, 동물, 사물 등이 될 수 있으며, 유아교육기관에서 전개되는 어떤 주제라도 상상표현의 주제가 될 수 있다. 상상표현 활동의 예로는 도구와 기계를 상상하여 표현해 보기나 유아가 좋아하는 역할이 있는 동화나 사진, 영상 자료들을 보여 준 후 짧은 이야기를 만들어서 표현해 보는 활동 등이 있다.

유아의 경우 상상표현이 더 일반적인 창의적 표현 동작활동이라고 할 수 있다. 즉, 음악을 충분히 듣고 그에 대한 느낌과 상상을 표현해 보는 것이 유아에게 기존 지식과 경험을 재구성해 볼 수 있는 기회를 제공한다는 점에서 전인 교육으로서의 유아교육의 본질에 더 적절한 교육적 경험이라고 볼 수 있기 때문이다. 그러나 음악에 대한 유아의 민감성과 반응 능력, 동작에 대한 감각 및 순발력 발달을 돕기 위해서는 즉흥표현의 경험도 제공될 필요가 있을 것이다.

3) 동작 감상하기

감상이란 예술작품을 깊이 음미하고 그 미적인 내용을 이해하며 즐기는 일로, 유아의 감상활동은 예술작품에 친숙해지는 기회를 제공하고 이에 대한 생각이나 느낌을 나누는 것이다. 즉, 유아는 감상활동을 통해 예술작품을 즐기게 될 뿐 아니라 예술작품의 특징을 찾고 비교해 보는 과정에서 미적 안목과 표현의 다양성을 이해하게 된다. 더 나아가, 다른 사람의 생각이나 표현에 관심을 가지고 서로의 생각이나 표현의 다른 점을 이해하게 되며, 다른 사람의 작품을 소중히 여기는 마음을 갖게 된다. 동작교육에서도 감상하기는 중요한 내용이다. 3~5세 누리과정에서도 동작 감상하기와 관련된 내용으로 다양한 춤, 극놀이 등을 듣거나 보고 즐기기, 나와 다른 사람의 예술 표현 소중히 여기기, 우리나라의 전통 예술에 관심을 갖고 친숙해지기를 제시하고 있다.

동작 감상하기는 춤 감상하기, 리듬체조 등 예술적인 동작 표현 감상하기, 뮤지컬 등 극놀이 감상하기 등의 활동을 의미한다. 또한 전통 예술에 친해지기와 관련지어 전통 춤이나 마당놀이 등의 감상활동을 포함시킬 수 있을 것이며, 여러 문화권의 민속 춤 등을 통해 다양한 동작 표현의 감상 기회를 제공할 필요가 있다. 실제 공연 관람이 어렵다면 예술적 표현을 느낄 수 있는 다양한 동작 관련 영상 자료를 이용해 감상하고 그에 대한 생각과 느낌을 나누어 보는 활동으로 전개한다.

2 유아동작교육의 내용조직

유아동작교육의 내용은 전체 교육과정의 주제를 중심으로 통합적으로 조직될 수 있다. 예를 들어, '도구와 기계'라는 주제를 중심으로 하여 동작교육의 내용별로 동작교육 활동을 통합적으로 조직하면 [그림 4-3]과 같다.

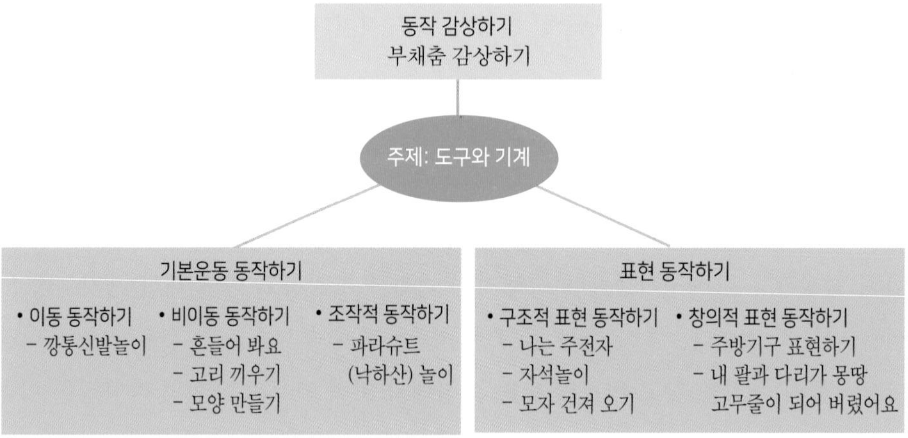

그림 4-3 유아동작교육 내용의 통합적 조직: '도구와 기계' 주제의 예

한편, 유아교육기관에서 한 가지 주제에 대한 여러 영역 간의 보다 연관성 있는 교육활동의 계획과 전개는 통합적 교육과정 운영에 필수적이다. 이에 동작교육과 다른 영역 활동 간의 통합적인 조직을 다시 '도구와 기계' 주제를 예로 하여 도식화하면 [그림 4-4]와 같다.

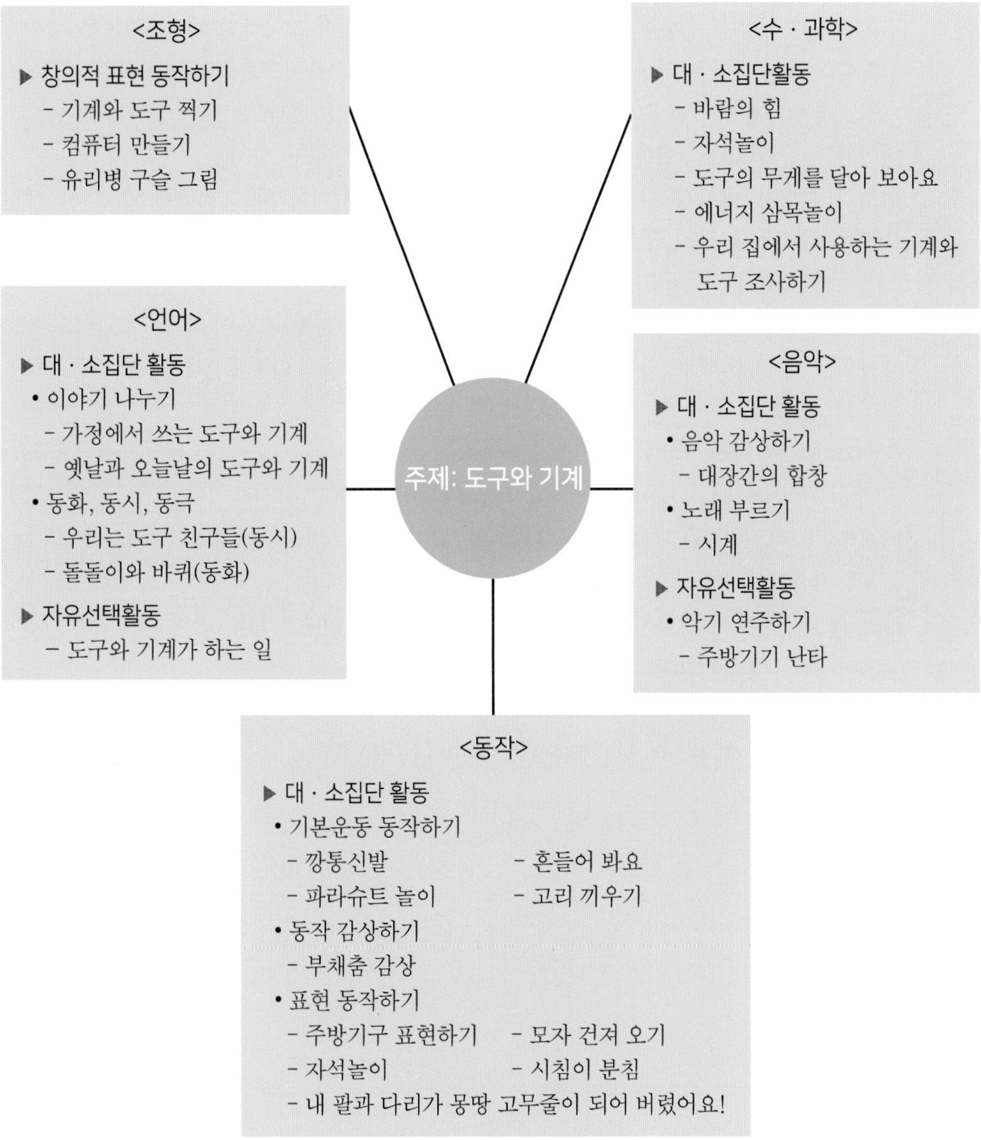

그림 4-4 주제의 통합적 활동구성 예: '도구와 기계' 주제의 예

* 2019 개정 누리과정에서는 대·소집단활동을 활동으로, 자유선택활동을 자유놀이로 용어를 변경하여 사용하고 있음.

참고문헌

교육인적자원부(2003). 유아를 위한 체육활동 자료.

교육부, 보건복지부(2020). 2019 개정 누리과정 해설서.

보건복지부(2020). 제4차 어린이집 표준보육과정 해설서.

김화숙(1976). 무용 즉흥법에 대한 실험연구. 이화여자대학교 대학원 석사학위논문.

김화숙(2006). 유아를 위한 창의적 신체 표현 활동. 한국 유아교육학회 전북지회 제14차 하계 워크숍 유아를 위한 창의적 신체 표현 활동. 익산: 원광보건대학 멀티미디어관.

배인자, 한규령(2005). 유아를 위한 동작교육의 이론과 실제. 경기: 양서원.

심성경, 이희자, 이선경, 김경의, 이효숙, 박주희(2019). 유아음악교육(제5판). 경기: 양서원.

오연주, 김혜옥, 이경실, 권명희(2013). 개정증보 유아동작교육의 이론과 실제-제3차 어린이집 표준보육과정과 3~5세 누리과정에 맞춘-. 서울: 창지사.

이춘희(1987). (문교부 교육과정에 준한) 아동 교육 무용. 서울: 보육사.

홍용희, 이한영, 최혜로, 원영신(2007). 유아를 위한 동작교육의 이론과 실제. 서울: 다음세대.

Gabbard, C. (1988). Early childhood physical education: The essential elements. *Jounal of Physical Education, Recreation and Dance*, *59*(7), 65-69.

Purcell, T. M. (1994). *Teaching children dance: Becoming a master teacher*. Illinois: Human Kinetics.

Ririe, S. R. (1980). Individual arts: Dance. In J. J. Hausmant (Ed.), *Arts and the schools*. New York: Mcgraw-Hill.

Wall, J., & Murray, N. (1994). *Children and movement: Physical education in the elementary school*. Dubuque, IA: Wm. C. Brown Co.

chapter 05

유아를 위한 동작교육의 환경구성

유아의 동작교육에 있어서 환경은 중요한 영향을 미친다. 유아의 동작활동은 계획적 교수-학습 활동뿐 아니라 일과 속에서 통합적으로 이루어지기 때문에 자유롭게 충분히 움직일 수 있는 넓은 공간을 포함한 물리적 환경과 편안하고 허용적인 심리적 환경이 요구된다.

유아를 위한 동작교육은 실내와 실외 공간 모두에서 이루어진다. 실내 환경으로는 주로 교실 내의 음률활동영역 또는 계획된 교수-학습활동으로서의 집단적 동작활동을 위한 넓은 공간이 필요하며, 실외 환경으로는 놀이터나 잔디밭 등 넓고 개방된 공간이 필요하다.

이 장에서는 먼저 유아동작교육을 위한 환경구성의 원리를 살펴보고, 동작교육 환경을 실내 환경에 국한하여 교실 내 흥미영역으로서의 음률영역과 집단활동을 위한 유희실이나 대근육실로 나누어 환경구성의 방법에 대해 살펴보고자 한다.

1 동작교육을 위한 환경구성의 원리

유아동작교육에 적절한 환경구성을 위해 고려해야 할 원리를 살펴보면 다음과 같다.

첫째, 유아가 자유롭게 동작할 수 있는 넓고 개방된 공간이 제공되어야 한다. 교실 내의 음률영역은 물론 교사 지도에 의한 집단적 동작활동을 위해서도 넓은 공간이 필요하며, 별도로 넓은 대근육실이나 실외 놀이터의 잔디밭 등이 마련되어 있으면 적절하다.

둘째, 바닥재질은 탄성이 좋고 부드러운 매트나 나무 재질로 설치하여 안전사고를 예방할 수 있어야 한다. 즉, 유아의 동작활동 시 특히 여러 유아가 함께 활동하면서 부딪쳐 넘어지더라도 충격을 흡수하는 부드러운 바닥재질이 필요하다.

셋째, 동작활동을 위한 공간 배치 시 외부인의 출입이 잦거나 지나치게 소음이 많은 곳을 피한다. 동작활동이 소음이 생기는 영역이기는 하지만, 외부의 움직임이나 소음이 지나치게 많다면 유아의 주의가 산만해지고 충분히 탐색하고 표현하는데 방해를 받으며, 또한 여러 가지 안전사고가 일어날 소지가 좀 더 높아지기 때문이다.

그 밖에 유아가 동작활동 후 잠시 휴식을 취할 수 있는 조용하고 아늑한 공간을 구성하는 것도 중요하다.

2 동작교육 환경의 구성방법

1) 음률영역의 구성

일반적으로 유아 교실의 흥미영역을 보면 음악과 동작을 통합하여 음률영역으로 구성한다. 즉, 실내에서 개별 또는 다양한 소집단 크기로 이루어지는 동작활동은 주로 음률영역에서 발생한다. 효율적인 음률영역을 구성하기 위해, 특히 동작활동에 적절한 음률영역을 구성하기 위해 고려해야 할 점을 살펴보면 다음과 같다.

(1) 음률영역은 자유로운 탐색과 다양한 활동 전개를 위하여 충분한 공간을 갖추어야 한다

음률영역은 일반적으로 악기와 재료를 자유롭게 탐색하고 조작해 볼 수 있는 충분한 공간을 제공해야 한다. 자유로운 동작 표현을 위해서는 개별활동의 경우에도 충분한 공간이 필요하다. 또한 음률영역에서의 활동은 개별활동으로만 이루어지기보다는 다양한 크기의 소집단 활동으로 이루어지는 경우가 많기 때문에 대여섯 명의 유아가 함께 몸을 움직일 수 있는 충분한 공간이 확보되어야 한다.

(2) 다양한 음률활동 전개를 위해 다양한 교재 및 교구를 적절하게 배치해 준다

음률영역 구성 시 유아가 음악을 듣고, 악기를 탐색하며, 창의적으로 동작할 수 있도록 다양한 악기와 교수자료, 소품 및 기자재를 배치하여야 한다. 음악을 들을 수 있도록 사용법이 용이한 녹음기나 음악 관련 플레이어, 그리고 편안하게 앉아서 들을 수 있는 의자나 소파 등을 제공하고, 유아 수준에 맞게 상품화된 악기와 교사가 제작한 악기 등을 골고루 제시하며, 관련된 악기연주를 위한 그림 악보판 등을 제공하여 자유롭게 악기를 탐색하고 연주해 볼 수 있게 한다.

또한 창의적인 표현활동을 자극하고 가능하게 하는 다양한 소품(스카프, 리본막대, 탄력밴드, 소형 훌라후프, 춤 관련 의상 등)을 배치하며, 벽면에는 동작활동에 대한 정보를 제공하거나 동기 유발을 위한 다양한 포스터, 공연 사진 등을 제공한다. 또한 전신 안전 거울을 배치하는 것은 신체 인식과 창의적 동작 표현 활동에 특히 도움이 된다.

(3) 모든 교재 · 교구는 종류와 쓰임새에 따라 적절히 배치하며, 그림 자료 등을 이용해 쉽게 정리 · 정돈할 수 있도록 돕는다

모든 교재 및 교구는 유아의 눈에 잘 띄는 곳에 배치하고, 손쉽게 꺼내 사용할 수 있도록 교구장을 이용해 선반이나 바구니에 담아 제공한다. 춤 관련 의상이나 소품의 경우 옷걸이를 이용할 수 있다. 또한 선반이나 바구니에 내용물의 그림이나 사진 등을 함께 부착하여 스스로 정리해 볼 수 있도록 돕는다.

(4) 다른 흥미영역과의 연관성을 살려 구성하며, 진행되는 주제에 따라 필요한 교재·교구를 교체해 주어 유아의 흥미를 유도한다

음률영역에 제공되는 여러 소품 등은 진행되는 주제에 적절하게 수시로 바꾸어 주어 유아의 흥미를 유도할 수 있어야 한다. 또한 활동적이고 소음이 많이 생기는 영역이므로 쌓기놀이영역이나 역할놀이영역 옆에 인접하도록 구성하여야 하는데, 쌓기와 역할놀이 영역에서는 자연스럽게 극적인 표현이 이루어지므로 인접한 음률영역에서의 유아의 창의적인 활동과 표현에 많은 자극을 줄 수 있다.

간혹 음률영역을 오선과 음표, 계이름으로 된 악보판이나 노랫말판만으로 구성하는 경우도 있다. 이는 유아의 발달적 능력을 고려하지 않은 것으로 발달수준에 적절하지 않다. 또는 평균대나 매트 등 기본운동능력 발달을 위한 교구나 창의적 동작표현능력 발달을 위한 자료 역시 구비하지 않고 피아노를 중심으로 악기 몇 개만으로 음률영역을 구성하는 경우가 많다. 흔히, 음률영역 구성 시 피아노를 반드시 배치해야 한다고 생각하기 쉬우나 이는 필수적 사항이 아니며, 교실이 좁은 경우 오히려 문제가 될 수 있다. 크기가 작은 디지털 피아노가 유아가 다루기에 더 적절하며 공간적으로나 소음의 수준에 있어서 다른 영역에 덜 방해가 되는 등 효과적이다. 음률영역에 제공해 줄 수 있는 자료는 다음과 같다.

• 음악듣기 활동 자료

디지털 기기(태블릿 PC, CD플레이어 등 음악 관련 플레이어), 헤드폰(유아의 경우 이어폰보다는 헤드폰이 적절함)

• 다양한 악기류

- 리듬 악기류: 캐스터네츠, 탬버린, 트라이앵글, 방울, 리듬막대, 틱톡블록, 톤블록, 우드블록, 셰이커, 카바사, 마라카스, 기로, 생활 주제에 맞추어 교사나 유아가 제작한 다양한 악기 등
- 멜로디 악기류: 실로폰, 멜로디폰, 핸드벨, 스텝벨, 목금, 철금, 피아노, 오르간, 키보드, 우쿨렐레 등

- 전통 악기류: 소고, 장구, 가야금, 징, 꽹과리, 북 등

• 동작활동 자료

평균대, 매트, 소형 훌라후프, 탄력밴드, 스카프, 리본막대, 공, 한복이나 캉캉치마 같은 무용 의상 등

• 기타

그림 노랫말판, 교수용 그림 자료, 음악가나 무용가 체조 선수 등의 공연 사진, 기본동작 사진 자료 등

그림 5-1 음률영역 환경구성

2) 계획적인 동작교육 활동을 위한 환경구성

자유선택활동(자유놀이) 시간에 이루어지는 동작활동 이외에 교사는 교육과정의 주제와 부합되는 동작교육 활동을 계획하여 실행한다. 교사의 지도로 이루어지는 것이 일반적이며, 크게 '기본운동 동작하기', '표현 동작하기', '동작 감상하기'로 나누어 진행될 수 있고, 다양한 형태의 동작활동을 적절하게 안배할 수 있는 교사의 능력이 요구된다.

계획적인 동작교육 활동은 주로 대집단으로 이루어지므로 유아가 서로 부딪히지 않고 자유롭게 움직일 수 있는 크고 넓은 공간, 즉 유희실이나 대근육실이 필요하다. 따라서 교실이 좁은 경우 교실 내에서 교구장이나 책상과 의자 등을 벽 쪽으로 밀어붙여 동작활동을 할 수 있는 크고 넓은 공간을 만드는 것이 필요하며, 때로는 실외의 넓은 공간에서 동작활동을 하는 것도 좋다.

계획적인 동작교육 활동을 위하여 필요한 소품은 다음과 같다.

• '기본운동 동작하기' 자료

평균대, 공, 줄, 막대, 매트, 트램펄린, 훌라후프, 탄력밴드 등

• '표현 동작하기' 자료

리본테이프, 스카프, 풍선, 다양한 동시·동화 자료, 동물의 움직임, 식물의 성장 등의 동영상 자료나 비디오 자료, 다양한 빠르기의 음악 CD, 다양한 역할의 소품, 다양한 종류의 포스터, 무용가 그림 자료 등

• '동작 감상하기' 자료

디지털 기기(태블릿 PC, CD플레이어 등 음악 관련 플레이어), 음악 CD, 여러 춤에 대한 영상 자료, 다양한 악기류 등

그림 5-2 **계획적인 동작활동을 위한 크고 넓은 공간**

계획적인 동작교육 활동에서 사용한 자료 및 소품을 교사 지도의 활동 전후에 음률영역에 제공해 주는 것은 활동에 대한 동기 유발에 도움이 되고, 활동 후 자유선택 활동으로 연계될 수 있어 효과적이다.

이 밖에 실외 놀이터에 제공되는 고정된 놀이시설은 유아의 민첩성이나 유연성, 평형성 등을 발달시킨다. 즉, 정글짐, 미끄럼틀, 그네, 복합 놀이시설과 터널, 오르기 시설 등은 유아의 기본운동능력을 증진시키는 좋은 시설물들이다.

chapter 06

유아동작교육의 교수방법

1 유아동작교육의 교수방법 유형

교수방법이란 설정된 교육목표를 성공적으로 달성하기 위하여 선정한 교육 내용을 학습자에게 구체적으로 실천하는 방식으로서 '어떻게 가르칠 것인가'에 대한 개념이다(서울대학교 사범대학 교육연구소, 1981). 교육자들은 최상의 교수방법이 무엇인가에 대한 문제보다는 어떠한 교수방법이 그 주제를 가르치기에 가장 적합한 방법인가를 더 중요하게 인식하고 있다. 즉, '가장 좋은 교수방법이 어떤 것인가'보다는 학습대상과 학습주제에 따라 어떤 교수방법을 사용할 것인가를 고려해야 한다는 것이다. 따라서 동작교육에 있어서도 대상 유아와 교육내용, 즉 동작교육 활동에 따라 적절한 교수방법을 적용해야 함을 기본 전제로 해야 할 것이다.

일반적으로 동작교육의 교수방법 유형은 크게 직접적 교수방법과 간접적 교수방법으로 나누어진다(Pica, 1995). 이에 대하여 살펴보면 다음과 같다.

1) 직접적 교수방법

직접적 교수방법은 교사가 주도적으로 학습해야 할 교육 주제와 교수방법을 정하는 것으로, 시범과 모방을 통한 학습이 주로 이루어진다. 즉, 교사는 교육목표와 내용 및 방법을 미리 계획하고, 이 계획을 효과적으로 수행하기 위하여 설명을 하거나 시범을 보이며 활동의 과정보다는 교사의 언어적 · 비언어적 지시를 통한 과제 수행의 결과를 중시한다. 또한 유아에게 반복과 연습을 통해 동작이나 운동기능이 숙련되도록 하는 교수방법이다.

직접적 교수방법의 장점은 통제가 용이하고 개별 유아나 대집단의 유아 모두에게 적용하기 적합하며(Gallahue, 1993), 즉각적으로 교수의 결과가 나타난다는 것이다. 교사는 유아가 지시에 따르고, 요구된 반응을 산출해 내는 것을 관찰하여 유아의 수행 정도를 파악할 수 있고, 필요에 따라 시범을 다시 보여 주거나 설명을 함으로써 즉각적인 성취를 이끌 수 있다. 따라서 직접적인 교수방법은 유아로 하여금 어떻게 움직일 것인가를 발견하도록 하는 방법보다 시간과 노력이 훨씬 덜 소요된다는 장점을 가진다. 이러한 유형의 교수방법은 구조적 표현 동작하기 활동이나 정확한 동작 수행을 요구하는 기본운동 동작하기 활동 등에 적절하다.

직접적 교수방법의 목표는 동일한 동작을 똑같이 동시에 실시함으로써 일치와 균일성을 획득하는 것이다(Mosston & Ashworth, 1990). 예를 들어, 모든 유아가 동시에 같은 동작을 표현하는 '오른발 왼발 뛰어라'와 같은 구조적 표현 동작하기 활동의 경우 똑같이 함께 움직이면서 일치와 균일성을 획득하여 이를 통해 소속감을 갖게 된다. 또한 직접적 교수방법은 정확한 동작을 표현할 수 있는 요령을 제안하는 것이다. 즉, 유아가 동작을 하기에 앞서 교사가 설명하고 시범을 보여 주며 유아에게 동작의 정확성과 반복적 모방을 강조함으로써 기본운동 동작의 학습을 효과적으로 이끌 수 있다.

직접적 교수방법의 가장 큰 단점은 창의성과 자유로운 자기표현을 허용하지 않는다는 점이다. 또한 유아의 발달과 능력에 대한 개인차를 전혀 고려하지 않는다는 것과 학습과정 자체가 아니라 어떤 기술을 익히는 결과에 초점을 두기 때문에 반복과 연습이 요구된다는 것도 단점이다(Gallahue, 1993). 그러나 이러한 단점에도 불구하고 직접적 교수방법을 동작교육에 있어서 '바람직한 교수방법이 아니다'라고 단언할 수는 없다. 왜냐하면 직접적인 교수방법이 창의적인 표현을 만드는 기초가 될 수 있는 구조적 표현 동작이나 기본운동 동작 등의 학습에 보다 효과적일 수 있기 때문이다.

2) 간접적 교수방법

간접적 교수방법은 유아 스스로의 탐색과 문제해결, 자기 발견을 통한 교수방법으로 학습이 일어나는 과정을 중시하는 아동 중심적 접근에 근거하고 있다. 간접적 교수방법은 교사 역할의 차이에 따라 두 가지로 구분된다. 즉, 사전에 결정된 학습목표에 맞추어 활동이 진행되도록 이끄는 안내적 방법과 보다 자유롭고 창의적인 표현을 위해 다양한 탐색활동을 허용하는 탐색적 방법으로 나누어 설명할 수 있다.

안내적 방법은 교사가 사전에 결정된 학습목표에 맞추어 적절한 질문을 던짐으로써 유아가 창의적으로 표현하고 실험할 수 있도록 기회를 주고 이를 통해 점점 사전에 결정된 학습목표에 접근하도록 하는 방법이다. 즉, 교사의 마음속에 구체적인 과제를 가지고 수업을 진행하며, 수업 전개 시 교사는 일련의 질문을 하여 유아가 동작을 발명하고 실험하도록 허용함으로써 궁극적으로 '정답'으로 초점이 모아지도록 안내하는 것이다. 안내적 방법을 사용할 때 고려할 점은 '여러 가지 다른 방법'을 발견할 수 있는 충분한 시간이 제공되어야 한다는 것이다. 교사는 계속적으로 구체적인 질문을 함으로써 원하는 반응이 나오도록 해야 하며, 부정확한 반응이라 할지라도 유아가 반응한 모든 방법을 수용해 주는 것이 중요하다.

탐색적 방법은 유아가 스스로 신체의 잠재력을 실험하면서 운동능력과 기술을 발달시키고 성취감을 느끼며 창의적으로 자신의 신체를 표현하게 하는 방법이다. 교사는 유아가 어떤 활동을 할 것인지 격려만 하고 유아가 자유롭게 선택하여 원하는 대로 표현하도록 함으로써 유아가 주어진 과제에 대해 실험·관찰·평가하여 스스로 해결책을 탐색하게 한다. 탐색하기는 유아에게 발달적으로 적합하게 제시한 과제에 대한 유아의 다양한 반응을 이끌어 낼 수 있기 때문에 동작활동의 지도 시 자주 사용된다.

탐색적 방법은 과제 설정하기, 유아 스스로 실행해 보기, 관찰하고 평가하기, 평가에서 알게 된 내용을 적용하여 다시 해 보기 등의 네 가지 기본적인 절차에 따라 이루어진다(Halsey & Porter, 1970). 탐색적 방법에서 교사는 시범을 보이거나 모방을 격려하지 않으며, 어떤 한 가지 최상의 해답을 요구하지도 않으므로 각 유아마다 다양한 동작 표현이 나타난다. 이러한 교수방법에서는 유아가 서로 다르다는 것에 대해 두려움을 느끼지 않으며, 교사는 유아가 자신의 방식으로 자신의 속도에 맞추어 발전해 나가도록 허용함으로써 자유로운 활동 참여가 이루어진다. 그 결과, 자유롭게 상상할 수 있는 학급 분위기가 형성되고, 유아는 적극적이고 다양한 동작활동을 할 수 있게 된다.

교사는 또한 계속해서 다양한 탐색과 표현을 확장시키거나 지속시키기 위해 부가적인 과제(예: 바람이 갑자기 멈추면 세차게 움직이던 나뭇잎은 어떻게 될까?)를 제시할 수 있다. 그리고 유아가 실행한 동작을 향상시키거나 수정하기 위해 추후 질문(예: 다른 방법은 또 없을까? 몸을 웅크려 작게 만드는 방법 외에 또 어떤 방법이 있을까?)이나 과제를 제시할 수도 있다.

교사는 다양한 탐색의 방법을 통해 모든 유아가 참여할 수 있도록 하며, 유아 자신의 발달수준과 능력에 따라 성공할 수 있도록 도와주어야 한다. 그렇게 함으로써 유아는 자신감과 성공의 경험을 통해 독립심을 증진시키고, 인내심을 기르며, 다른 사람의 아이디어를 수용할 수 있게 된다. 탐색적 교수방법에서 가장 중요한 것은 유아가 탐색을 통해 자신에게 내재되어 있는 무한한 가능성을 발견하는 것이다.

이와 같은 직접적 교수방법과 간접적 교수방법은 두 가지 모두 유용하므로 동작활동을 전개함에 있어서 교사는 지나친 교사 주도적 방법이나 지나친 유아 주도적 방법에 치우치지 말고 활동 내용에 적합한 교수방법을 찾는 것이 중요하다(Barnes, 1987).

2 유아동작교육의 내용에 따른 교수방법

유아동작교육의 효과적인 교수를 위해서는 활동의 내용에 적절하게 직접적 · 간접적 교수방법을 균형 있게 사용해야 한다. 또한 음악에 맞추어 동작하는 리듬적 접근을 사용하는 것이 효과적이며 가능하면 넓은 공간에서 자유롭게 동작할 수 있도록 하고 평가의 기회를 갖는 것이 좋다. 동작교육의 내용별로 교수방법을 살펴보면 다음과 같다.

1) 기본운동 동작하기의 교수방법

이동 동작, 비이동 동작, 조작적 동작으로 구분되는 기본운동 동작하기는 먼저 우리 몸의 각 부분을 인식하고, 동작의 기본요소를 활용하여 기본동작을 익히는 것으로부터 점차 '평균대 위 걷기'와 같이 정확한 동작 수행이 요구되는 활동으로까지 확대할 수 있다. 기본운동 동작하기 활동의 효과적인 교수방법을 살펴보면 다음과 같다.

(1) 집단적인 활동에 앞서 개인 공간과 일반 공간의 사용에 대해 인식하도록 지도한다

이동 동작하기 활동의 전개에 앞서 이동 동작을 하는 동안 다른 유아와 부딪히는 일이 없도록 유아에게 개인 공간과 일반 공간의 한계에 대해 이야기해 주거나 개인 공간과 일반 공간 사용에 대한 규칙을 유아와 함께 정한다. 이것은 원활한 활동 전개를 위해 매우 중요하다.

(2) 변화를 주어 동작해 보도록 지도한다

단순히 반복적으로 동작하도록 하기보다는 속도, 동작의 크기 등에 변화를 주어 다양하게 동작해 보도록 하는 것은 유아의 흥미를 유지하여 반복하도록 함으로써 동작의 숙련도를 높일 수 있다.

(3) 이동 동작하기 활동 시 리듬감을 먼저 익히도록 지도한다

이동, 비이동, 조작적 동작하기 활동의 경우 모두 북소리나 행진곡 등 음악에 맞추어 리듬감 있게 동작해 보도록 하는 것이 효과적이다.

호핑이나 스키핑, 갤러핑 같은 이동 동작의 경우 먼저 리듬감을 익히도록 하는 것도 효과적이다. 가령, 갤러핑을 유아에게 알려 주기 위해 먼저 '따그닥 따그닥' 소리와 함께 손으로 리듬감을 익히게 하면 유아가 더 쉽게 동작을 배울 수 있다.

(4) 기본운동 동작활동 시 단순한 기본동작 자체만이 아니라 동작을 확장시켜 지도한다

걷기나 달리기, 두 발 모아 뛰기 등 단순한 기본동작만으로 활동을 전개하기보다는 손과 머리도 함께 움직여 보기, 토끼처럼 깡충 뛰기 등의 활동으로 보다 재미있게 전개할 수 있다.

(5) 조작적 동작활동의 경우 유아의 발달과 사전 경험에 맞는 다양한 도구를 사용한다

조작적 동작하기 활동 시, 가령 유아와 받기 활동을 할 경우에 크고 부드러운 물체(예: 헝겊, 풍선, 헝겊인형)나 가볍고 부드러운 공(예: 비치볼, 헝겊 공) 등을 받아 보는 경험을 먼저 제공하는 등 유아의 발달과 사전 경험을 고려하여 도구를 사용하는 것이 효과적이다. 이렇게 하면 받기에 대한 유아의 두려움을 없애 줄 수 있고 보다 쉽게 시지각적 추적능력과 눈과 손의 협응력 등을 기를 수 있다.

기본운동 동작활동계획서의 예를 제시하면 〈표 6-1〉과 같다.

표 6-1 기본운동 동작활동계획서의 예

<table>
<tr><th colspan="2">활동명</th><td colspan="3">내 몸은 요술쟁이</td><th>주제</th><td>나와 유치원</td></tr>
<tr><th colspan="2">활동목표</th><td colspan="5">• 신체 여러 부분의 명칭을 안다.
• 신체 부분들이 독립적으로 또는 결합되어 움직일 수 있다는 것을 안다.
• 신체를 구부리고 뻗는 동작을 통해 유연성을 기른다.</td></tr>
<tr><th colspan="2">대상연령</th><td>3세</td><th>집단유형</th><td>소집단</td><th>활동시간</th><td>15~20분</td></tr>
<tr><th colspan="2">교수자료</th><td colspan="5"></td></tr>
<tr><th>활동방법</th><th>도입</th><td colspan="5">① 활동을 소개한다.
- (팔을 구부렸다 펴 보이며) 자, 선생님이 한 동작을 함께해 보자.
- 우리가 지금 어떤 동작을 했니?
- 팔뿐만 아니라 우리 몸에는 구부리고 펴 볼 수 있는 곳이 많이 있어.
- 오늘은 이렇게 우리 몸을 구부려 보고 또 뻗어 보는 활동을 할 거야.
② 준비운동을 한다.
- 활동을 하기 전에 먼저 준비운동을 해 보자(호흡하기-신체 윗부분에서 아래로 내려오며 움직여 주기-스트레칭하기-흔들기- 호흡하기).</td></tr>
</table>

<table>
<tr><td rowspan="2">활
동
방
법</td><td>전개</td><td>① 구부리고 뻗는 동작에 대하여 탐색해 본다.
- 아침에 일어나 기지개를 켤 때 팔을 어떻게 뻗었니?
- 추울 때 몸을 어떻게 움츠렸니?
- 우리 몸에서 구부려지는 부분은 또 어디일까?
② 신체의 여러 부분을 구부려 본다.
- 우리 몸에서 구부릴 수 있는 곳을 찾아보자.
(허리, 손목, 손가락, 팔, 다리, 발목, 목 등)
- 앞(뒤, 옆)으로 구부려 보자.
- 허리와 다리(손가락과 발가락)를 구부려 보자.
- 손목과 손가락 그리고 다리(목과 허리 그리고 손목)를 구부려 보자.
③ 신체의 여러 부분을 뻗어 본다.
- 우리 몸을 최대로 크게 뻗어 보자.
- 천장이 아래로 내려오고 있네. 천장을 향해 두 팔을 힘껏 뻗어 보자.
- 다리도 힘껏 뻗어 보자.
- 이번에는 옆에서 양쪽 벽이 다가오고 있네. 팔을 쭉 뻗어 보자.
④ 구부리고 뻗기를 동시에 해 본다.
- 한 발을 구부리고 다른 발은 뻗어 보자.
- 두 팔을 뻗고 두 다리는 구부려 보자.
- 두 발을 더욱 낮게 구부리고 두 팔은 더욱 넓게 뻗어 보자.</td></tr>
<tr><td>평가
및
마무리</td><td>① 활동에 대한 생각이나 느낌을 이야기해 본다.
- 구부리고 펼 때 어려운 부분은 어떤 것이니?
- 구부리고 펴는 동작을 하면서 어떤 점이 재미있었니?</td></tr>
</table>

2) 표현 동작하기의 교수방법

[구조적 표현 동작하기의 교수방법]

구조적 표현 동작하기 활동은 '아리랑 체조', '꼬마공룡 둘리'와 같이 동작이 정해져 있는 율동과 '제일 좋아요'와 같은 손유희 등 노랫말에 맞추어 정해진 동작을 하는 것이다. 따라서 교사가 유아에게 정해진 동작을 설명하고 시범을 보여 알려 주며, 반복해서 모방해 보도록 하는 것이 일반적인 교수방법이다. 구조적 표현 동작하기 활동의 경우 효과적인 교수방법을 살펴보면 다음과 같다.

(1) 유아의 발달수준에 맞는 표현 동작과 집단 크기로 지도한다

예를 들어, 노래를 부르면서 동시에 손뼉치기나 춤추기는 4~5세에 이르러서야 가능하므로 2~3세 유아의 발달수준에 적합하지 않다. 즉, 구조적 표현 동작하기의 동작은 유아가 수행하기에 어렵지 않아야 하며, 성공감을 가질 수 있도록 하기 쉬운 동작으로 전개하여야 한다. 또한 어린 유아의 경우 사회성이 덜 발달되어 있기 때문에 대집단 활동으로 지도하는 것은 부적절하다.

(2) 너무 상투적인 동작은 피하며 동작에 변화를 주어 지도한다

일반적으로 구조적 표현 동작활동의 경우에는 판에 박힌 상투적인 동작으로 전개되는 경우가 많다. 똑같은 '산토끼' 노래에 맞춘 율동이라 하더라도 좀 더 새로운 동작으로 전개하는 것이 유아의 흥미를 유도하는 데 효과적이다.

(3) 음악에 맞추는 경우 질이 좋은 음악을 사용하여 지도한다

노랫말이나 음악의 요소를 잘 인식할 수 있는 질 좋은 음악을 제공해야 유아가 내용을 이해하면서 쉽게 동작을 할 수 있다.

(4) 정확한 동작을 강요하여 반복 연습을 시키지 않는다

유아의 경우 정확한 동작 수행을 요구하여 동작활동에 대한 부담감을 주는 것보다는 과정을 중심으로 즐거운 경험이 되도록 하여 동작활동에 대한 긍정적 인식으로 적극적 참여를 유도하는 것이 바람직하다. 특히 처음 소개한 구조적 표현 동작을 한 번에 모두 익히기를 기대해서는 안 된다.

(5) 유아와 함께 동작을 변형시키거나 새로 만들어 본다

교사에 의한 일방적인 제시는 결과 중심의 활동으로서 유아에게 바람직한 활동이라고 볼 수 없다. 따라서 최소한만 사용하는 것이 바람직하며, 교사의 일방적 제시보다는 유아가 노랫말과 동작에 익숙해지면 협의하여 창의적으로 동작을 만들어 본 후 모든 유아가 함께 그 동작을 익히는 활동으로 진행하는 방법이 좋은 대안이 될 수 있다.

구조적 표현 동작하기 중 손유희 지도 방법은 다음과 같다.

- 교사가 처음부터 끝까지 노래와 동작을 함께 소개한다.
- 유아와 함께 동작을 해 본다.
- 손유희에 익숙해지면 노랫말이나 동작을 바꾸어 가며 손유희를 새롭게 변화 · 확장시킨다.
- 유아의 흥미를 지속시키기 위해 노랫말이나 찬트의 음색, 고저, 크기 등에 변화를 주며 손유희를 해 본다.

또한 유아와 협의하며 동작을 만들어 보는 구조적 표현 동작하기 활동을 진행하는 방법은 다음과 같다.

- 유아에게 익숙한 노래나 음악을 선택한다.
- 처음에는 일부분만을 선택하여 동작을 만들어 본다. 이러한 활동이 익숙해지면 점차 노랫말 전체를 동작으로 만들어 본다.
- 하나의 노랫말에 다양한 동작이 만들어졌다면, 유아와 협의하여 적절한 동작을 정한다. 노랫말에 적절하게 결정된 동작은 노랫말판 아래에 그림으로 기록한다.
- 정해진 대로 노래나 음악에 맞추어 표현 동작을 해 본다.

이와 같은 방법에 따른 구조적 표현 동작하기 활동 중 동작 만들어 보기 활동계획서의 예는 〈표 6-2〉와 같다.

표 6-2 구조적 표현 동작하기 활동계획서의 예

<table>
<tr><th colspan="2">활동명</th><td colspan="3">코스모스</td><th>주제</th><td>가을</td></tr>
<tr><th colspan="2">활동목표</th><td colspan="5">노랫말에 맞춰 동작을 창의적으로 만들 수 있다.</td></tr>
<tr><th colspan="2">대상연령</th><td>4세</td><th>집단유형</th><td>대집단</td><th>활동시간</th><td>15~20분</td></tr>
<tr><th colspan="2">교수자료</th><td colspan="5">'코스모스'음악, 노랫말판, 코스모스 꽃과 사진</td></tr>
<tr><th>활동방법</th><th>도입</th><td colspan="5">① 코스모스 꽃과 길가에 핀 코스모스 사진을 제시하며 활동을 소개한다.
- 선생님이 가을에 많이 피는 꽃을 가져왔는데 어떤 꽃을 가져왔을까?
- 여러 가지 꽃을 생각했구나. 선생님이 가져온 꽃은 무엇인지 보자기를 열어 볼게. 잘 보자.
- 오늘은 어제 배운 '코스모스'라는 노래에 맞춰 동작 만들기를 해 볼 거야.</td></tr>
</table>

활동방법	전개	① 노랫말판을 제시하며 노래를 유아와 함께 불러 본다. - 어제 배운 '코스모스' 노래에 어떻게 동작을 만들면 좋을지 생각하면서 선생님과 함께 '코스모스' 노래를 불러 보자. 빨개졌대요 빨개졌대요 길가에 코스모스 얼굴 빨개졌대요 빨개졌대요 길가에 코스모스 얼굴 달님이 살짝 입맞췄더니 달님이 살짝 입맞췄더니 빨개졌대요 빨개졌대요 길가에 코스모스 얼굴 ② 노랫말에 동작을 만들어 본다. - '빨개졌대요' 부분에는 어떻게 동작을 만들면 좋을까? - '길가에 코스모스 얼굴' 부분은 어떻게 동작을 만들면 좋을까? ③ 유아들과 협의하여 동작을 정한다. - 친구들이 여러 가지 동작을 만들었는데 어떤 동작으로 결정하면 좋을지 생각해 보자. - 우리 친구들이 결정한 동작을 노랫말 아래에 그림으로 그려 줄게. ④ 협의하여 만든 동작을 노랫말판을 보며 표현해 본다. - 우리가 함께 만든 동작을 노랫말판을 보며 처음부터 끝까지 해 보자.
	평가 및 마무리	① 활동에 대한 생각이나 느낌을 이야기해 본다. - 오늘 '코스모스' 노래에 맞춰 동작 만들기를 했는데 어떤 느낌이 들었니? - 어떤 점이 재미있었니?

[반구조적 표현 동작하기의 교수방법]

반구조적 표현 동작하기 활동은, 예를 들면 '즐겁게 춤을 추다가'에서 춤을 추고 '그대로 멈춰라'에서 멈추되 춤을 추는 동작이나 멈추는 자세는 마음대로 자유롭게 하는 것처럼 교사의 언어나 노랫말의 지시에 따라 제한된 범위 내에서 자유롭게 움직이는 활동이다. 즉, 반구조적 표현 동작활동에서 교사는 언어를 사용해서 제한적 지시를 제공하며, 유아에게 그러한 지시의 범위 내에서 자유롭게 창의적으로 동작해 보도록 하는 것이 일반적인 교수방법이다.

반구조적 표현 동작하기 활동의 가장 중요한 형태는 '쥐와 고양이', '한 시골 농가에'와 같은 노래 게임으로, 노래 게임의 효과적인 지도를 위한 교수방법을 살펴보면 다음과 같다.

(1) 활동 전에 노래 게임의 내용과 초점을 잘 파악하여 지도한다

(2) 유아가 쉽게 수행할 수 있는 동작들이 포함된 노래 게임을 한다

(3) 노래의 내용과 게임의 의미를 이해한 후 동작해 보도록 지도한다

처음 노래 게임을 소개할 때는 노래를 먼저 들려준 후 유아와 함께 게임방법을 알아보거나 음악과 동작을 동시에 가르칠 수 있다. 그러나 노래 게임의 진행에 앞서 유아가 노래 게임의 방법, 어떤 부분에서 어떤 종류의 동작을 해야 하는지에 대해 이해하도록 하는 것이 선행되어야 한다. 그렇지 않은 경우 즐겁고 재미있게 활동을 할 수는 있지만 혼란스러워지기 쉽고 제대로 표현 동작을 하지 못할 우려가 있다.

(4) 변화를 주어 창의적 표현 기회를 확대하여 지도한다

항상 정해진 대로만 노래 게임을 하기보다, 유아와 함께 노래 게임의 내용과 방법에 변화를 주면서 활동해 본다. 이렇게 하면 유아로 하여금 보다 흥미를 가지고 적극적으로 활동에 참여하도록 도울 수 있으며 창의적인 표현 동작이 이루어질 수 있다.

(5) 노래의 박자에 맞추어 동작하도록 격려하면서 지도한다

가능하면 노래의 박자에 맞추어 동작하도록 격려한다. 게임 시에 소리내지 않고 조용히 하기 등 약속을 정하는 것도 박자에 맞추어 동작하는 데 도움이 되며, 동작을 해 보기 전에 먼저 손뼉을 쳐서 박자에 맞추어 보는 기회를 제공하는 것도 효과적인 방법이다.

(6) 가능한 한 소집단으로 지도하여 혼잡을 피한다

소집단으로 게임을 지도하면 유아는 다른 유아들이 하는 것을 볼 수 있으며, 비교적 혼잡함을 피할 수 있다. 또한 노래 게임을 배운 후, 다른 팀이 게임을 진행하는 동안 친구의 게임을 보며, 노래만 다시 해 보는 것도 좋다.

(7) 노래 게임의 내용에 맞는 다양한 소품을 사용한다

간단한 머리띠 가면 등 노래 게임에 맞는 소품을 사용하면 흥미를 더해 줄 수 있으며 더 적극적이고 적절한 동작 표현을 할 수 있도록 도울 수 있다.

반구조적 동작활동계획서의 예를 제시하면 〈표 6-3〉과 같다.

표 6-3 반구조적 동작활동계획서의 예

<table>
<tr><th colspan="2">활동명</th><td colspan="3">복남이를 보았니?</td><th>주제</th><td>친구</td></tr>
<tr><th colspan="2">활동목표</th><td colspan="5">• 리듬에 맞추어 움직여 본다.
• 창의적으로 움직여 본다.</td></tr>
<tr><th colspan="2">대상연령</th><td>4세</td><th>집단유형</th><td>대집단</td><th>활동시간</th><td>20분</td></tr>
<tr><th colspan="2">교수자료</th><td colspan="5">‘복남이를 보았니?’ 악보</td></tr>
<tr><th rowspan="3">활동방법</th><th>도입</th><td colspan="5">① 활동을 소개한다.
- 오늘은 노래를 부르면서 노랫말 중에 ‘이렇게 저렇게 이렇게 어떻게’ 하는 부분에서 친구가 하는 동작을 보고 따라 해 보는 활동을 할 거야.</td></tr>
<tr><th>전개</th><td colspan="5">① 노래를 함께 불러 본다.
- 먼저 노래를 다 함께 불러 보자.

복남이를 보았니 보았니 보았니
복남이가 어떻게 하고 있나
이렇게 저렇게 이렇게 어떻게
복남이가 이렇게 하고 있다.

② 리더의 동작을 따라 한다.
- 선생님이 먼저 복남이가 될게. 선생님이 하는 동작을 따라 해 보자.
- 이번에는 복남이 대신 친구들의 이름을 넣어서 노래를 부를 거야. 이름이 불린 친구의 동작을 따라 해 보는 거야.</td></tr>
<tr><th>평가 및 마무리</th><td colspan="5">① 활동에 대한 생각이나 느낌을 이야기해 본다.
- 친구 행동 따라 하기 활동을 해 보았는데 어떤 동작이 가장 기억에 남았니?
- 따라 하기 힘든 동작은 무엇이었니?</td></tr>
</table>

[창의적 표현 동작하기의 교수방법]

창의적 표현 동작하기 활동의 예는 '곰 잡으러 간단다', '나무가 되어요'와 같은 짧은 이야기를 듣고 상상하여 표현하기나 음악적 요소에 초점을 두어 동작으로 표현해 보는 것 등이다. 창의적 표현 동작하기 활동의 효과적인 교수방법을 살펴보면 다음과 같다.

(1) 직접적 교수방법을 지양하고 탐색적 방법을 중심으로 지도한다

창의적 표현 동작하기 활동의 경우 설명과 시범, 모방과 반복에 의한 교사 중심의 직접적 교수방법의 사용은 부적절하며 유아 주도적인 간접적 교수방법, 그중에서도 탐색적 방법이 적절하다.

(2) 음악적 요소에 초점을 둔 창의적 표현 동작하기 활동의 경우 음악적 요소에 맞는 교수방법을 사용한다

교사는 먼저 음악적 요소인 역동성, 속도, 고저, 리듬 등의 개념을 이해한 후, 유아에게 알려 주고자 하는 음악적 요소를 선택하고 유아에게 이러한 요소들을 어떻게 이해시킬 수 있을지를 고려해야 한다.

(3) 질이 좋은 음악을 사용하여 지도한다. 특히 음악적 요소에 초점을 둔 창의적 표현 동작하기 활동의 경우 박자나 리듬 등 음악적 요소가 쉽게 인식될 수 있는 음악이어야 한다

(4) 교사의 적절한 언어적 자극이 필요하다

교사와 함께 음악을 듣고, 유아에게 음악적 요소와 관련하여 어떤 생각이 드는지 이야기 나누는 과정은 유아의 상상을 풍부하게 하고 창의적인 동작 표현이 가능하도록 돕는다. 또한 창의적 표현 동작 과정에서도 유아의 상상을 자극하거나 음악적 요소에 초점을 두도록 언어적으로 지원하는 것이 효과적이다. 예를 들어, 이야기 듣고 상상하여 창의적 표현 동작하기의 경우에는 활동 중 유아의 생각을 좀 더 넓힐 수 있도록 발산적 질문을 하는 것이 도움이 된다.

(5) 이야기나 음악의 내용에 맞는 다양한 소품을 활용하여 지도한다

리본테이프 같은 간단한 소품만으로도 활동에 대한 흥미와 적극적 참여를 유도할 수 있다. 특히 수줍어하는 유아의 경우 눈만 보이는 가면만으로도 충분히 도움을 줄 수 있다.

(6) 음악을 잘 듣고 충분히 상상하여 표현해 볼 수 있도록 지도한다

먼저, 음악을 들려주고 충분히 상상한 후에 표현해 보도록 하는 것이 효과적이다. 단, 음악에 대한 민감성과 반응능력, 동작에 대한 감각 및 순발력 등을 위한 즉흥표현의 경우에는 음악을 들으면서 동시에 바로 표현해 보게 하는 기회를 제공하는 것도 필요하다.

(7) 유아의 동작을 비교하지 말고 특이하고 독특한 창의적 표현을 수용 · 격려한다

창의적 표현 동작하기 활동에 있어서는 각 유아의 자유롭고 창의적인 표현 동작이 중요하다. 따라서 유아의 자발적인 동작을 모두 개방적으로 수용해 주고 주의깊게 관찰하여 창의적인 표현 동작에 대해 격려해 주는 분위기가 효과적이다.

(8) 몸과 마음을 준비 · 정리시키는 시간을 갖는다

활동 전에 몸과 마음을 준비시킨다. 즉, 긴장된 근육을 이완시키기 위해 스트레칭, 구부리기, 돌리기, 흔들기와 같은 신체 부분을 움직여 보는 활동을 한다. 집단활동의 경우 함께 동작할 친구들과 일반 공간에 대한 인식을 확인한다. 또한 활동 후에도 같은 활동으로 몸과 마음을 정리하는 기회를 가질 수 있는데, 중요한 것은 이러한 활동 준비와 정리 활동은 필수적인 것은 아니며 아주 짧고 간단하게 실시하여 본 활동에 지장을 주지 않도록 해야 한다는 점이다.

(9) 이야기 듣고 창의적 동작 표현하기의 경우 유아의 상상을 확장 · 심화시킨다

교사는 유아의 상상을 확장시키고 발전시키는 역할을 해야 한다. 이때 활동의 주제와 관련된 비디오, 사진, 그림, 엽서, 동화 등을 사용하면 효과적이다. 또한 주제가 연상되는 음악을 준비하거나 북소리 등 효과음을 제공하는 것도 도움이 된다.

(10) 유아가 창작한 이야기를 사용할 수 있다

유아와 함께 이야기를 창작하고 그 이야기를 이용해서 창의적 표현 동작하기 활동을 하는 것도 흥미로운 지도 방법이다. 유아의 입장에서 볼 때 자신들이 창작한 이야기이므로 더 친숙하고 의미 있는 활동이 될 수 있을 것이다.

교사는 유아의 생각과 아이디어를 모아 이야기를 연결하는 것을 도와주며 격려해 주어야 한다. 예를 들어, 단순한 기계의 움직임만을 상상하여 이야기를 만들고 표현하기보다는 시계, 믹서, 세탁기, 진공청소기, 놀이기구 등의 '기계와 나', '기계와 우리', '기계와 함께', '기계 속으로' 등 이야기를 상상하여 만들어 보게 하면 더욱 효과적이다.

(11) 연관된 사전활동을 실시한다

예를 들어, 여러 가지 기계에 대한 창의적 표현활동을 할 경우, 먼저 일상에서 볼 수 있는 여러 가지 기계에 대해 유아가 관심을 가지고 충분히 기계의 움직임을 익힐 수 있도록 실물 기계나 책, 비디오, 사진 등의 자료를 충분히 관찰하고 탐색할 수 있는 기회를 제공한다.

(12) 유아가 만들어 낸 동작 표현을 발표할 기회를 제공한다

유아를 두 집단으로 나누어 한 집단은 자신이 만들어 낸 동작을 발표해 보고 다른 집단은 다른 유아들이 발표하는 다양한 동작을 감상해 보는 기회를 갖는 것도 효과적이다. 발표 시에는 동작으로 표현하기뿐만 아니라 말을 통해 무엇을 표현했는지를 이야기해 보도록 하는 것이 좋다. 발표와 감상의 기회는 보다 더 다양한 창의적 동작으로 이끄는 기초를 제공한다.

음악적 요소에 맞춘 창의적 표현 동작하기 활동의 교수방법을 구체적으로 제시하면 다음과 같다.

- 교사가 준비한 음악을 들려준다.
  - 잘 들어 보자. 조용히 눈을 감고 들어 봐요.
- 교사는 음악적 요소와 관련된 언어적 지원을 제공한다.

- 어느 부분이 가장 부드럽게(가볍게, 무겁게, 느리게, 빠르게) 들리는지 들어 보자.
- 부드럽게 들리는 부분을 우리 몸으로 어떻게 표현할 수 있을까?
- ○○은/는 몸과 고개를 천천히 옆으로 흔들며 부드러움을 표현했구나! 또 어떤 방법으로 부드러움을 표현할 수 있을까?
- 힘차게 달리는 모습을 어떻게 표현해 볼 수 있겠니?

• 준비한 음악을 표현하기에 적절한 다양한 자료를 제공해 준다.
  - 이 리본막대를 이용하여 너희들의 느낌을 어떻게 표현해 볼 수 있겠니?
  - 스카프를 이용하여 나비의 날갯짓을 어떻게 표현해 볼 수 있겠니?

음악적 요소에 맞춘 창의적 표현 동작하기 활동계획서의 예는 〈표 6-4〉와 같다.

표 6-4 음악적 요소에 맞춘 창의적 표현 동작하기 활동계획서의 예

활동명		라데츠키 행진곡		주제	특별한 날들(국군의 날)		
활동목표		• 음의 고저에 따라 신체를 창의적으로 표현해 볼 수 있다. • 음의 강약에 따라 신체를 창의적으로 표현해 볼 수 있다.					
대상연령		4세	집단유형	대집단		활동시간	15~20분
교수자료		리본막대, '라데츠키 행진곡' 음원					
활동방법	도입	① 활동을 소개한다. - 오늘은 '라데츠키 행진곡'이라는 음악을 들으면서 너희의 느낌을 표현해 보는 활동을 할 거야.					
	전개	① 음악을 감상한다. - 음악을 잘 들어 보도록 하자. 눈을 감고 들으면 더 많은 소리를 들을 수 있어. 눈을 감고 음악에 맞추어 몸을 자연스럽게 움직여 보자. ② 음악적 요소와 관련지어 이야기 나눈다. - 음악을 들으니 어떤 느낌이 나니? - 어느 부분에서 빠르게 들리니? - 어느 부분에서 부드럽게 들리니? - 어느 부분에서 큰 소리로 쾅쾅 울리니? - 어느 부분에서 예쁜 소리가 들리니? - 큰/작은(높은/낮은) 소리로 연주되는 부분을 우리 몸으로 어떻게 표현할 수 있을까? - 또 다른 방법으로 표현할 수 있겠니?					

		③ 준비된 자료를 가지고 음악에 맞추어 동작으로 표현해 본다. - 선생님이 리본막대를 준비했단다. - 리본막대를 이용하여 '라데츠키 행진곡'에 맞추어 표현해 보자.
평가 및 마무리		① 활동에 대한 생각이나 느낌을 이야기해 본다. - 활동하면서 어렵거나 힘든 점은 무엇이었니? - 높은(낮은) 소리가 날 때는 어떻게 움직였니? - 큰(작은) 소리가 날 때는 어떻게 움직였니?

다음으로 이야기를 듣고 상상하여 창의적 표현 동작하기 활동의 교수방법을 구체적으로 살펴보면 다음과 같다.

- 교사가 준비한 이야기를 들려준다.
  - 선생님이 들려주는 이야기를 가지고 동작으로 표현해 보는 활동을 할 거야. 어떻게 움직일 수 있을지 생각하면서 이야기를 잘 들어 보자.
- 교사는 다양하고 창의적인 움직임을 표현할 수 있도록 이야기의 줄거리와 관련된 언어적 지원을 제공한다.
  - 코끼리가 커다란 웅덩이에 빠졌어요. 코끼리는 웅덩이에서 어떻게 빠져나올까?
  - ○○은/는 양손을 이용하여 코끼리 코를 만들어서 나뭇가지를 잡아당기며 웅덩이에서 빠져나오고 있구나! 또 어떤 방법으로 웅덩이에서 빠져나올 수 있을까?
- 이야기의 내용을 표현하기에 적절한 다양한 자료를 제공해 준다.
  - 이야기 전개를 위한 효과음이나 배경음악, 소품을 활용한 환경구성, 유아가 다양하게 활용할 수 있는 소품, 가면 머리띠 등의 자료를 제공한다.

이야기를 듣고 상상하여 창의적 표현 동작하기 활동계획서의 예는 〈표 6-5〉와 같다.

표 6-5 이야기를 듣고 상상하여 창의적 표현 동작하기 활동계획서의 예

<table>
<tr><th colspan="2">활동명</th><td colspan="3">숲속 동물들의 소풍</td><th>주제</th><td>동물</td></tr>
<tr><th colspan="2">활동목표</th><td colspan="5">• 동물의 특징을 창의적으로 표현한다.
• 다양한 상황에 대한 문제해결력을 기른다.</td></tr>
<tr><th colspan="2">대상연령</th><td>5세</td><th>집단유형</th><td>대집단</td><th>활동시간</th><td>20분</td></tr>
<tr><th colspan="2">교수자료</th><td colspan="5">유아들이 지은 '숲속 동물들의 소풍' 동화</td></tr>
<tr><th rowspan="3">활동방법</th><th>도입</th><td colspan="5">① 활동을 소개한다.
- 오늘은 너희가 지은 동화 '숲속 동물들의 소풍'을 들으며 동작으로 표현해 보는 활동을 할 거야.
② 준비운동을 한다.
- 활동을 하기 전에 먼저 준비운동을 해 보자.
(호흡하기-신체 윗부분에서 아래로 내려오며 움직여 주기-스트레칭하기-움츠리기, 펴기-호흡하기)</td></tr>
<tr><th>전개</th><td colspan="5">① '숲속 동물들의 소풍' 동화를 들려준다.
- '숲속 동물들의 소풍' 동화를 다시 들려줄게. 어떻게 움직일 수 있을지 생각하면서 잘 들어 보자.
- 동물들의 움직임을 어떻게 표현할 수 있을까?
② 교사가 들려주는 동화를 들으면서 표현해 본다.
- 선생님이 들려주는 동화를 들으면서 너희가 표현해 보고 싶은 숲속의 동물이 되어 동물의 움직임을 몸으로 표현해 보자.

지금은 숲속의 밤이에요. 이제 ○○반 친구들은 모두 숲속의 동물이 되어 잠을 자고 있어요. ○○반 친구들이 생각하는 동물은 어떻게 잠을 자나요? 웅크리고 자는 동물, 서서 자는 동물, 물 위를 떠다니며 자는 동물……. 모두 다른 모습으로 잠을 자고 있어요. 이제 숲속에 아침이 왔어요. 이제 모두 일어나 기지개를 크게 켜 보세요. 동물들은 어떻게 기지개를 켤까요? 이제 산꼭대기에 있는 옹달샘으로 세수를 하러 가야 해요. 옹달샘까지는 좁은 길, 넓은 길, 곧은길, 굽은 길, 진흙길이 있고, 징검다리도 건너야 해요. 어? 앞에 낭떠러지가 있는 좁은 길이 나타났어요. 아주 아주 좁은 길이에요. 조심조심 걸어 봐요. 동물들은 어떻게 걸어야 할까요? (교사는 다양한 상황을 이야기하여 유아들의 창의적 표현을 이끈다. 비가 내리는 다양한 모습, 길을 걷는 다양한 모습, 무서운 동물을 만났을 때, 숲속에 동물 축제가 열렸을 때 등)

③ 두 집단으로 나누어 동작으로 표현해 보고 감상해 보는 경험을 제공한다.
- 우리 친구들이 표현하는 동작을 서로 감상해 보자.
- 오늘은 어떤 방법으로 팀을 나눌까?
- 어떤 팀 먼저 해 볼까?
- 자, 이제 선생님이 다시 한번 '숲속 동물들의 소풍' 동화를 들려줄 테니까 너희가 표현하고 싶은 동작을 표현해 보자.</td></tr>
<tr><th>평가 및 마무리</th><td colspan="5">① 활동에 대한 생각이나 느낌을 이야기해 본다.
- 오늘 '숲속 동물들의 소풍' 동화에 맞춰 신체 표현을 해 보았는데 어떤 느낌이 들었니?
- 어떤 동작이 제일 재미있었니?</td></tr>
</table>

3) 동작 감상하기의 교수방법

유아가 자신의 신체를 이용하여 기본운동능력을 숙련시키고 보다 더 창의적으로 표현할 수 있도록 돕기 위해서는 동작활동에 대한 감상 기회를 제공하는 것이 필수적이다. 즉, 유아가 동작활동을 하면서 다른 유아의 동작을 자연스럽게 볼 수 있는 일상적인 감상활동 이외에 직접적인 공연 관람이나 동영상 자료, 그림 자료 등을 이용한 계획적 감상활동의 기회를 제공해야 한다. 보다 수준 높은 동작활동에 대한 감상을 통해 동작의 요소에 대한 이해를 돕고 동작에 대한 흥미와 긍정적 태도, 즐기고자 하는 욕구를 키워 주는 것은 동작교육에 있어 매우 중요한 부분이다. 동작 감상하기 활동의 교수방법을 제시하면 다음과 같다.

(1) 질이 좋은 동작 작품을 이용하여 지도한다

감상할 동작 작품은 유아의 운동능력이나 표현능력보다 수준이 높은 것도 좋으며, 예술적 가치를 지닌 작품이어야 한다. 즉, 아름다움을 느낄 수 있는 작품을 사용하여야 한다.

(2) 감상할 동작 작품을 교사가 충분히 이해하고 있어야 한다

작품의 안무가, 공연자, 춤이나 체조에 활용된 음악, 작품에 내포된 이야기 등에 대해 충분히 파악한 후 활동을 지도해야 한다.

(3) 활동 시간을 적절히 고려하여 지도한다

감상할 동작 작품의 길이는 5분 내외가 적합하다. 또한 유아의 발달단계에 따라 주의 집중이 가능한 시간을 고려하여 감상활동의 시간을 정한다.

(4) 감상할 동작 작품은 친숙한 것에서 생소한 것, 단순한 것에서 복잡한 것의 원리에 따라 선택한다

유아에게 친숙한 음악을 포함한 작품을 먼저 경험하게 하는 것은 동작 감상하기 활동에 대한 흥미를 도모하고 적극적으로 참여하고자 하는 동기를 부여한다.

(5) 여러 문화권과 장르의 춤, 체조 등 다양한 작품을 소개한다

(6) 감상할 동작 작품에 대한 이해를 돕는 그림 자료, 음악과 같은 교수자료를 함께 제공한다

(7) 감상 후의 느낌과 생각을 다양한 방법으로 표현해 보게 한다

가령, 민속춤을 감상한 후 그 느낌을 말이나 그림, 동작으로 표현해 보게 한다. 이는 자신의 생각을 구체화할 수 있는 기회를 제공하는 동시에 다른 사람과 자신의 생각과 느낌을 비교하고 공유해 볼 수 있는 기회를 제공하는 것이다.

(8) 유아도 함께 직접 움직여 볼 수 있도록 한다

유아의 감상활동은 감상만으로 이루어지기보다 참여의 기회를 제공하는 것이 효과적이다. 전문가나 전문 단체를 초청하는 경우 함께 동작해 보는 것은 매우 흥미롭고 새로운 경험이 될 것이며, 전문가들과 감상한 느낌 등에 대해 이야기를 나누는 것 역시 효과적이다.

동작 감상하기 활동계획서의 예는 〈표 6-6〉과 같다.

표 6-6 동작 감상하기 활동계획서의 예

활동명	탈춤 감상		주제	우리나라	
활동목표	• 우리 민족 고유의 춤에 탈춤이 있음을 안다. • 탈춤의 종류에 따라 춤사위나 탈, 의상 등이 서로 다르다는 것을 안다. • 감상 후의 느낌을 다양한 방법으로 표현할 수 있다.				
대상연령	5세	집단유형	대집단	활동시간	20분
교수자료	탈춤 동영상과 사진 자료, 탈				
활동방법 / 도입	① 활동을 소개한다. - (사진 자료를 보여 주며) 탈춤을 본 친구가 있니? - 어떻게 추는 것일까? - 선생님이 탈춤에 대한 동영상 자료를 준비했어. - 오늘은 탈춤을 어떻게 추는지 감상해 보는 활동을 할 거야.				

활동방법	전개	① 탈춤 동영상 자료를 보여 준다. - 선생님이 탈춤 비디오를 보여 줄 테니까 어떤 탈을 썼는지, 어떤 옷을 입었는지 잘 살펴보자. 그리고 몸의 움직임이 어떤지 잘 생각하면서 보도록 하자. ② 탈춤을 본 느낌을 이야기해 본다. - 탈춤을 출 때 팔의 움직임이 어땠니? - 탈춤을 출 때 다리의 움직임이 어땠니? - 생각나는 춤 동작은 무엇이었니? ③ 탈춤을 몸으로 표현해 본다. - 선생님이 준비해 온 탈을 쓰고 너희가 본 탈춤 중에서 기억나는 동작을 표현해 보자. - 또 다른 방법으로 탈춤을 춰 볼 수 있겠니?
	평가 및 마무리	① 활동에 대한 생각과 느낌을 이야기해 본다. - 오늘 탈춤에 대한 동영상을 보았는데 어떤 생각이 들었니? - 탈춤을 직접 춰 보니까 느낌이 어땠니?

3 유아동작교육을 위한 교사의 역할

성공적인 동작활동을 위해 교사는 동작활동을 하기 전에 활동에 사용할 노래나 음악에 스스로 익숙해지도록 노력해야 하며, 동작의 기본요소에 대해 잘 알고 있어야 한다. 또한 이를 수행할 수 있는 유아의 능력 범위에 대한 전문적인 지식이 있어야 하고, 창의적인 활동이 가능하도록 도와줄 수 있는 음악과 소품에 대한 아이디어가 필요하며, 활동 전개 방법에 있어서 노련성이 있어야 한다.

동작활동의 질을 높이기 위한 교사의 역할은 다음과 같다.

- 각 유아의 동작 기술 수준뿐 아니라 문화적 배경에 대해서도 잘 알고 있어야 한다.
- 유아의 신체적 · 정의적 · 인지적 발달과 가능성에 대해 관심을 가지고 있어야 한다.
- 유아의 실험과 탐색, 창의성을 장려해야 한다.

- 긍정적인 접근에서부터 모든 동작활동을 시작해야 한다(예: "뛰지 말자."보다는 "걸어가 볼 수 있을까?"라고 말한다).
- 유아의 동작을 항상 관찰·분석하고 제안을 해 주며, 유아가 필요로 할 때에 도움을 주어야 한다.
- 유아의 적극적인 행동을 격려해야 한다(예: "네가 하는 방법이 선생님 마음에 꼭 들어. 또 다르게 해 볼 수 있겠니?"라고 말한다).
- 특정한 동작 기술을 익히기 위한 활동뿐만 아니라 탐색적 동작활동들도 다루어 주어야 한다.
- 목적하는 바가 무엇인지에 대해 잘 알고 동작활동 계획을 세워야 한다. 이를 위해 주간 활동계획표를 작성하는 것도 도움이 된다.
- 유아 관찰기록지에 각 유아의 동작 관련 관찰기록을 정리해 두고, 다음 활동 선정 시에 참고해야 한다.
- 가능한 한 소집단으로 활동을 계획해야 한다(활동에 따라 2~6명이 적절하다).
- 교사 자신이 유아의 동작활동에 재미있고 즐겁게 참여해야 한다.
- 동작활동에 참여 시 교사의 복장은 활동하기에 편안해야 하며, 지나치게 큰 귀걸이를 하거나 슬리퍼를 신어서는 안 된다.

특히 창의적 동작 표현활동을 위한 교사의 역할을 살펴보면 다음과 같다(김화숙, 2006).

- 유아 스스로 발견하고(discovery), 느끼고(awareness), 사용하게(use) 한다. 자기 스스로 발견하고 선택하도록 도우며, 스스로 결정할 기회를 갖도록 하여야 한다.
- 신체의 움직임에 관심을 갖게 한다. 가능하면 유아의 이름을 모두 불러 주고, 유아가 자신의 신체에 관심을 갖도록 하며 이를 통해 자기 신제에 대한 긍정적인 느낌을 갖도록 하여야 한다.
- 지속적으로 흥미를 갖게 한다. 놀이와 연결하여 창의적 신체 표현이 되도록 이끌어야 하며, 움직이는 동안 즐겁게 놀 수 있도록 해 주어야 한다.
- 주변의 사물, 환경 등 모든 것에 관심을 갖게 한다. 움직임을 통해 '호기심'을

유발하여 주변 모든 것에 대한 관심의 폭을 넓혀 주어야 한다.

- 유아에게 자극이 되는 음악을 선택한다. 음악은 자주 바꾸어 주고 다양한 종류의 음악을 사용하는 것이 효과적이다(클래식, 국악, 각 나라의 민속음악, 재즈, 동요, 영화음악, 만화음악 등).
- 유아는 좋아하는 음악을 반복하여 듣는 것처럼 익숙한 움직임을 반복하는 것을 좋아하므로 움직임을 반복할 수 있는 기회를 준다.
- 소도구를 효율적으로 사용한다. 고무줄, 종이리본, 풍선, 공, 스펀지 등 주변에 있는 다양한 소재의 소도구 사용은 다양성과 흥미를 더해 준다.
- 가능한 한 다양한 시청각 자료를 활용한다. 음악, 그림, 색채, 동화, 사진, 영상매체 등은 동작을 더 잘 수행할 수 있는 방법과 수단을 발견하도록 돕는다.
- 춤추는 즐거움을 느끼도록 해 주어야 한다. 유아 스스로 움직이고 싶은 욕구가 일어나게 한다. 즉흥표현, 상상표현, 동작 만들기, 감상 등을 통하여 자신의 신체로 표현하는 즐거움과 성취감을 느끼도록 해야 한다. 또한 자유롭고 즐겁게 놀면서 자기 자신과 세상과의 의사소통이 가능하도록 해야 한다.
- 자연스럽고 개방적인 수업 분위기를 조성한다.
- 창의적인 태도를 장려한다. 용기를 북돋아 주고, 호기심, 발견, 새로운 아이디어 등에 대해 끊임없이 격려함으로써 자신감을 갖게 한다.
- 창의적 사고활동을 장려할 수 있는 수업 환경을 조성한다. 창의적인 활동에서 '맞다', '틀리다'라는 단어 사용은 적합하지 않으며, 유아의 어떠한 표현이라도 존중해 주어야 한다. 또한 유아 개개인이 서로 다름을 인정하고 개성을 존중해 주어야 한다.
- 책임감을 느낄 수 있는 기회를 제공한다.
- 친구들과 의견을 나눌 수 있는 기회를 제공한다.
- 지속적인 관찰과 유아, 교사, 부모, 행정가들과의 교류를 통하여 진행하고 있는 프로그램을 평가할 수 있도록 연결고리를 제공한다.

이와 같은 동작활동에서의 교사의 역할을 통해 동작활동의 질을 향상시키고 보다 더 창의적인 활동으로 이끌 수 있을 것이다. 또한 동작활동의 질 향상과 창의적 표현을 위해서는 유아의 적극적 참여가 필수적인데 이는 자유로운 표현이 허용되는 분위기와 신체 움직임에 대하여 유아가 인정과 격려를 받는 환경에서 가능하다. 따라서 교사는 항상 이를 염두에 두고 활동에 임해야 한다.

참고문헌

김화숙(2006). 유아를 위한 창의적 신체 표현활동. 한국유아교육학회 전북지회 제14차 하계 워크숍 유아를 위한 창의적 신체 표현활동. 익산: 원광보건대학 멀티미디어관.

서울대학교 사범대학 교육연구소(1981). 교육학 용어 사전. 서울: 배영사.

Barnes, R. (1987). *Teaching art to young children 4-9*. UK: Allen & Unwin Ltd.

Gallahue, D. L. (1993). *Developmental physical education for today's children* (2nd ed.). Dubuque, IA: Wm. C. Brown Communications, Inc.

Pica, R. (1995). *Experience in movement-with music, activities and theory*. Albany, New York: Delmar Publishers Inc.

Halsey, E., & Porter, L. (1970). Movement exploration. In R. T. Sweeney (Ed.), *Selected readings in movement education* (pp. 71-77). Reading, Mass: Addison Wesley 를 인용한 Pica, R. (1995). *Experiences in movement*. Albany, New York: Delmar Publishers Inc.에서 재인용.

Mosston, M., & Ashworth, S. (1990). *The spectrum of teaching styles: From command to discovery*. New York: Longman.

chapter 07

유아동작교육의 평가

동작교육에서 평가란 학습목표가 얼마나 잘 이루어지고 있는지, 유아들이 동작활동을 경험함으로써 어떻게 변화되었는지를 알아보기 위한 과정이다. 평가는 동작교육의 학습목표에 대한 성취 정도와 학습목표에 따른 유아의 변화과정을 파악하여 다음 활동의 교육계획과 교사와 부모 간의 의사소통을 원활하게 돕기 위한 기초 자료로 사용하기 위하여 필요하다.

동작교육의 평가는 동작교육이 실행되는 시간마다 비형식적 · 일상적인 방법으로 이루어져야 하며 규칙적이며 정기적인 관찰도 함께 이루어져야 한다. 또한 평가는 단편적인 성취를 다루는 표준화된 검사가 아닌 학습에 있어서 개인차를 인정하고, 학습 방식과 속도와의 차이를 허용하는 것이어야 한다. 평가내용을 기술할 때에는 유아가 하지 못하는 것보다는 혼자서 할 수 있는 것과 도움을 받아 할 수 있는 것 그리고 진보한 내용을 되도록 상세하고 객관적으로 기술하여 유아의 발달상황을 분명하게 인식할 수 있도록 하여야 한다.

유아동작교육의 평가는 동작교육 활동 자체에 대한 평가와 유아 개인에 대한 평가 등 두 가지 측면에서 이루어질 수 있다. 즉, 교사가 계획한 동작교육활동 자체에 대한 평가로서 교육목표의 성취, 교육내용의 적절성과 교수방법의 적합성 등을 평가하며, 유아 개인에 대한 평가로서 유아 개개인의 기본운동능력, 지각운동능력, 운동능력, 성취 정도 등을 평가할 수 있다. 이 장에서는 동작교육의 평가에 대한 구체적인 내용을 살펴보고자 한다.

1 동작교육 활동에 대한 평가

동작교육 활동에 대한 평가의 내용은 다음과 같다.

① 활동계획에서 설정한 목표를 성취하였는가?
② 활동이 연령에 적합한 활동이었는가?
③ 유아가 흥미롭게 참여할 수 있는 활동이었는가?
④ 활동내용에 동작의 기본요소가 다양하게 구성되었는가?
⑤ 활동내용에 기본동작활동이 다양하게 구성되었는가?
⑥ 활동전개 과정에서 계획과 다르게 진행된 점이 있었는가? 있었다면 어떤 점이 다르게 진행되었는가?
⑦ 유아가 소품에 흥미를 갖고 적절하게 사용하였는가?
⑧ 소품 활용의 어떤 점을 흥미로워하였는가?
⑨ 소품을 사용하기 어려워하는 점은 없었는가?
⑩ 도입활동이 유아에게 흥미를 줄 수 있었는가?
⑪ 도입활동이 본 활동의 움직임 확장에 도움을 주었는가?
⑫ 교사의 역할이 유아의 움직임 표현을 확장하는 데 도움을 주었는가?

2 유아 개인에 대한 평가

1) 기본운동능력 평가

유아의 기본운동능력을 평가하기 위해 제작된 기본운동능력 평가(이영심, 1995)는 안정성(stability), 이동성(locomotion), 대근육 조작성(gross motor manipulation)을 중심으로 구성되어 있으며, 평가 세부 문항에 따라 정확하게 반응한 문항에 1점, 틀리게 반응한 문항에 0점으로 채점된다. 총 32개 문항으로 만점은 32점이다. 기본운동능력 평가는 〈표 7-1〉과 같다.

표 7-1 **기본운동능력 평가**

영역	하위영역	평가 관점	검사시기	
			전	후
안정 동작	1. 한 발로 균형 잡기	10초 동안 오른쪽 발로 균형을 잡을 수 있는가?		
		10초 동안 왼쪽 발로 균형을 잡을 수 있는가?		
		균형을 잡기 위해 팔을 조정하는가?(옆/아래/위)		
		균형을 잡을 때 양팔을 머리 위로 쭉 뻗고 들린 발을 반대 무릎에 대고 설 수 있는가?		
	2. 평균대 걷기	평균대 위에서 발을 10cm 교차하면서 걸을 수 있는가?		
		시선은 정면을 향하는가?		
		옆으로도 걸을 수 있는가?		
		발끝으로 걸을 수 있는가?		
	3. 굽히기와 펴기	앉은 자세에서 무릎을 펴서 양손을 발끝에 델 수 있는가?(앞으로 굽히기)		
		앉은 자세에서 무릎을 펴서 옆으로 굽히기를 할 수 있는가?(옆으로 굽히기)		
		무릎을 꿇고 앉아서 허리를 뒤로 굽힐 수 있는가?(뒤로 굽히기)		
		선 자세에서 무릎은 펴고 허리를 굽혀 손바닥이 닿는가?		

이동 동작	4. 달리기	달릴 때 무릎을 충분히 드는가?		
		달릴 때 머리를 꼿꼿하게 유지하고 시선은 정면을 향하는가?		
		발의 앞이 알맞은 곳에 닿는가?		
		팔은 다리와 반대되게 움직이고, 앞 방향으로 더 움직이는가?		
	5. 건너뛰기	제자리에서 줄(높이 40cm)에 닿지 않고 오른쪽 발로 건너뛸 수 있는가?		
		제자리에서 줄에 닿지 않고 왼쪽 발로 건너뛸 수 있는가?		
		달리다가 줄에 닿지 않고 뛰어넘을 수 있는가?		
		팔과 다리를 반대로 사용하는가?		
	6. 높이뛰기	다리를 굽힐 때 팔을 뒤로 흔들고, 다리를 펼 때 앞으로 흔들 수 있는가?		
		점프할 때 두 발과 두 팔을 모두 균형 있게 사용하는가?		
		양발을 동시에 사용해서 이륙하고 착륙하는가?		
		내려올 때 발끝을 사용하여 착륙하는가?		
	7. 호핑	오른쪽 발로 5m 거리를 호핑할 수 있는가?		
		왼쪽 발로 5m 거리를 호핑할 수 있는가?		
		발끝을 사용하면서 호핑할 수 있는가?		
		뛸 때 들고 있는 다리의 각도가 비슷하게 유지되는가?		
조작 동작	8. 공 다루기	짝과 함께 공을 위로 주고받을 수 있는가?(높게)		
		짝과 함께 공을 주고받을 수 있는가?(중간 높이)		
		짝과 함께 공차기를 할 수 있는가?		
		구르는 공이 정지될 때까지 계속 접촉하는가?		

2) 지각운동능력 평가

신체 지각, 공간 지각, 방향 지각, 시간 지각의 4개 영역을 평가할 수 있는 지각운동능력 평가는 〈표 7-2〉와 같다. 평가 기준은 3초 이내에 정확하게 수행하면 3점, 3초 이내에 다른 친구를 보고 정확하게 수행하거나 혼자서 생각한 다음 비슷하게 하면 2점, 3초가 지난 후에 하거나 못하면 1점을 준다. 총 19개 문항으로 만점은 47점이다.

표 7-2 지각운동능력 평가

영역	하위영역		평가 관점	점수	검사시기		총평
					전	후	
신체 지각	신체 모양	둥근 모양	1. 팔, 다리, 몸으로 동그라미 모양을 만들어 보자.	상(3) 중(2) 하(1)			
		곡선 모양	2. 곡선 모양을 제시하며, 몸으로 이 모양을 만들어 보자.	상(3) 중(2) 하(1)			
		세모 모양	3. 몸으로 세모 모양을 만들어 보자.	상(3) 중(2) 하(1)			
		네모 모양	4. 몸으로 네모 모양을 만들어 보자.	상(3) 중(2) 하(1)			
	신체 범위	가까이	5. 귀와 무릎을 가깝게 해 보자.	상(3) 중(2) 하(1)			
		멀리	6. 손과 발을 멀리 떨어뜨려 보자.	상(3) 중(2) 하(1)			
공간 지각	공간 위치	높게	7. 서거나 눕거나 앉아서 두 발을 최고로 높이 올려 보자.	상(3) 중(2) 하(1)			
		낮게	8. 배꼽이 다른 부분보다 밑에 있게 만들어 보자.	상(3) 중(2) 하(1)			
	공간 범위	좁게	9. 목표물 주위를 걸어 다니다가 목표물과 가깝게 서 보자.	상(3) 중(2) 하(1)			
		넓게	10. 목표물 주위를 걸어 다니다가 목표물과 넓게 서 보자.	상(3) 중(2) 하(1)			
	공간 관계	옆에	11. 훌라후프에 몸이 닿지 않게 통과해 보자. (30cm 간격 2개)	상(3) 중(2) 하(1)			
방향 지각	양측성	앞/뒤	12. 눈 감고 앞으로/뒤로 가 보자.	상(3) 중(2) 하(1)			
		오른쪽/왼쪽	13. 눈 감고 오른쪽/왼쪽으로 가 보자.	상(3) 중(2) 하(1)			
		위/아래	14. 오른손은 위로 올리고, 왼손은 아래로 내려 보자.	상(3) 중(2) 하(1)			
	방향성	앞/뒤 오른쪽/왼쪽 대각선	15. 화살표 방향대로 걸어 보자.	상(3) 중(2) 하(1)			
시간 지각	속도	빠르게/느리게	16. 리듬 막대에 맞추어 손뼉을 쳐 보자.	상(3) 중(2) 하(1)			
	리듬	박자	17. 교사의 시범을 본 후 하나, 둘, 셋에 뛰어 보자. (4회)	상(3) 중(2) 하(1)			
	동시성	눈-손 협응	18. 풍선 치기를 한 손으로 5번씩 해 보자.	상(3) 중(2) 하(1)			
		눈-발 협응	19. 2m 앞에서 굴려 준 공을 발로 차 보자.	상(3) 중(2) 하(1)			

출처: 황순각(2003).

3) 운동능력 평가

유아의 운동능력 평가는 신체활동의 운동능력에서의 개념을 세분화하여 제시된 것으로 대부분 다른 분야의 능력도 복합적으로 평가할 수 있도록 제작된 것이다. 운동능력 평가는 〈표 7-3〉부터 〈표 7-9〉와 같다.

(1) 신체 부위 인지도(body awareness)

- 신체 부위: 신체 부위의 명칭과 각 부위가 하는 역할에 대한 이해
- 구분: 신체 각 부위의 독립적 움직임
- 조정: 신체의 좌우, 상체 · 하체의 동시 움직임
- 이완: 신체 각 부위 또는 몸 전체의 이완 동작

표 7-3 신체 부위 인지도 평가

구분	3세	4세	5세
활동방법	• 유아와 마주 보고 서서 신체 부위명을 말하여 주고 손으로 짚도록 한다.		• 유아와 마주 보고 서서 교사가 말하는 신체 부위를 지적하게 하고 그 부위를 움직이게 한다.
내용	• 발, 귀, 팔, 배, 머리카락, 머리, 손가락, 가슴, 손, 다리, 목	• 3세 항목에 발뒤꿈치, 팔꿈치, 어깨, 발, 목, 엉덩이, 허리, 턱, 발가락, 손목 등을 추가	• 4세 항목에 발 돌리기, 손뼉 치기, 팔꿈치 굽히기 등을 추가
평가	• 3회 이상 틀리거나, 머뭇거리는 시간이 길거나, 정확한 위치를 찾지 못하는 경우 표시한다.		

(2) 균형 감각(balance)

- 정적 균형: 서 있는 자세에서의 균형 유지
- 동적 균형: 움직이는 동안의 균형 유지
- 물체 균형: 몸으로 물체의 균형 유지

표 7-4 **균형 감각 평가**

구분	3세	4세	5세
활동방법	• 한 발로 서서 균형을 유지한다. 발을 바꾸어 반복한다. • 양손을 옆으로 들어도 된다. (2~5초) • 테이프로 만든 선을 2m 걷는다.	• 한 발로 서서 균형을 유지한다. 발을 바꾸어 반복한다. • 양손을 옆으로 들어도 된다. (5~7초) • 평균대 위에서 벽의 눈높이 위치에 시선을 맞추며 걷는다.	• 바닥에서 발가락 앞끝으로 서서 10초 동안 균형을 유지한다. 넓은 할로우 블록 위에서 균형을 유지한다. • 양손을 옆으로 들어도 된다. • 평균대 위에서 벽의 눈높이 위치에 시선을 맞추며 걸은 후 뒤로 돌아 걷는다.
평가	• 균형을 잘 잡지 못하거나, 2회 이상 실패할 경우 기록한다.		

(3) 이동운동(locomotion)

• 이동운동: 공간에서 시간과 힘을 필요로 하며 구르기, 손발로 기어가기, 바닥에 배를 대고 기어가기, 걷기, 달리기, 멀리뛰기, 점프, 토끼뜀, 앙감질, 스키핑, 동물 걸음, 오르기, 민첩성, 유연성 등

표 7-5 **이동운동 평가**

구분	3세	4세	5세
활동 방법	• 직선을 따라 앞으로 3m 걷는다. 이때 손과 발은 서로 반대편이 짝을 이루어 전후로 움직인다. • 60cm 훌라후프 안에서 균형을 잃지 않고 점프한다. 2회 정도의 연속 점프 시 사이에 멈추지 않는다.	• 직선을 따라 앞으로 5m 걷는다. 이때 손과 발은 서로 반대편이 짝을 이루어 전후로 움직인다. • 60cm 훌라후프 안에서 균형을 잃지 않고 점프한다. 5회 정도의 연속 점프 시 사이에 멈추지 않는다. • 호핑을 4회 이상 연속한다.	• 말뛰기를 4회씩 발 바꾸어 한다. • 스키핑을 8회 한다. • 리드미컬하게 앙감질한다.
평가	• 자세가 어색하거나, 움직임의 조화를 잃거나, 몸의 동작이 너무 딱딱하거나, 점프 간에 오래 정지하면 기록한다.		

(4) 공간지각(spatial relationship)

- 방향성: 외부 공간의 인식
- 개인 공간: 움직이는 데 필요한 공간
- 공유 공간: 친구와 같이 공유하는 공간
- 움직임의 계획: 움직임의 공간성과 시간성을 포함하여 움직이는 순서의 이해, 명령에 따른 동작 실현, 연속된 움직임의 기억 및 재현

표 7-6 공간지각 평가

구분	3세	4세	5세
활동방법	• 교사와 마주 서서 교사를 따라 마치 거울에 보이는 상처럼 따라 한다. 이때 교사는 자신의 동작을 말로 설명하지 않는다. 예를 들어, 한 손은 위로 들고 다른 한 손은 허리에 댄다.	• 교사의 동작 순서를 잘 보게 하고 움직임이 끝나면 따라서 하도록 한다. 이때 교사는 자신의 동작을 말로 설명하지 않는다.	• 두 발을 모으고 위로 뛰면서 90°로 몸을 돌린다. 각 방향의 신체를 움직이도록 언어로 지시한다. 예를 들어, 오른손 올리기, 오른쪽으로 돌면서 원 그리기 등을 반복한다.
평가	• 유아가 움직임을 따라하기 어려워하거나, 움직임이 느리거나, 순서를 따라하지 못했을 경우 기록한다.		

(5) 조작(manipulation)

- 조작: 물체를 적절히 다루어 물체가 원하는 형태로 움직이게 하는 능력으로 던지기, 받기, 굴리기, 차기, 튀기기, 치기 등

표 7-7 조작능력 평가

구분	3세	4세	5세
활동방법	• 벽에서 50cm 떨어진 곳에 훌라후프를 세우고 훌라후프로부터 2m 떨어진 곳에 테이프로 발이 놓일 위치를 표시한다. 유아는 그 위치에서 팥 주머니를 던져 훌라후프를 통과하게 한다. • 교사가 유아로부터 2m 떨어진 곳에 선후에 공을 아래로 내린 자세에서 던져 주면 유아가 받는다. (직경 20cm 공)	• 벽에서 50cm 떨어진 곳에 훌라후프를 세우고 훌라후프로부터 3m 떨어진 곳에 테이프로 발이 놓일 위치를 표시한다. 유아는 그 위치에서 팥 주머니를 던져 훌라후프를 통과하게 한다. • 교사가 유아로부터 3m 떨어진 곳에 선후에 공을 아래로 내린 자세에서 던져 주면 유아가 받는다. (직경 15cm 공)	• 팥 주머니를 공중으로 던져 손뼉을 한 번 친 후 받는다. 또 한 바퀴 돈 후 받는다. 교사가 유아로부터 3m 떨어진 곳에서 공을 던져 주면 유아가 받는다. (직경 15cm 공) • 교사가 바닥으로 튀겨 던져 준 테니스공을 받는다.
평가	• 2회 이상 실패하면 기록한다.		

(6) 리듬과 순간 포착력(rhythm and timing)

운동지도 프로그램이나 음악교육 프로그램에서 다룰 수 있다.

- 내부 리듬: 스스로 만든 리듬
- 외부 리듬: 들리는 리듬에 대한 반응
- 춤: 경우에 따라 실시 가능

표 7-8 리듬과 순간 포착력 평가

구분	3세	4세	5세
활동방법	• 마치 군인과 같은 걸음으로 행진하도록 하다가 "멈춰"라는 구령에 멈춘다. • 바닥에 앉아서 무릎치고 손뼉 치고를 실시한다. (1회씩 반복)	• 마치 군인과 같은 걸음으로 행진하도록 하다가 "멈춰"라는 구령에 멈춘다. • 바닥에 앉아서 무릎치고 손뼉 치고를 실시한다. (2회씩 반복)	• 느린 음악과 빠른 음악에 맞추어 뛴다. 교사가 치는 드럼의 강약과 템포에 맞게 손뼉을 친다. (횟수 조절)
평가	• 반복의 시간, 각 지시에 따른 실시 정도를 기록한다.		

(7) 실외 놀이기구 사용능력

- 실외 놀이기구 사용: 올라가기, 뛰기, 바닥에 내려서기, 철봉 잡고 흔들리기, 균형 잡기, 조작능력, 공간 지각력, 사회성, 안정성, 판별력 등을 평가

표 7-9 실외 놀이기구 사용능력 평가

구분	3세	4세	5세
활동방법	• 실외 놀이터에서 놀이하는 모습을 관찰한다. • 스스로 놀이를 선택하는지, 친구들과 어울리는지를 파악한다.		
평가	• 교사는 유아가 어떤 놀이를 선택하여 노는지, 어떤 행동을 보이는지, 놀이 기구를 사용할 때 안전에 대해 주의하는지, 다른 유아와 어울려 노는지 등을 관찰하여 기록한다.		

4) 창의적 신체 표현 발달 평가

창의적 신체 표현 발달 평가를 통해 동작의 다양성, 동작의 방향성, 동작의 흐름 변화, 동작의 표현성의 4개 영역을 평가할 수 있다. 창의적 신체 표현 발달 평가의 내용은 〈표 7-10〉과 같다.

표 7-10 창의적 신체 표현 발달 평가

분류 관점	분류내용	평가관점	비고		점수	과제		
동작의 다양성	동작 표현 종류는 어떠한가? (공간에서 몸의 구성)	매우 다양하다.	표현 종류 수	9	5			
		다양하다.		7~8	4			
		평범하다.		5~6	3			
		단순하다.		3~4	2			
		매우 단순하다.		1~2	1			
동작의 방향성	동작의 방향 변화는 어떠한가? (앞, 뒤, 옆, 위, 아래)	매우 다양하다.	방향 변화 수	5	5			
		다양하다.		4	4			
		평범하다.		3	3			
		단순하다.		2	2			
		매우 단순하다.		1	1			

동작의 흐름 변화	동작의 흐름 변화는 어떠한가? (연속적, 비연속적, 끊김)	매우 연속적이다.	표현 종류의 수	5			
		연속적이다.		4			
		보통이다.		3			
		비연속적이다.		2			
		매우 비연속적이다.		1			
동작의 표현성	동작의 내용에 따른 표현은? (일치, 불일치)	매우 일치한다.	내용 표현의 수	5			
		일치한다.		4			
		보통이다.		3			
		불일치한다.		2			
		매우 불일치한다.		1			

출처: 공갑례(1997).

5) 성취 정도 평가

성취 정도의 평가내용은 다음과 같다.

① 활동에 즐겁게 참여하는가?
② 활동하는 동안에 집중하였는가?
③ 활동주제에 대하여 이해하고 있는가?
④ 전신이나 신체 각 부분을 다양하게 활용하여 움직일 수 있는가?
⑤ 동작의 기본요소에 따라 움직임을 표현할 수 있는가?
⑥ 다양한 기본동작을 사용할 수 있는가?
⑦ 다른 유아의 움직임에 관심을 보이는가?
⑧ 다른 유아와 함께 협력하는가?
⑨ 자신감을 가지고 적극적으로 표현하는가?
⑩ 교사의 언어적 상호작용에 적합하게 반응하는가?

이러한 평가의 결과는 유아의 발달과 학습을 지원하고, 교사와 부모에게도 도움이 될 수 있어야 한다. 따라서 평가 결과를 토대로 하여 유아의 전반적인 발달 평정이나 유아의 개별화된 수업의 자료로 사용하여 유아에게 직접적인 도움이 되어야 한다. 또한 유아의 학습과 발달을 돕게 하고 교육과정의 조정이나 다음의 교육 계획, 부모와의 면담 등의 기초 자료로 사용함으로써 교사에게도 도움이 되어야 한다.

참고문헌

공갑례(1997). 통합적 동작활동 프로그램이 유아의 창의적 신체표현력 발달에 미치는 영향. 한국교원대학교 대학원 석사학위논문.

이영심(1995). 유치원 동작교육 프로그램의 운영실태 분석. 중앙대학교 스포츠과학 연구소 체육 연구 논문집, 8(12), 157-176.

황순각(1997). 유아신체활동-이론과 실제-. 경기: 양서원.

PART 2

실제편

주제 1. 즐거운 원생활

주제 2. 나와 가족

주제 3. 계절

주제 4. 도구와 기계

주제 5. 동물

주제 6. 우리나라와 다른 나라

주제 7. 교통기관

주제 8. 특별한 날들

주제

1. 즐거운 원생활

기본운동 동작하기

활동 1 지시 따라하기
활동 2 여러 가지 방법으로 걸어 보아요
활동 3 재미있는 놀이기구
활동 4 줄을 따라가세요
활동 5 공놀이

동작 감상하기

활동 6 한삼춤
활동 7 리본체조 감상하기

표현 동작하기

활동 8 뚱뚱이와 홀쭉이
활동 9 둘이서 둘이서
활동 10 나는 친구의 거울
활동 11 종이와 풀
활동 12 '유치원의 하루 일과' 몸으로 표현하기

기본운동 동작하기

활동 1 지시 따라하기

목표	누리과정 관련요소
• 교사의 지시에 따라 움직일 수 있다. • 신체의 균형을 유지할 수 있다.	• 신체운동 · 건강: 신체활동 즐기기 - 신체 움직임을 조절한다. • 사회관계: 더불어 생활하기 - 친구와 서로 도우며 사이좋게 지낸다.
창의 · 인성 관련 • 창의성: 성향적 요소 - 독립성(독창성) 인지적 요소 - 문제해결력 • 인성: 협력 - 긍정적인 상호 의존성	

✿ 활동자료

경쾌한 음악자료

✿ 활동방법

1) 도입

- 활동을 소개한다.

: 오늘은 선생님이 지시하는 말을 듣고 몸의 균형을 유지하는 동작을 해 보자.

2) 전개

- 원대형을 만든다.

: 음악(노래)에 맞춰 오른쪽으로 돌아 보자. 동그라미 모양을 만들며 가운데로 모이자.

: 음악(노래)에 맞춰 가운데로 모여 들며 반갑게 '안녕' 인사하자.

: 밖으로 나가며 '안녕' 인사하자.

- 신체의 균형을 잡을 수 있는 방법에 대해 생각해 보고 표현해 본다.

: 한 발로 균형을 잡으려면 어떻게 해야 할까?

: 생각해 본 것을 몸으로 표현해 보자.

- 교사의 지시에 따라 움직여 본다.

: (음악에 맞춰 움직이다가 음악을 멈추고) 멈추자. 두 팔을 벌려 한 발로 서 보자.

: (다시 음악에 맞춰 움직이다가 음악을 멈추고) 친구와 손을 잡고, 한쪽 다리를 'ㄱ' 자로 구부려 보자.

: (다시 음악에 맞춰 움직이다가 음악을 멈추고) 친구와 손을 잡고 한쪽 다리를 앞으로 쭉 내밀어 보자.

: (다시 음악에 맞춰 움직이다가 음악을 멈추고) 두 손을 머리 위로 쭉 뻗고 한쪽 다리를 뒤로 뻗어 보자.

3) 평가 및 마무리

- 활동에 대한 생각이나 느낌을 이야기한다.

: 선생님의 지시에 따라 움직이는 데 어려운 점은 무엇이었니?

: 몸의 균형을 유지할 수 있는 방법으로는 무엇이 있었니?

활동 2 여러 가지 방법으로 걸어 보아요

목표	누리과정 관련요소
• 다양한 방법으로 자유롭게 걸을 수 있다. • 방향 감각을 느낄 수 있다. • 속도감을 알 수 있다.	• 신체운동 · 건강: 신체활동 즐기기 – 신체를 인식하고 움직인다. 신체활동 즐기기 – 기초적인 이동운동, 제자리 운동, 도구를 이용한 운동을 한다.

창의 · 인성 관련

• 창의성: 동기적 요소 – 호기심, 흥미

✿ 활동자료

북, 탬버린, 색 테이프(바닥에 다양한 모양을 붙여 준비), 음악 자료

✿ 활동방법

1) 도입

– 준비운동을 한다.

: 숨을 들이마셔 보자. 숨을 내쉬어 보자.

: 온몸을 깨워 보자(꼭꼭 눌러 주기/가볍게 두드리기/세게 두드리기/쓸어 주기).

: 머리를 흔들어 보자.

: 윗몸(상체)을 흔들어 보자. 아랫몸(하체)을 흔들어 보자.

: 온몸을 흔들어 보자(좌, 우/위, 아래).

: 팔을 털어 보자. 다리를 털어 보자.

: 우리 몸을 한 바퀴 돌려 보자.

: 숨을 들이마셔 보자.

: 숨을 내쉬어 보자.

2) 전개

– 다양한 방법으로 걸어 본다.

: 앞으로(뒤로, 옆으로) 걸어 보자.

: 줄을 따라 걸어 보자.

: 앞으로(뒤로) 빠르게 걸어 보자.

: 앞으로(뒤로) 천천히 걸어 보자.

: 살금살금 가볍게 걸어 보자.

: 바닥 치며 무겁게 걸어 보자.

: 무릎으로 걸어 보자.

- 악기 소리에 맞추어 걸어 본다.

: 북소리에 맞추어 걸어 보자.

: 탬버린 소리에 맞추어 걸어 보자.

- 준비한 음악을 들으며 걸어 본다.

3) 평가 및 마무리

- 여러 가지 다양한 방법으로 걸어 보고 난 후 느낌을 이야기한다.

: 어떤 방법으로 걷는 것이 재미있었니?

: 어떤 방법으로 걸을 때 힘이 들었니?

활동 3 재미있는 놀이기구

목표	누리과정 관련요소
• 유연성을 기른다. • 근력과 근지구력을 기른다. • 평형성을 기른다.	• 신체운동 · 건강: 신체활동 즐기기 - 신체를 인식하고 움직인다. 신체활동 즐기기 - 실내외 신체활동에 자발적으로 참여한다. • 예술경험: 창의적으로 표현하기 - 신체나 도구를 활용하여 움직임과 춤으로 자유롭게 표현한다.

창의 · 인성 관련
- 창의성: 인지적 요소-사고의 수렴(논리 분석적 사고)

활동자료

놀이기구 그림 자료(미끄럼틀, 시소, 그네 등)

활동방법

1) 도입

- 그림 자료를 보며 동기를 유발한다.

: 우리 원의 실외놀이터에는 어떤 놀이기구들이 있니?

: 놀이기구는 어떻게 생겼니?

- 활동을 소개한다.

: 재미있는 놀이기구들을 몸으로 표현해 보자.

2) 전개

- 신체로 놀이기구를 만들어 본다.

: 우리 몸으로 미끄럼틀을 만들어 보자.

: 또 다른 방법으로 미끄럼틀을 만들어 볼 수 있을까?

: 우리 몸으로 시소를 어떻게 만들 수 있을까?

: 또 다른 방법으로 시소를 만들어 볼 수 있을까?

- 친구가 신체로 표현한 놀이기구가 무엇인지 맞혀 본다.

: 이번에는 한 친구가 몸으로 놀이기구를 표현할 거야. 그러면 다른 친구들이 어떤 놀이기구를 표현한 것인지 알아맞혀 보자.

3) 평가 및 마무리

- 활동에 대한 생각이나 느낌을 이야기한다.

: 우리가 표현한 놀이기구 중 표현하기 가장 어려웠던 놀이기구는 무엇이니?

: 우리가 표현한 놀이기구 중 가장 멋지게 표현된 놀이기구는 무엇이니?

활동 4 줄을 따라가세요

목표	누리과정 관련요소
• 줄 위에서 걷기 활동을 통하여 평형성을 기른다. • 다양한 방법으로 걸을 수 있다. • 줄로 다양한 모양을 만들 수 있다.	• 신체운동 · 건강: 신체활동 즐기기 - 신체를 인식하고 움직인다. 신체활동 즐기기 - 신체 움직임을 조절한다. 신체활동 즐기기 - 기초적인 이동운동, 제자리 운동, 도구를 이용한 운동을 한다. • 예술경험: 창의적으로 표현하기 - 신체나 도구를 활용하여 움직임과 춤으로 자유롭게 표현한다.

창의 · 인성 관련
- 창의성: 인지적 요소 - 사고의 확장, 사고의 수렴
  동기적 요소 - 호기심, 흥미

✿ 활동자료

줄 3개(굵기 1cm, 길이 3m), 신호 악기

✿ 활동방법

1) 도입

- 줄을 보여 주며 동기를 유발한다.
  : 이것은 무엇일까?
  : 줄로 어떤 모양을 만들 수 있을까?
- 활동을 소개한다.
  : 오늘은 줄을 이용하여 다양한 방법으로 걸어 보는 활동을 할 거야.

2) 전개

- 줄을 늘어놓고 줄을 따라 걸어 본다.
  : 기다란 줄을 발로 밟으며 걸어 볼까?
  : 팔을 옆으로 벌리고 줄 위로 걸어 보자.
- 신호 악기에 맞추어 걷다가 균형을 잡는다.

: 신호 악기 소리가 나면 줄 위를 걷다가 소리가 멈추면 걷기를 멈추어 보자.

: 한 발을 들고 균형을 잡아 보자.

- 줄로 다양한 모양을 만들어 그 위를 걸어 본다.

: 줄을 이용하여 다양한 모양을 만들어 보자(□, △, ○, S 모양 등).

: 만든 모양 위로 걸어 보자.

3) 평가 및 마무리

- 활동에 대한 생각이나 느낌을 이야기한다.

: 오늘 활동 중 어려웠던 점은 무엇이니?

: 어떤 활동이 재미있었니?

: 이 줄로 또 어떤 모양을 만들 수 있을까?

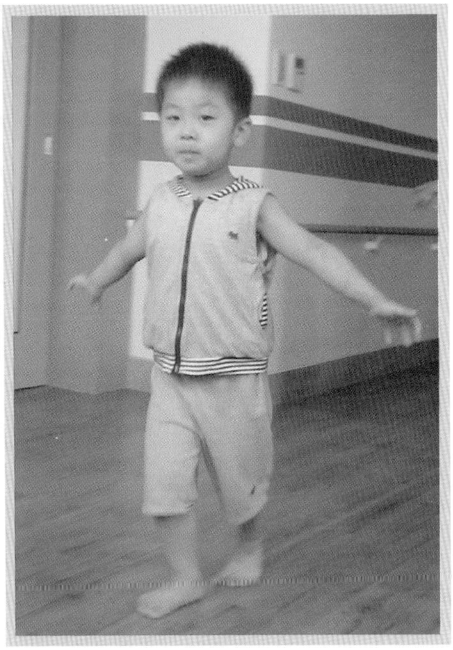

활동 5 공놀이

목표	누리과정 관련요소
• 공을 이용하여 다양한 움직임을 경험한다. • 신체 부분과 기구와의 협응력을 갖는다.	• 신체운동 · 건강: 신체활동 즐기기 - 신체를 인식하고 움직인다. 신체활동 즐기기 - 기초적인 이동운동, 제자리 운동, 도구를 이용한 운동을 한다. • 예술경험: 창의적으로 표현하기 - 신체나 도구를 활용하여 움직임과 춤으로 자유롭게 표현한다.

창의 · 인성 관련
- 창의성: 성향적 요소 - 독립성
  동기적 요소 - 호기심, 흥미

✿ 활동자료

탱탱볼(지름 15cm) 각 1개, 경쾌한 음악 자료

✿ 활동방법

1) 도입

- 활동을 소개한다.
  : 공을 이용해서 어떤 운동을 할 수 있을까?
  : 공을 이용해서 어떤 동작을 만들 수 있을까?
  : 오늘은 공을 이용해서 다양한 방법으로 움직이는 활동을 해 보자.

2) 전개

- 음악에 맞추어 다양한 공놀이 동작을 한다.
  : 공을 튕기려면 이떻게 헤야 할까?
  : 무릎 사이에 공을 끼우고 걸어 보자.
  : 공을 배 밑에 깔고 엎드려 앞뒤로 움직여 보자.
  : 공을 턱에 끼고 양팔을 허리에 대고 걸어 보자.

3) 평가 및 마무리

- 활동 후 느낌을 이야기한다.

: 공을 이용해 몸을 움직여 본 느낌이 어떠니?

: 공 이외에 우리가 몸을 움직일 때 함께 이용할 수 있는 물건에는 무엇이 있을까?

동작 감상하기

활동 6 한삼춤

목표	누리과정 관련요소
• 우리나라의 가락을 경험하며 리듬에 맞추어 창의적으로 표현한다. • 한삼을 이용하여 다양하게 움직여 본다.	• 신체운동 · 건강: 신체활동 즐기기 – 신체를 인식하고 움직인다. 신체활동 즐기기 – 기초적인 이동운동, 제자리 운동, 도구를 이용한 운동을 한다. • 예술경험: 아름다움 찾아보기 – 예술적 요소에 관심을 갖고 찾아본다. 창의적으로 표현하기 – 신체나 도구를 활용하여 움직임과 춤으로 자유롭게 표현한다. 예술 감상하기 – 우리나라 전통 예술에 관심을 갖고 친숙해진다.

창의 · 인성 관련
- 창의성: 성향적 요소 – 개방성, 독립성
  동기적 요소 – 호기심, 흥미
- 인성: 존중 – 자신과 전통문화에 대한 존중

✿ 활동자료

한삼, 녹음기, 전통민요 자료('도라지', '참외밭에 삽살개' 등), 한삼춤 동영상 자료

✿ 활동방법

1) 도입

– 한삼을 소개한다.

: (한삼을 보여 주며) 이것을 본 적이 있니?

: 어디서 보았니?

: 이것의 이름은 무엇일까?

- 한삼춤 동영상 자료를 감상한다.

: 한삼춤 동영상 자료를 보여 줄 건데, 어떻게 움직이는지 보자.

2) 전개

- 한삼춤 동영상에 대해 이야기 나눈다.

: 한삼을 끼고 팔을 어떻게 움직였니?

: 몸은 어떻게 움직였니?

- 한삼을 손에 끼고 여러 가지 방법으로 움직여 본다.

: 위로 움직여 보자.

: 물결 모양으로 흔들어 보자.

: 아래로 움직여 보자.

- 일어서서 움직여 본다.

: 한삼을 끼고 빨리(느리게) 걸어 보자.

: 어깨춤을 춰 보자.

- 음악을 들으며 움직여 본다.

: 음악을 들으면서 춤을 춰 보자.

- 창의적으로 표현하는 유아를 격려한다.

: ○○는 팔을 위로 힘차게 쭉 뻗어 한삼으로 큰 원을 만들며 춤을 추는구나!

3) 평가 및 마무리

- 활동에 대한 생각이나 느낌을 이야기한다.

: 한삼춤을 본 느낌은 어떠니?

: 한삼을 손에 끼고 움직여 본 느낌은 어떠니?

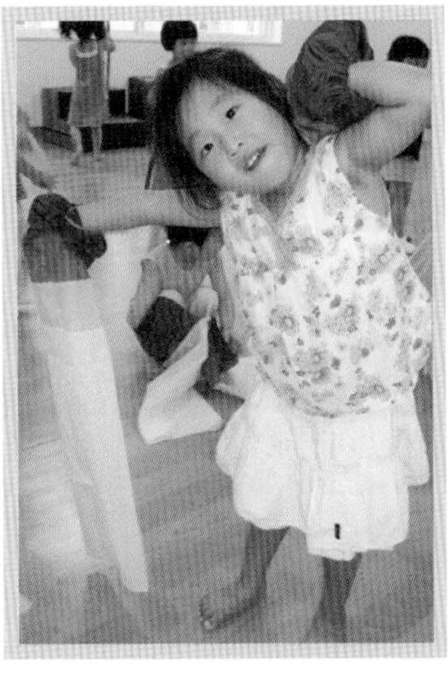

활동 7 리본체조 감상하기

목표	누리과정 관련요소
• 리본체조에 필요한 도구와 복장을 이해한다. • 감상 후의 느낌을 다양한 방법으로 표현할 수 있다.	• 신체운동 · 건강: 신체활동 즐기기 - 신체를 인식하고 움직인다. 신체활동 즐기기 - 기초적인 이동운동, 제자리 운동, 도구를 이용한 운동을 한다. • 예술경험: 아름다움 찾아보기 - 예술적 요소에 관심을 갖고 찾아본다. 창의적으로 표현하기 - 신체나 도구를 활용하여 움직임과 춤으로 자유롭게 표현한다. 예술 감상하기 - 다양한 예술을 감상하며 상상하기를 즐긴다.
창의 · 인성 관련 • 창의성: 성향적 요소 - 개방성, 독립성 동기적 요소 - 호기심, 흥미	

✿ 활동자료

리본체조 동영상 자료, 리본테이프

✿ 활동방법

1) 도입

- 리본테이프를 보여 주며 활동을 소개한다.

: 리본테이프를 이용하여 체조를 하는 리본체조를 본 적이 있니?

: 오늘은 '리본체조'에 대한 동영상을 감상해 보도록 하자.

2) 전개

- 리본체조 동영상 자료를 보여 준다.

: 리본을 가지고 어떻게 움직이는지, 그리고 음악의 속도에 따라 어떻게 움직이는지 생각하며 보도록 하자.

- 리본체조를 본 느낌을 이야기한다.

: 음악의 속도에 따라 리본테이프를 어떻게 움직였니?

: 리본체조를 보니 어떤 느낌이 드니?

- 리본을 사용해 다양한 동작을 표현해 본다.

: 우리도 음악에 맞추어 리본체조를 해 보자.

3) 평가 및 마무리

- 활동에 대한 생각이나 느낌을 이야기한다.

: 리본을 가지고 체조를 하는 모습이 어떻게 보이니?

: 리본을 이용해서 동작을 해 보니 어떤 느낌이 들었니?

표현 동작하기

활동 8 뚱뚱이와 홀쭉이

목표	누리과정 관련요소
• 동작의 순서를 기억하여 표현한다. • 신체조절능력을 기른다.	• 신체운동 · 건강: 신체활동 즐기기 - 신체를 인식하고 움직인다. • 예술경험: 아름다움 찾아보기 - 예술적 요소에 관심을 갖고 찾아본다. 창의적으로 표현하기 - 신체나 도구를 활용하여 움직임과 춤으로 자유롭게 표현한다.

창의 · 인성 관련
- 인성: 배려 - 친구에 대한 배려

✿ 활동방법

1) 도입

- 활동을 소개한다.

: 오늘은 '뚱뚱이와 홀쭉이'라는 재미있는 손유희를 배워 볼 거야.

2) 전개

- 유아에게 손유희를 소개한다.

: 선생님이 먼저 손유희를 해 볼게. 잘 보자.

- 유아와 함께 손유희를 해 본다.

: 선생님이 하는 손유희를 보면서 모두 함께 따라 해 보자.

- 소집단별로 손유희를 해 보고 친구들이 하는 손유희를 감상한다.

3) 평가 및 마무리

- 활동에 대한 생각과 느낌을 이야기한다.

: 오늘 새로운 손유희를 배웠는데 어려운 점은 무엇이었니?

: 어느 부분이 제일 재미있었니?

: 더 재미있게 바꾸고 싶은 부분이 있었니?

4) 확장활동

- 손유희가 익숙해지면 유아와 함께 손유희를 새롭게 바꾸어 본다.

뚱뚱이가 뛰어온다

오른손 엄지손가락으로
뛰어오는 시늉을 한다.

홀쭉이가 뛰어온다

왼손 새끼손가락으로
뛰어오는 시늉을 한다.

길 모퉁이에서

양손 검지손가락으로
네모를 그린다.

부딪쳤다네

박수를 친다.

너 때문이야

오른손 엄지손가락을 흔든다.

너 때문이야

왼손 새끼손가락을 흔든다.

둘이는 화가 나서

두 손가락을 머리 위에 뿔처럼 댄다.

뿡뿡뿡

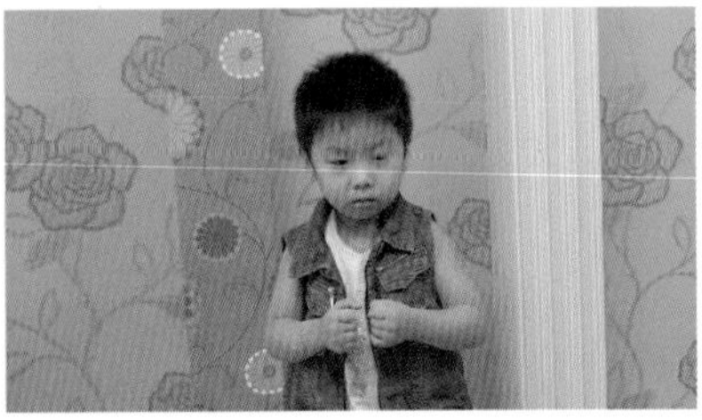

주먹을 세 번 친다.

뚱뚱이가 뛰어온다

오른손 엄지손가락으로
뛰어오는 시늉을 한다.

홀쭉이가 뛰어온다

왼손 새끼손가락으로
뛰어오는 시늉을 한다.

길 모퉁이에서

양손 검지손가락으로
네모를 그린다.

부딪쳤다네

박수를 친다.

미안 미안해

오른손 엄지손가락을 흔든다.

미안 미안해

왼손 새끼손가락을 흔든다.

둘이는 사이좋게

두 손가락을 서로 꼬아 흔든다.

하하하

양손을 입가에 댄다.

활동 9 둘이서 둘이서

목표	누리과정 관련요소
• 다른 사람과의 관계에 대해 안다. • 다양한 대형의 변화를 경험한다. • 노랫말에 어울리는 동작을 만들어 본다.	• 신체운동 · 건강: 신체활동 즐기기 - 신체를 인식하고 움직인다. • 예술경험: 아름다움 찾아보기 - 예술적 요소에 관심을 갖고 찾아본다. 창의적으로 표현하기 - 신체나 도구를 활용하여 움직임과 춤으로 자유롭게 표현한다. • 사회관계: 더불어 생활하기 - 친구와 서로 도우며 사이좋게 지낸다.

창의 · 인성 관련
- 창의성: 인지적 요소 - 사고의 확장
  성향적 요소 - 독립성
- 인성: 배려 - 친구에 대한 배려

✿ 활동자료

'둘이서 둘이서' 노랫말판, 노래 자료

✿ 활동방법

1) 도입

- 활동을 소개한다.

: 오늘은 '둘이서 둘이서'라는 노래에 동작을 만들어 보는 활동을 할 거야.

- '둘이서 둘이서' 노래를 불러 본다.

: 다 함께 '둘이서 둘이서'를 불러 보자.

2) 전개

- 노래에 맞추어 동작을 만들어 본다.

: '맹맹이'는 어떻게 표현하면 좋을까?

: '돌돌이'는 어떻게 표현하면 좋을까?

: '동동이'는 어떻게 표현하면 좋을까?

: '빙빙이'는 어떻게 표현하면 좋을까?

- 두 명씩 짝을 짓고, 노래를 부르면서 만들어진 동작을 해 본다.

: 두 명씩 짝을 지어 보자.

: 다른 친구들과 부딪치지 않도록 넓게 서 보자.

: 만든 동작을 노래를 부르면서 함께해 보자.

3) 평가 및 마무리

- 활동에 대한 생각이나 느낌을 이야기한다.

: 오늘 활동 중 재미있었던 부분은 무엇이니?

: 새롭게 바꾸고 싶은 동작이 있었니?

4) 확장활동

- 유아의 대형을 이중 원으로 만들고 바깥 원에 선 유아가 노래 한 절이 끝날 때마다 오른쪽으로 한 사람씩 짝을 옮겨 가며 춤을 춘다.
- 다양한 동작을 창의적으로 만들어 본다.

둘이서 둘이서

강진욱 요
이수인 곡

활동 10 나는 친구의 거울

목표	누리과정 관련요소
• 신체를 통한 창의적 표현력을 증진한다. • 신체조절능력을 증진한다. • 다른 사람과의 관계를 이해한다.	• 신체운동 · 건강: 신체활동 즐기기 - 신체를 인식하고 움직인다. • 사회관계: 더불어 생활하기-친구와 서로 도우며 사이좋게 지낸다.

창의 · 인성 관련

- 창의성: 인지적 요소 - 사고의 확장
  성향적 요소 - 독립성
- 인성: 배려 - 친구에 대한 배려

✿ 활동자료

거울 틀, 전신거울

✿ 활동방법

1) 도입

- 전신거울 앞에서 자신의 모습과 움직임을 관찰할 수 있는 거울의 특징에 대해 이야기 나눈다.

: 거울 앞에서 네가 움직일 때 거울 속의 네 모습은 어떠했니?

: 거울은 우리의 모습을 어떻게 보여 주고 있니? 그대로 움직이고 있니?

- 활동을 소개한다.

: 오늘은 두 명의 친구가 짝이 되어 한 명은 거울이 되고 또 다른 한 명은 거울을 보는 사람이 되어 볼 거야. 거울 역할을 맡은 친구가 거울을 보는 사람의 동작을 따라 해 보는 활동을 할 거야.

2) 전개

- 유아 두 명이 한 조가 되어 표현해 본다.

: ○○은/는 △△(이)의 거울이 되었단다.

: △△(이)의 모습이 거울에 비칠 때 ○○은/는 어떻게 움직여야 할까?

: ○○은/는 △△(이)의 동작을 그대로 따라 해 보자.

- 거울을 보는 유아와 거울이 된 유아가 서로 역할을 바꾸어서 표현해 본다.

: 이번에는 서로 역할을 바꾸어서 해 보자.

3) 평가 및 마무리

- 활동에 대한 느낌이나 생각에 대해 이야기한다.

: 오늘 활동을 하면서 어떤 동작이 독특했니?

: 어떤 동작이 가장 재미있었니?

: 따라 하기 힘든 동작은 무엇이었니?

활동 11 종이와 풀

목표	누리과정 관련요소
• 종이와 풀의 특성을 탐색해 본다. • 종이와 풀의 특성을 신체를 이용하여 창의적으로 표현해 본다.	• 신체운동 · 건강: 신체활동 즐기기 - 실내외 신체활동에 자발적으로 참여한다. • 예술경험: 창의적으로 표현하기 - 신체나 도구를 활용하여 움직임과 춤으로 자유롭게 표현한다.
창의 · 인성 관련 • 창의성: 동기적 요소 - 몰입 • 인성: 협력 - 긍정적인 상호 의존성	

✿ 활동자료

종잇조각, 풀, 바구니, 드라이기, 신호기(북), 다양한 느낌이 나는 음악 자료, 마스킹테이프, 가면 머리띠(종잇조각, 요정, 풀)

✿ 활동방법

1) 도입

- 종이와 풀의 특성을 여러 가지 방식으로 탐색해 본다.

: 이것은 무엇이니? 우리가 많이 사용하는 종이와 풀이구나.

: 종잇조각을 움직일 수 있는 방법은 무엇일까?

: 드라이기로 종잇조각에 바람을 보내면 어떻게 될까?

: 종잇조각이 어떻게 움직이고 있니?

: 풀을 이용해서 종잇조각들을 붙여 볼까?

- 활동을 소개한다.

: 오늘은 종이와 풀에 대한 상상 이야기를 들으며 몸으로 표현해 볼 거야.

2) 전개

- 종이와 풀에 대한 상상 이야기를 들려준다.

: 종잇조각이 사는 상상의 나라에선 요정의 이야기에 따라 종잇조각이 마음대로 움직이면서 춤을 춘다고 해. 상상의 나라에서만 일어나는 일이란다. 그런데 종잇조각의 춤을 멈추게 하는 것은 오로지 풀만이 할 수 있어. 종잇조각을 춤추게 하는 것은 요정이지만, 종잇조각의 춤을 멈추게 하는 것은 풀인 거야. 상상의 나라에서 너희들이 종잇조각이 되어 춤을 춰 보는 것은 어떨까?

: 가운데 마스킹테이프로 만든 동그란 모양 안이 바로 상상의 나라란다. 상상의 나라 속으로 들어오고 싶은 친구들은 이곳으로 들어오렴.

: (교사가 요정 머리띠를 쓴 후) 선생님이 요정이 되어서 종잇조각이 된 너희에게 이야기할 거야. 이야기에 따라 자유롭게 움직이면서 멋지게 춤을 춰 보는 거야.

: 종잇조각은 어떤 모습으로 있을까? (곧게 서 있는 종잇조각, 바닥에 널부러진 종잇조각, 다른 종잇조각들과 겹쳐 있는 종잇조각 등)

- 요정의 이야기에 따라 자유롭게 신체 표현을 할 수 있도록 격려한다.

: 요정이 나타났단다. 요정이 요술을 걸기 시작했어. 요정의 이야기를 잘 듣고 멋지게 춤을 춰 보자.

: 요정이 잔잔한 바람을 일으키면서 "종잇조각아, 춤을 춰라"라고 이야기하네. 어떻게 춤을 출까?

: 이번엔 조금 센 바람을 일으키면서 "종잇조각아, 춤을 춰라"라고 이야기하네. 바람의 세기에 따라 춤을 춰 보자.

: "종잇조각아, 나비처럼 훨훨 날아보면서 춤을 춰 보렴."

: "종잇조각아, 눈송이가 내리는 것처럼 춤을 춰 보렴."

: 이번에는 너희가 요정이 되어서 종잇조각에게 이야기해 보렴. 어떤 춤을 춰 볼까?

- 풀의 이야기에 따라 자유롭게 신체 표현을 할 수 있도록 격려한다. 유아가 멈춤 표현을 다양하게 할 수 있도록 여러 방식의 멈춤 놀이를 제시해 주고, 북소리로 멈춤 신호를 해 준다.

: (교사가 풀 가면 머리띠를 쓴 후) 어디선가 풀이 갑자기 나타났단다. 너희들의 춤을 멈추게 하려고 온 것 같아.

: 풀이 이야기하네. “종잇조각아, 벽에 붙어라.”

: “종잇조각아, 친구 등에 붙어라.”

: “종잇조각아, 친구와 함께 서로서로 머리를 붙여라.”

3) 평가 및 마무리

- 활동을 회상해 보고 느낌이나 생각에 대해 이야기한다.

: 종잇조각이 되어서 춤을 춰 보고 멈춤 놀이를 해 본 느낌이 어떠니?

: 어떤 동작이 가장 재미있었니?

: 재미있는 움직임으로 우리에게 즐거움을 준 친구가 있니?

: 음악을 다시 들으면서 종잇조각이 되어 춤을 추었던 나의 모습을 상상해 보자.

활동 12 '유치원의 하루 일과' 몸으로 표현하기*

목표	누리과정 관련요소
• 마임의 의미에 대해 안다. • 신체를 이용하여 유치원의 일과를 창의적으로 표현해 본다. • 다른 사람과 도움을 주고받으며 서로 협력한다.	• 예술경험: 창의적으로 표현하기 - 신체나 도구를 활용하여 움직임과 춤으로 자유롭게 표현한다. • 사회관계: 더불어 생활하기 - 친구와 서로 도우며 사이좋게 지낸다.

창의 · 인성 관련
- 창의성: 동기적 요소 - 몰입
- 인성: 협력 - 집단 협력

✿ 활동자료

마임 '삐에로의 외출' 동영상 자료(출처: 한국마임협회, 현대철 공연), 하루 일과 그림카드(등원, 인사 나누기, 이야기 나누기, 동화, 게임, 점심, 간식, 동극, 바깥놀이, 요리, 노래, 동시, 음악 감상, 명화 감상, 자유놀이)

✿ 활동방법

1) 도입

- 마임 동영상을 함께 보고 이야기 나눈다.

: 너희가 본 것은 무엇이니? 무엇을 하는 걸까?

: 말하지 않고 몸짓과 표정만으로 내용을 전달하는 것을 마임이라고 한단다.

: 마임 동영상을 보며 어떤 생각이 들었니?

: 동영상 속의 사람은 자신의 생각을 무엇으로 표현했니?

: 이야기를 하지 않고도 생각을 몸으로 표현하여 전달할 수 있구나!

- 활동을 소개한다.

: 우리도 말하지 말고 몸으로만 무엇을 표현하여 볼까?

: 선생님이 준비한 그림은 너희가 유치원에서 하는 활동 그림이란다.

---

* 5세 누리과정 교사용 지도서『유치원과 친구』(pp. 111-112)에서 수정 · 발췌함.

: 한 친구가 선생님이 준비한 그림카드를 보고 유치원에서 하는 활동을 몸으로 표현하면, 다른 친구들은 잘 보고 어떤 활동을 표현한 것인지 알아맞혀 보자.

2) 전개

- 게임하는 방법에 대해 이야기 나눈다.

: 몇 명이 몸으로 표현해 볼까?

: 마임으로 표현할 그림은 누구만 보아야 할까?

- 유아들이 제안한 방법으로 활동해 본다. 소집단을 정한 후 각 팀에 하루일과 그림카드를 하나씩 나누어 준다. 가장 먼저 표현할 팀을 정하고 팀원들이 몸으로 표현해 보도록 한다.

: 지금 친구들이 표현하는 활동은 어떤 활동일까? 맞힌 팀에게 그림카드를 줄게.

: 맞힌 팀은 다음 순서로 친구들에게 몸으로 표현할 기회를 얻는 거야.

- 모든 그림카드를 몸으로 표현하면 활동이 끝난다.
- 가져간 그림카드의 수를 센다.

3) 평가 및 마무리

- 활동에 대한 느낌이나 생각에 대해 이야기한다.

: 말하지 않고 동작으로만 표현해 본 느낌이 어떠니?

: 어떤 동작이 가장 재미있었니?

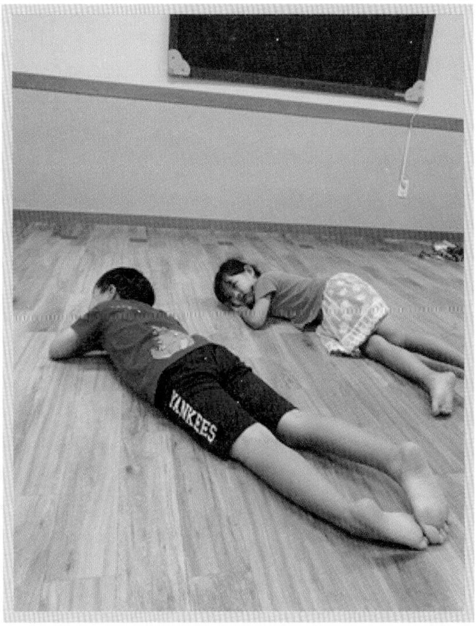

주제

2. 나와 가족

기본운동 동작하기

활동 1 집 찾아가기
활동 2 서로 닿는 신체 부분들
활동 3 의좋은 형제
활동 4 비밀주머니 동작놀이
활동 5 내 몸으로 공을 쳐요

동작 감상하기

활동 6 피겨 스케이팅 감상하기

표현 동작하기

활동 7 가족을 표현해 봐요
활동 8 제일 좋아요
활동 9 춤추는 국수
활동 10 나를 소개합니다
활동 11 내가 좋아하는 운동경기

기본운동 동작하기

활동 1 집 찾아가기

목표	누리과정 관련요소
• 공간을 이동하는 신체활동에 참여하는 기회를 가진다. • 규칙을 이해하고 지키는 태도를 가진다. • 자기 공간을 안다.	• 신체운동 · 건강: 신체활동 즐기기 - 신체 움직임을 조절한다. • 사회관계: 더불어 생활하기 - 친구와 서로 도우며 사이좋게 지낸다.

창의 · 인성 관련

- 창의성: 인지적 요소 - 사고의 확장
- 인성: 질서 - 기초질서

✿ 활동자료

유아들이 그린 집 모양판(유아가 올라 서 있을 수 있는 크기, 유아 1인당 1개씩), 신호 악기, 음악 자료

✿ 활동방법

1) 도입

- 활동을 소개하고 활동에 대해 이야기 나눈다.

: 자유놀이 시간에 그린 '자기 집'을 가지고 집 찾아가기 활동을 할 거야.

: 너희가 그린 집은 어떤 모양이니?

: 너희가 그린 집을 바닥에 붙여 보자.

2) 전개

- 유아가 바닥에 붙인 집 모양판 안에서 다양하게 움직여 본다.

: 자기가 그린 집 안으로 들어가 보자.

: 집 안에서 마음대로 움직여 보자. 어떻게 움직여 볼 수 있을까?

: 아침이 되었어요. 어서 일어나 보세요. 기지개를 크게 켜 보세요. 한쪽 다리를 들고 기지개를 켜 볼까요? 몸을 크게 만들어 보세요.

- 음악이 나오면 음악에 맞추어 집 밖을 돌아다니다가 음악이 멈추면 집을 찾아간다.

: 집 밖으로 나가서 마음대로 돌아다니다가 음악이 멈추면 재빨리 자기 집을 찾아가자.

: 빠르게/느리게, 높게/낮게, 앞/뒤/옆으로 돌아다녀 보자.

: 자기 집 안으로 들어가 보자.

- 바닥에 붙어 있는 집 그림을 떼어 바구니에 정리한다.

3) 평가 및 마무리

- 활동에 대한 생각이나 느낌을 이야기한다.

: 음악이 나오는 동안 돌아다니면서 친구와 부딪치지는 않았니? 부딪쳤을 때 어떻게 했니?

: 오늘 활동에서 어려운 점은 무엇이니?

활동 2 서로 닿는 신체 부분들

목표	누리과정 관련요소
• 신체의 유연성을 기른다. • 신체의 각 부분을 탐색한다.	• 신체운동 · 건강: 신체활동 즐기기 - 신체를 인식하고 움직인다. 신체활동 즐기기 - 신체 움직임을 조절한다. • 사회관계: 더불어 생활하기 - 친구와 서로 도우며 사이좋게 지낸다.
창의 · 인성 관련 • 창의성: 동기적 요소 - 호기심, 흥미 • 인성: 협력 - 긍정적인 상호 의존성	

✿ 활동자료

빠르고 경쾌한 음악 · 느리고 부드러운 음악을 반복 녹음한 자료(예: 요한 스트라우스의 '라데츠키 행진곡'과 슈베르트의 '숭어')

✿ 활동방법

1) 도입

- 활동을 소개하며 동기를 유발한다.
  : 우리 몸에서 어떤 부분들이 움직일까?

2) 전개

- 신체 여러 부분의 이름, 위치를 알아보고 움직여 본다.
  : 우리 몸에 두 개씩 있는 부분을 찾아 맞대 보자.
  : 우리 몸에 두 개씩 있는 부분을 찾아 부딪쳐 보자.
- 앉은 자세에서 서로 닿을 수 있는 부분을 찾아 닿게 한다.
  : 앉아 있을 때 우리 몸에서 서로 닿을 수 있는 부분은 어디일까? 동작으로 표현해 보자.
- 선 자세에서 서로 닿을 수 있는 부분을 찾아 닿게 한다.

: 선 자세에서 우리 몸에서 서로 닿을 수 있는 부분은 어디일까? 서로 닿게 해 보자.

- 음악을 들으며 우리 몸이 닿을 수 있는 부분을 다양하게 표현해 본다.

: 선생님이 음악을 들려줄 거야. 음악을 들으며 빠르기의 차이에 대해서 느껴 보자. 곡의 빠르기에 따라 우리 몸이 서로 닿을 수 있는 부분들을 찾아, 서로 닿게 해 보자.

- 친구와 서로 닿을 수 있는 부분을 찾아 닿게 한다. 친구 두 명씩 짝이 되어 본다.

: 친구와 서로 닿을 수 있는 신체 부분을 맞대어 보자.

3) 평가 및 마무리

- 활동에 대한 생각이나 느낌을 이야기한다.

: 우리 몸에서 서로 맞대기 어려운 부분은 어디가 있었니?

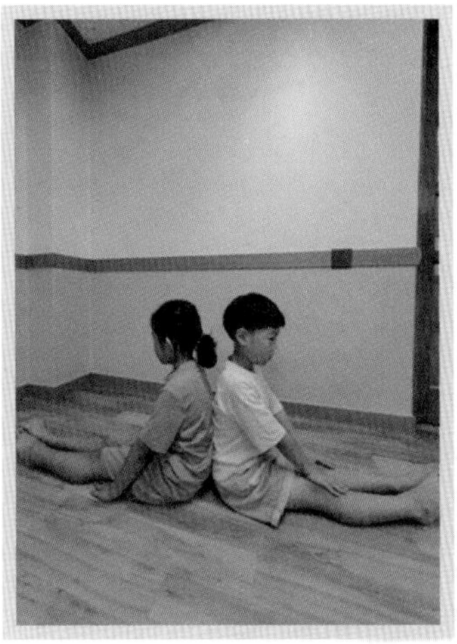

활동 3 의좋은 형제

목표	누리과정 관련요소
• 평균대 위에서 물체를 가지고 다양한 방법으로 걸으며 평형성을 기른다. • 신체를 조절하는 능력을 기른다.	• 신체운동 · 건강: 신체활동 즐기기 - 신체 움직임을 조절한다. 신체활동 즐기기 - 기초적인 이동운동, 제자리 운동, 도구를 이용한 운동을 한다. • 사회관계: 더불어 생활하기 - 친구와 서로 도우며 사이좋게 지낸다.

창의 · 인성 관련
- 창의성: 인지적 요소 - 사고의 확장, 문제해결력
- 인성: 협력 - 긍정적인 상호 의존성

✿ 활동자료

평균대, 공 1개, '의좋은 형제' 동화 자료

✿ 활동방법

1) 도입

- '의좋은 형제' 전래동화를 들려주고 활동을 소개한다.
  : 오늘은 의좋은 형제가 다리(평균대)를 건너 쌀(공)을 옮겨 주는 활동을 해 볼 거란다.
  : 어떻게 다리를 건너 쌀을 옮겨 줄 수 있는지 생각해 보자.

2) 전개

- 평균대를 걸어 본다.
  : 먼저 평균내를 다리라고 생각하고 앞으로(옆으로) 걸어 보자.
- 평균대 위에서 공을 들고 걸어 본다.
  : 공을 쌀자루라고 생각하고 양손으로 공을 잡아 가슴 앞에 들고 평균대 위를 앞으로 걸어 보자.
  : 공을 한쪽 팔로 잡아 허리에 붙이고 옆으로 걸어 보자.

: 앞을 바라보고 균형을 잡으며 걸어 보자.
- 2인 1조가 되어 평균대 위로 올라가 한 팔은 공을 잡고 다른 한 팔은 친구 손을 잡아 평균대 위를 걷는다.
: 두 명씩 짝이 되어 한 사람은 평균대 위로 올라가고 다른 한 사람은 평균대 아래에 서 보자. 평균대 위에 올라선 친구가 한 손은 공을 잡고 다른 한 손은 친구를 잡은 다음 평균대 위를 걸어 보자.
- 평균대 위에 나란히 서서 공을 친구에게 건네준다.
: 평균대 위에서 떨어지지 않게 균형을 잡아 보자.
: 옆의 친구에게 공을 떨어뜨리지 않고 옮겨 주자.

3) 평가 및 마무리
- 활동에 대한 생각이나 느낌을 이야기한다.
: 평균대 위에서 걷는 활동을 할 때 어떤 생각이 들었니?
: 친구에게 공을 건네주는 활동을 할 때 힘든 점은 무엇이었니?

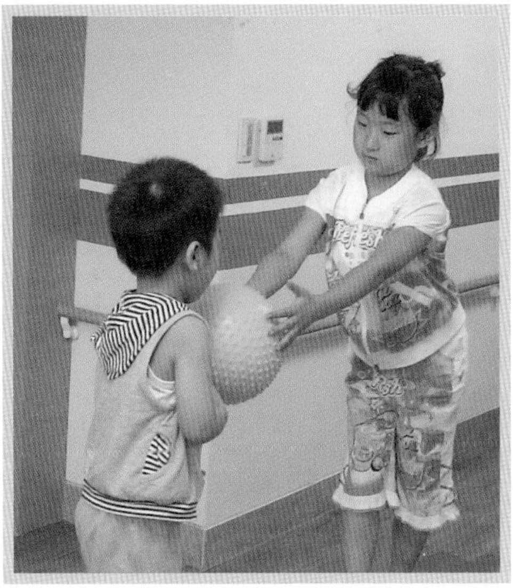

활동 4 비밀주머니 동작놀이

목표	누리과정 관련요소
• 기본동작을 익힌다. • 다양한 속도에 따라 움직인다. • 단어의 뜻을 이해하고 움직인다. • 규칙을 이해하고 지킬 수 있다.	• 신체운동 · 건강: 신체활동 즐기기 - 신체 움직임을 조절한다. 신체활동 즐기기 - 기초적인 이동운동, 제자리 운동, 도구를 이용한 운동을 한다. • 사회관계: 더불어 생활하기 - 친구와 서로 도우며 사이좋게 지낸다.

창의 · 인성 관련
- 창의성: 인지적 요소 - 사고의 확장
  동기적 요소 - 호기심, 흥미
- 인성: 질서 - 기초질서

✿ 활동자료

- 비밀주머니 2개(다른 색깔)
  - 속이 보이지 않는 천으로 2개의 비밀주머니(15×15cm 카드가 들어갈 정도의 크기)를 만든다.
  - 1개의 비밀주머니에는 동작 카드 12장을 넣고, 다른 1개의 비밀주머니에는 속도 카드 12장(6장 2세트)을 넣는다.
- 동작 카드(12장)
  - 15×15cm로 만든다.
  - 걷기, 뛰기, 달리기, 한 발로 뛰기, 뒤로 걷기, 옆으로 걷기, 구르기, 돌기, 비틀기, 흔들기, 북치기, 헤엄치기
- 속도 카드(12장: 6장 2세트)
  - 15×15cm로 만든다.
  - 아주 느리게, 느리게, 보통으로, 빠르게, 아주 빠르게, 꽝

✿ 활동방법

1) 도입

- 활동을 소개한다.

: 선생님이 두 개의 비밀주머니에 이 카드들을 넣어 놓으면 너희가 각 주머니에서 한 장씩 꺼내어 카드의 지시에 따라 움직여 보는 활동을 해 보자.

2) 전개

- 동작 카드, 속도 카드의 내용을 소개한다.

: 어떤 동작들이 있는지 같이 보면서 맞혀 보기로 하자.

: (동작 카드를 하나씩 보여 주면서) 이 카드는 어떻게 움직이라는 것일까?

: (속도 카드를 하나씩 보여 주면서) 이 카드는 어떤 속도로 움직이라는 것일까? '꽝'이 나오면 어떻게 할까?

: (동작 카드와 속도 카드를 함께 보여 주면서) 이럴 땐 어떻게 움직이면 될까?

- 두 사람씩 짝이 되고 순서를 정한다.

: 옆 친구와 손을 잡아 보자. 손 잡은 친구와 짝꿍이 되는 거야.

: 어떻게 순서를 정할까? 순서대로 앉아 보자.

- 짝꿍이 된 친구들이 순서대로 나와서 비밀주머니에서 카드를 꺼내 카드 내용대로 움직여 본다.

: 두 친구가 두 개의 비밀주머니에서 카드를 한 장씩 꺼내 보자.

: 어떤 카드가 나왔니?

: '아주 느리게'와 '구르기'가 나왔구나. 아주 느리게 굴러 보자.

: 다른 친구들도 모두 같이 움직여 보자.

3) 평가 및 마무리

- 활동에 대한 생각이나 느낌을 이야기한다.

: 가장 표현하기 어려웠던 동작은 어떤 것이었니?

: 가장 재미있었던 동작은 어떤 것이었니?

활동 5 내 몸으로 공을 쳐요*

목표	누리과정 관련요소
• 공을 다루면서 신체의 협응력을 기른다. • 신체의 유연성과 순발력을 기른다.	• 신체운동 · 건강: 신체활동 즐기기 - 신체 움직임을 조절한다. • 예술경험: 창의적으로 표현하기 - 신체나 도구를 활용하여 움직임과 춤으로 자유롭게 표현한다.
창의 · 인성 관련 • 창의성: 동기적 요소 - 호기심, 흥미	

✿ 활동자료

공놀이 동영상 자료, 놀이용 공(탱탱볼)

✿ 활동방법

1) 도입

- 공놀이 동영상 자료를 보고 이야기 나눈다.

: 공으로 무엇을 하고 있니?

2) 전개

- 여러 가지 방법으로 공을 움직인다.

: 손으로 공을 쳐 볼까?

: 발로 공을 차 볼까?

: 친구가 던진 공을 잡아 볼까?

- 신체의 각 부분을 이용하여 공을 친다.

: 여러 가지 방법으로 공을 쳐 볼까?

: 내 몸의 어떤 부분으로 공을 칠 수 있을까?

: 공을 칠 수 있는 내 몸의 다른 부분을 찾아보자.

* 5세 누리과정 교사용 지도서『나와 가족』(pp. 38-39)에서 수정 · 발췌함.

- 유아들이 발견한 방법을 친구들에게 소개하거나 함께 따라 해 본다.

: ○○(이)가 소개한 방법을 함께 따라 해 볼까?

- 노래에 맞추어 공치기를 해 본다.

: '머리 어깨 무릎 발' 노래에 맞추어 공을 쳐 보자.

: 다른 노래에 맞추어 공을 쳐 볼까?

3) 평가 및 마무리

- 활동에 대한 생각이나 느낌을 이야기한다.

: 여러 가지 방법으로 공을 움직여 보았는데 어떤 동작이 재미있었니?

: 어려웠던 동작은 무엇이었니?

동작 감상하기

활동 6 피겨 스케이팅 감상하기

목표	누리과정 관련요소
• 피겨 스케이팅에 필요한 도구와 복장을 이해한다. • 감상 후의 느낌을 다양한 방법으로 표현할 수 있다.	• 신체운동 · 건강: 신체활동 즐기기 – 신체 움직임을 조절한다. • 예술경험: 예술 감상하기 – 다양한 예술을 감상하며 상상하기를 즐긴다.

창의 · 인성 관련
- 창의성: 동기적 요소 – 호기심, 흥미

✿ 활동자료

피겨 스케이팅 동영상 자료

✿ 활동방법

1) 도입

- 활동을 소개한다.

: 피겨 스케이팅에 대해 들어 본 적 있니? 피겨 스케이팅을 하려면 무엇이 필요할까?

: 김연아 선수에 대해 들어 본 적 있니?

: 오늘은 김연아 선수의 피겨 스케이팅 모습을 감상해 보자.

2) 전개

- 동영상 자료를 보여 준다.

: 피겨 스케이팅을 할 때의 모습이 어떤지 생각하여 감상해 보자.

- 피겨 스케이팅을 본 느낌을 이야기한다.
  : 피겨 스케이팅을 본 느낌이 어떠니?
  : 어떤 모습이 가장 기억에 남니?
  : 다리의 동작은 어땠니?
  : 팔의 움직임은 어땠니?
- 동작을 표현해 본다.
  : 가장 표현해 보고 싶은 동작을 표현해 보자.

3) 평가 및 마무리

- 활동에 대한 느낌을 이야기한다.
  : 피겨 스케이팅을 감상하면서 어떤 느낌이 들었니?
  : 기억에 남는 동작을 표현해 볼 때 어떤 느낌이 들었니?

표현 동작하기

활동 7 가족을 표현해 봐요

목표	누리과정 관련요소
• 가족 구성원의 역할을 안다. • 신체를 이용하여 가족의 움직임을 표현해 본다.	• 신체운동 · 건강: 신체활동 즐기기 - 실내외 신체활동에 자발적으로 참여한다. • 예술경험: 창의적으로 표현하기 - 신체나 도구를 활용하여 움직임과 춤으로 자유롭게 표현한다.

창의 · 인성 관련
- 창의성: 인지적 요소 - 사고의 확장
- 인성: 배려 - 친구에 대한 배려, 가족에 대한 배려

✿ 활동자료

가족 구성원이 그려진 그림카드, 노랫말판

✿ 활동방법

1) 도입

- 활동을 소개한다.

: 어제 배웠던 '우리 식구'라는 노래를 불러 보자.

: 오늘은 이 노래로 동작활동을 할 거란다.

2) 전개

- 그림카드를 보며 가족 구성원의 역할을 동작으로 표현해 본다.

: 아빠(엄마, 언니, 오빠)를 동작으로 표현한다면 어떻게 표현하면 좋을까?

: 모두 일곱 식구인데 노랫말에 안 나온 가족이 누가 있을까? 어떻게 표현할

까?

- 원대형으로 만들어 후렴구 부분에 동작을 표현해 본다.

: '우리 식구' 노래를 부르면서 원으로 돌다가 '이럭저럭 이럭저렇게' 부분이 나오면 가족의 역할에 대한 동작을 표현해 보자.

3) 평가 및 마무리

- 활동에 대한 생각이나 느낌을 이야기한다.

: 가족 구성원 중 누구를 표현해 보았니? 무엇을 하는 동작이었니?

우리 식구

안희옥 작사/외국 곡

출처: 이은화, 김순세(1978). 어린이 춤곡. 형설출판사.

활동 8 제일 좋아요

목표	누리과정 관련요소
• 언어에 리듬을 섞어 읽어 가면서 언어의 사용과 이해력을 넓힌다. • 리듬에 따라 소근육을 사용한다.	• 신체운동 · 건강: 신체활동 즐기기 - 신체를 인식하고 움직인다. • 예술경험: 창의적으로 표현하기 - 신체나 도구를 활용하여 움직임과 춤으로 자유롭게 표현한다.

창의 · 인성 관련
- 창의성: 인지적 요소 - 사고의 확장
- 인성: 배려 - 친구에 대한 배려, 가족에 대한 배려

✿ 활동방법

1) 도입

- 활동을 소개한다.

: 오늘은 '제일 좋아요'라는 손유희를 배워 보도록 하자.

2) 전개

- 유아에게 손유희를 소개한다.

: 선생님이 먼저 손유희를 해 볼게. 잘 보자.

- 유아와 함께 손유희를 해 본다.

: 선생님이 하는 손유희를 보면서 모두 함께 따라 해 보자.

3) 평가 및 마무리

- 활동에 대한 생각이나 느낌을 이야기한다.

: 오늘 새로운 손유희를 배웠는 데 어려운 점은 무엇이었니?

: 어느 부분이 제일 재미있었니?

: 동작을 바꾸어 보고 싶은 부분이 있었니?

4) 확장활동

- 손유희가 익숙해지면 유아와 함께 손유희를 새롭게 바꾸어 본다.

빨간 사과가 말하기를 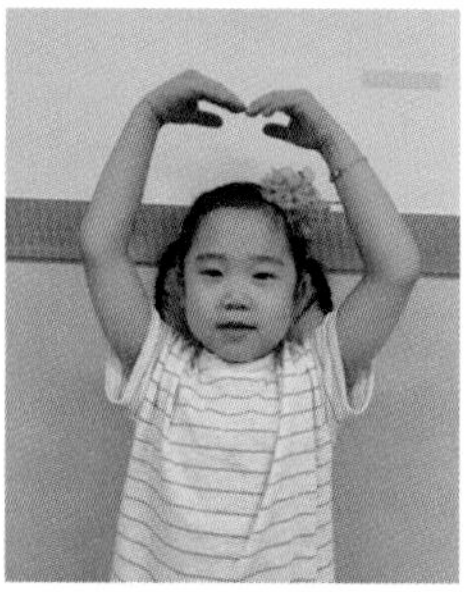 양손을 머리 위로 올려 둥글게 만든다.	나는 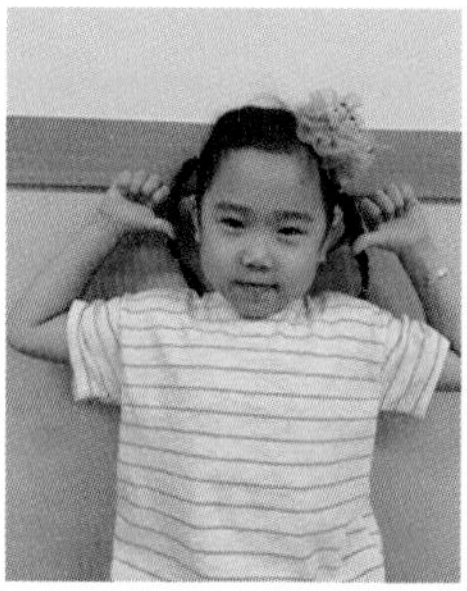 양쪽 엄지손가락으로 자기 자신을 가리킨다.	부지런한 아이가 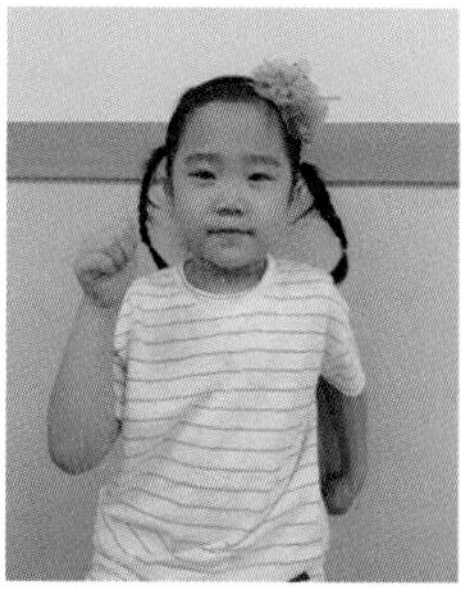 양손을 주먹 쥐며 달려가는 흉내를 낸다.
제일 좋아요 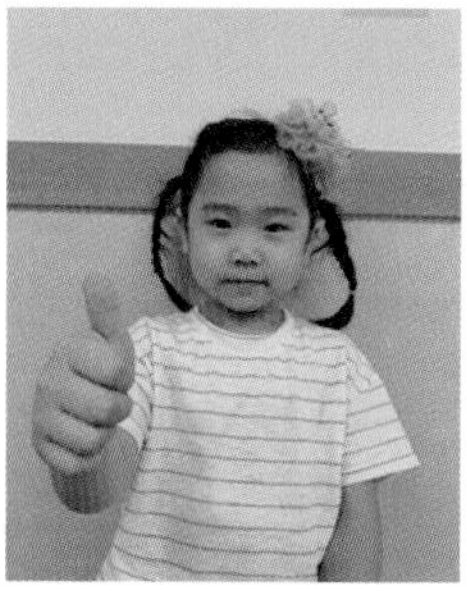 왼손의 엄지손가락을 펴서 앞으로 쭉 팔을 뻗는다.	노란 귤이 말하기를  양손을 동그랗게 오므려 작은 원을 만든다.	나는 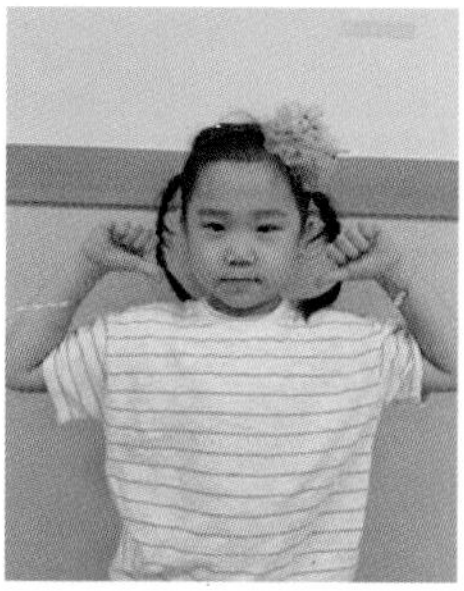 양쪽 엄지손가락으로 자기 자신을 가리킨다.
방글방글 웃는 아이가 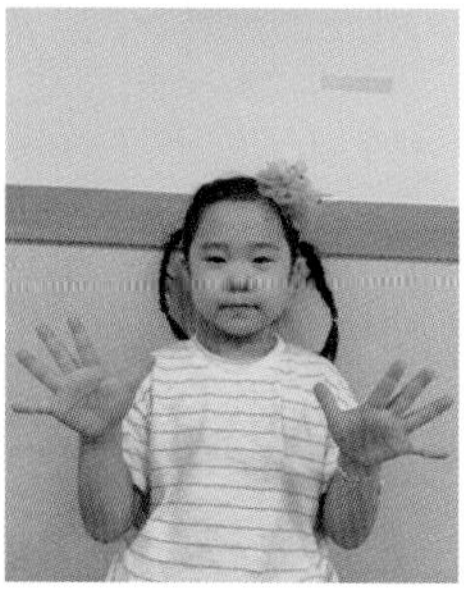 양쪽 손바닥을 펴서 좌우로 흔들며, 방글방글 웃는다.	제일 좋아요 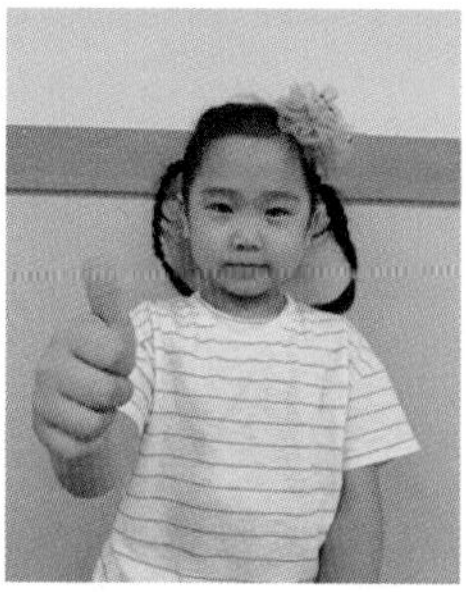 왼손의 엄지손가락을 펴서 앞으로 쭉 팔을 뻗는다.	시원한 배가 말하기를 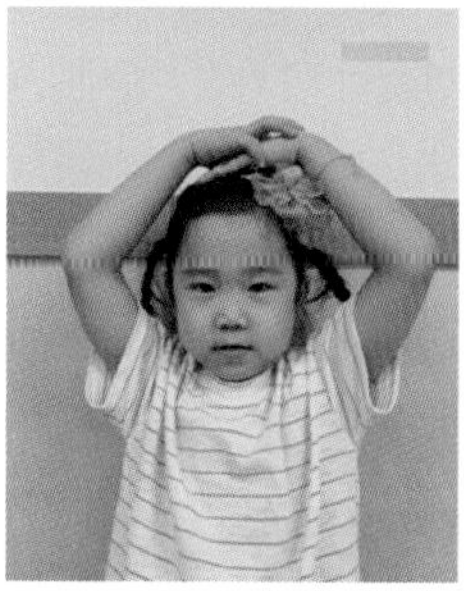 양손을 머리 위로 올려 둥글게 만든다.

나는

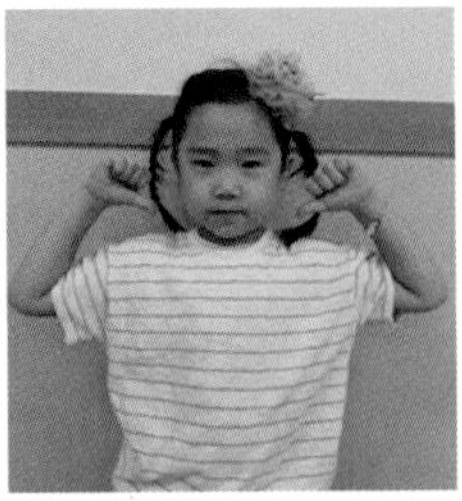

양쪽 엄지손가락으로
자기 자신을 가리킨다.

튼튼한 아이가

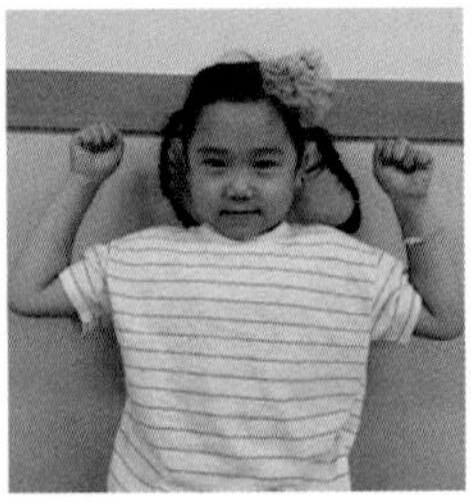

양손 주먹을 불끈 쥐고 어깨
높이에서 아래위로 흔든다.

제일 좋아요

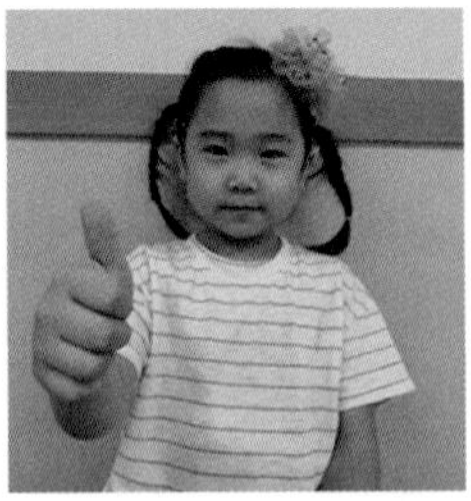

왼손의 엄지손가락을 펴
앞으로 쭉 팔을 뻗는다.

딴딴한 밤이 말하기를

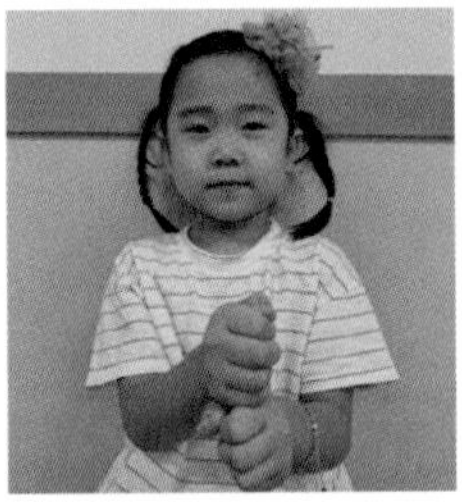

양손을 주먹 쥐고 겹쳐서
올린다.

나는

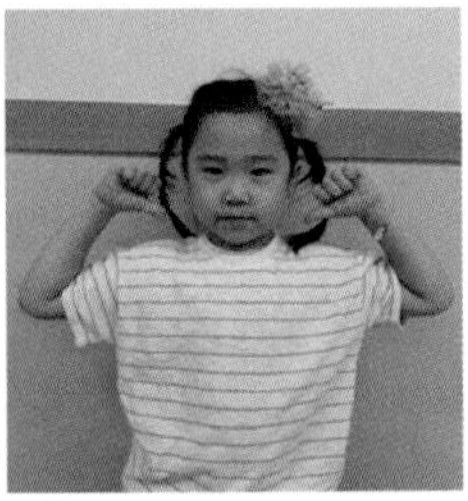

양쪽 엄지손가락으로
자기 자신을 가리킨다.

싸우지 않는 아이가

양손을 주먹 쥐고
서로 맞부딪친다.

제일 좋아요

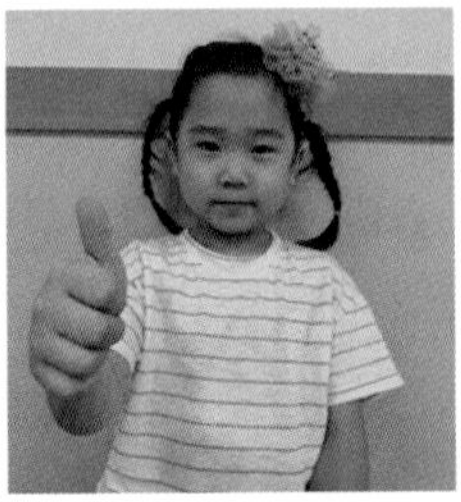

왼손의 엄지손가락을 펴
앞으로 쭉 팔을 뻗는다.

말랑말랑한 감이 말하기를

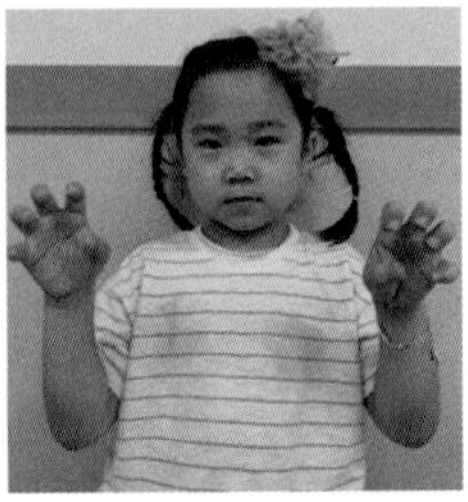

양손을 펴서 가볍게
조물조물한다.

나는

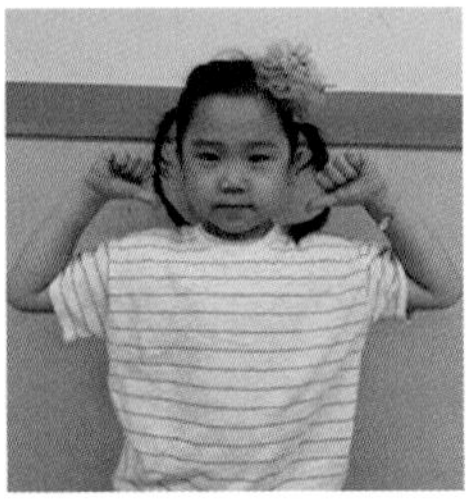

양쪽 엄지손가락으로
자기 자신을 가리킨다.

정직한 아이가

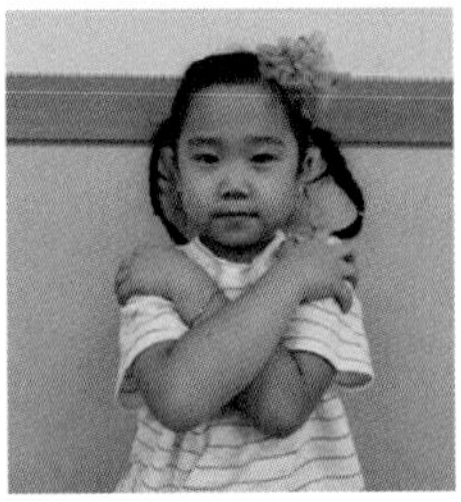

양손을 가슴에 대어 포갠다.

제일 좋아요

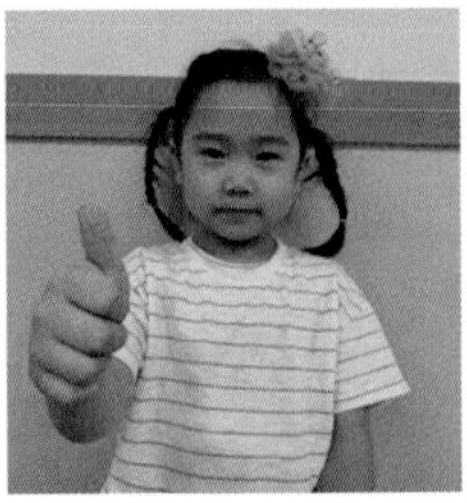

왼손의 엄지손가락을 펴서
앞으로 쭉 팔을 뻗는다.

활동 9 춤추는 국수

목표	누리과정 관련요소
• 신체를 다양하게(팽팽하게 혹은 느슨하게) 움직일 수 있다. • 국수의 움직임을 창의적으로 표현할 수 있다.	• 신체운동 · 건강: 신체활동 즐기기 - 신체 움직임을 조절한다. • 예술경험: 창의적으로 표현하기 - 신체나 도구를 활용하여 움직임과 춤으로 자유롭게 표현한다. 예술 감상하기 - 다양한 예술을 감상하며 상상하기를 즐긴다.

창의 · 인성 관련
- 창의성: 인지적 요소 - 사고의 확장
  동기적 요소 - 호기심, 흥미
- 인성: 존중 · 협력

✿ 활동자료

캠코더, 국수 삶는 요리활동 그림 자료, 음악 자료

✿ 활동방법

1) 도입

- 오늘의 활동을 소개한다.

: 오늘은 '춤추는 국수'라는 활동을 할 거야.

2) 전개

- 국수가 삶아지는 과정의 변화에 대해 이야기한다.

: 어제 국수 요리를 해 보았는데 처음에 국수가 어떤 모양이었니?

: 끓는 물에 들어가서는 어떻게 되었니?

- 국수의 변화 과정을 앉은 상태에서 팔을 이용해 표현해 본다.

: 삶기 전 국수는 어떤 모습일까? 팔을 이용하여 표현해 보자.

: 끓는 물에 들어간 국수는 어떤 모습일까?

: 찬물에 헹궈진 국수는 어떤 모습일까?

- 선생님의 이야기와 음악을 들으며 온몸으로 표현해 본다.
: 선생님이 들려주는 이야기와 음악을 들으며 몸으로 표현해 보자.
: 끓는 물속에 들어간 국수는 몸이 부드러워지기 시작했어요. 음악에 맞추어 멋진 춤을 추네요. 구부러지고, 흔들리고, 빙빙 돌고, 아래위로 오르락 내리락 하네요.
- 표현 과정을 캠코더로 촬영하며 함께 감상한다.
: 국수가 삶아지는 모양을 표현한 것을 감상해 보자.

3) 평가 및 마무리
- 국수가 삶아지는 과정을 몸으로 표현한 느낌을 이야기한다.
: 국수의 여러 가지 모습을 몸으로 표현해 보니 느낌이 어떠니?
: 친구들의 모습을 촬영한 것을 보니 어떤 느낌이 드니?

1. 춤추는 국수

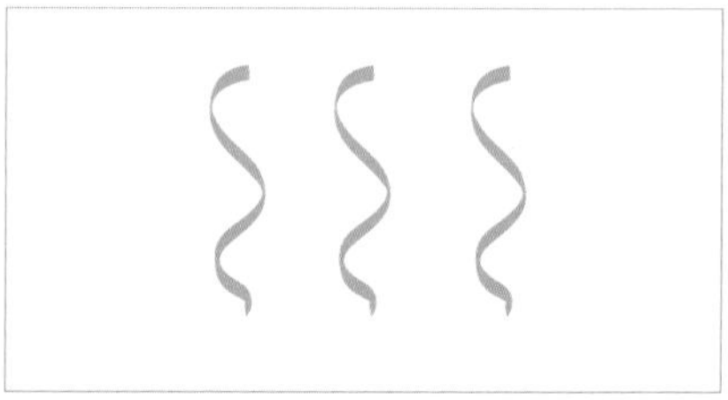
2. 흔들리고

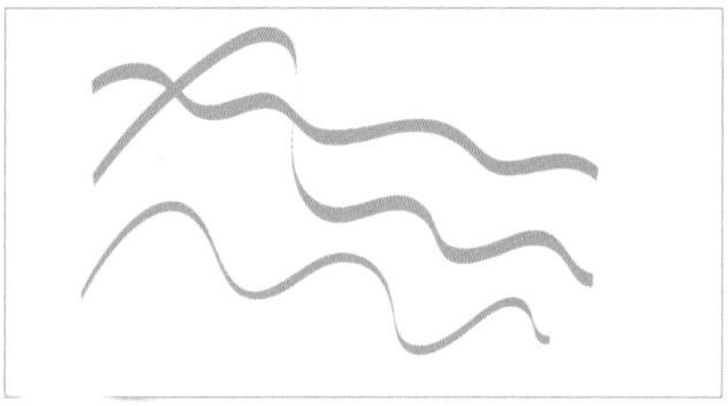
3. 뛰어오르고

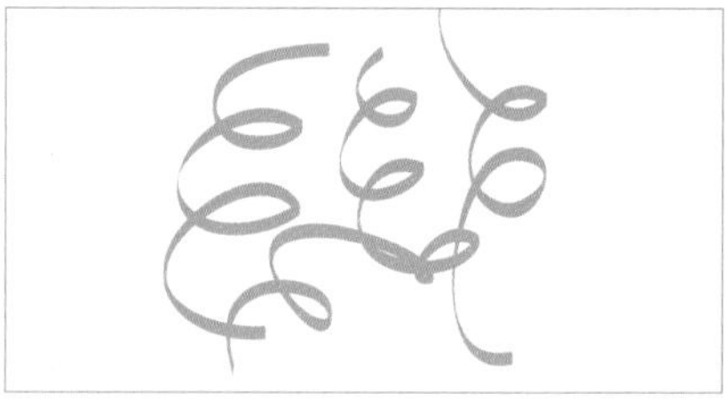
4. 빙빙 놀고

5. 아래, 위, 양옆으로

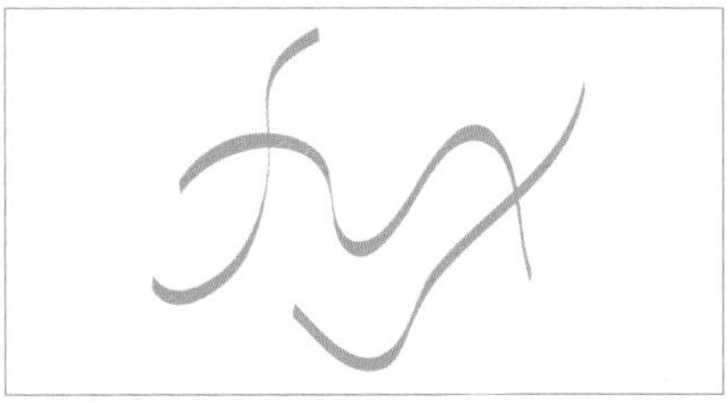

6. 느슨해지고

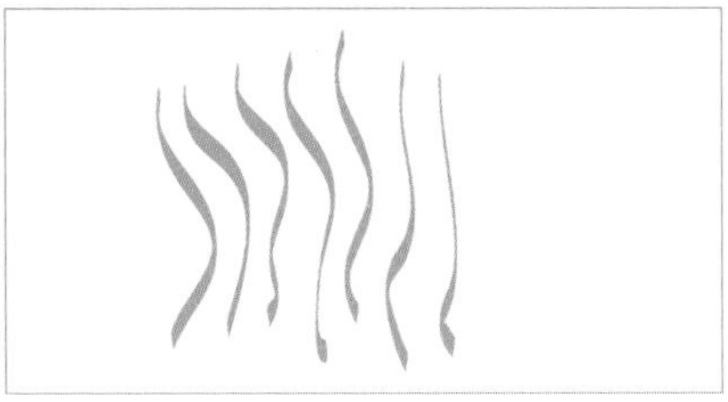

7. 찬물에 샤워해요

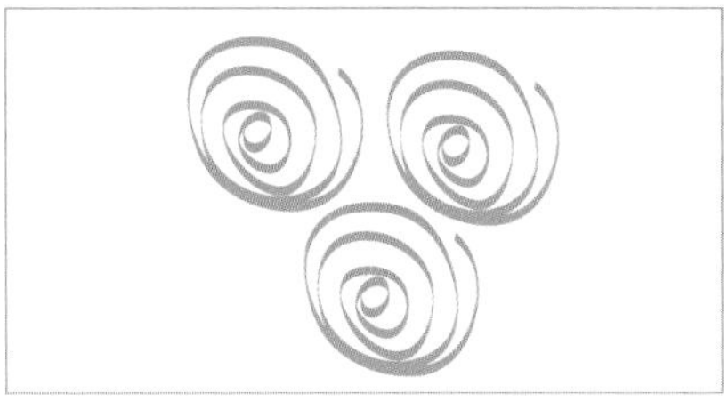

8. 예쁜 모양으로 그릇에 놓아요

활동 10 나를 소개합니다

목표	누리과정 관련요소
• 신체를 통한 창의적 표현력을 기른다. • 신체를 이용하여 다양한 움직임을 할 수 있다. • 자신에 대한 소개를 몸으로 표현하며 익힌다.	• 신체운동 · 건강: 신체활동 즐기기 – 신체를 인식하고 움직인다. 신체활동 즐기기 – 신체 움직임을 조절한다. • 예술경험: 창의적으로 표현하기 – 신체나 도구를 활용하여 움직임과 춤으로 자유롭게 표현한다.
창의 · 인성 관련 • 창의성: 인지적 요소 – 사고의 확장 동기적 요소 – 호기심, 흥미 • 인성: 존중 – 자신과 전통문화에 대한 존중	

✿ 활동자료

'나를 소개합니다' 소개판(나는 ○○○입니다, 나는 ○○에 살아요, 나는 ○○하는 일을 좋아해요, 나는 ○○을/를 아주 잘한답니다)

✿ 활동방법

1) 도입

– '나를 소개합니다' 소개판을 이용하여 자기소개를 해 본다.

– 교사가 신체를 자유롭게 움직여 자기소개를 하고 활동을 소개한다.

: 오늘은 선생님이 몸의 윗부분만을 움직여서 선생님을 소개해 보려고 해. 선생님이 어떻게 표현하는지 잘 보자.

2) 전개

– 신체를 이용하여 자기소개를 해 본다.

: 선생님이 보여 준 것처럼 팔만 사용하여 이름을 말하면서 자기를 소개해 보자.

: 친구의 이름을 나타내는 동작을 따라 해 보자.

: 이번에는 몸 전체를 사용하여 자기 이름을 말하면서 표현해 보자.

: 친구가 한 것을 다 함께 해 보자.

3) 평가 및 마무리

- 활동에 대한 생각이나 느낌을 이야기한다.

: 몸을 반만 움직이며 자기소개를 했는데 어려운 점은 무엇이었니?

: 친구들이 자기소개를 한 것 중에 기억나는 동작은 어떤 것이 있니?

활동 11 내가 좋아하는 운동경기

목표	누리과정 관련요소
• 신체를 통한 창의적 표현력을 기른다. • 신체를 이용하여 다양한 움직임을 할 수 있다. • 좋아하는 운동의 종목과 좋아하는 이유를 몸으로 표현해 본다.	• 신체운동 · 건강: 신체활동 즐기기 - 신체를 인식하고 움직인다. 신체활동 즐기기 - 신체 움직임을 조절한다. • 예술경험: 창의적으로 표현하기 - 신체나 도구를 활용하여 움직임과 춤으로 자유롭게 표현한다.

창의 · 인성 관련
- 창의성: 인지적 요소 - 사고의 확장
  동기적 요소 - 호기심, 흥미
- 인성: 존중 - 자신과 전통문화에 대한 존중

✿ 활동자료

'내가 좋아하는 운동경기' 소개판(나는 ○○경기를 좋아해요, 왜냐하면 ○○하기 때문이에요)

✿ 활동방법

1) 도입

- 운동경기에 대해 이야기 나눈다.

: 너희들이 알고 있는 운동경기에는 어떤 것들이 있니?

: 어떤 운동경기를 가장 좋아하니? 왜 좋아하니?

2) 전개

- 몸을 이용하여 좋아하는 운동경기와 좋아하는 이유를 표현해 본다.

: 좋아하는 운동경기 이름과 좋아하는 이유를 말하면서 몸 전체를 움직여 표현해 보자.

: 친구가 소개해 준 움직임을 따라 해 보자.

3) 평가 및 마무리

- 활동에 대한 생각이나 느낌을 이야기한다.

: 자기가 좋아하는 운동경기를 몸으로 표현해 보았는데 활동하면서 어떤 동작이 재미있었니?

: 친구들이 소개한 운동경기 중 어려웠던 동작은 무엇이었니?

주제

3. 계절

기본운동 동작하기

활동 1 꽃들을 찾아다녀요
활동 2 개구리처럼 멀리 뛰어요
활동 3 우리 몸을 반만 움직여 봐요
활동 4 따뜻한 이불 속

동작 감상하기

활동 5 왈츠 감상
활동 6 강강술래 감상하기

표현 동작하기

활동 7 민들레 씨앗 되어 보기
활동 8 여름의 소리
활동 9 낙엽의 여행
활동 10 나비가 되어 보자
활동 11 겨울잠 자는 동물 표현하기
활동 12 굴속의 곰

기본운동 동작하기

활동 1 꽃들을 찾아다녀요

목표	누리과정 관련요소
• 규칙을 이해하고 지킨다. • 신체조절능력을 기른다. • 지시에 따라 걷기와 뛰기를 할 수 있다.	• 신체운동 · 건강: 신체활동 즐기기 - 신체 움직임을 조절한다. • 예술경험: 아름다움 찾아보기 - 예술적 요소에 관심을 갖고 찾아본다. • 자연탐구: 자연과 더불어 살기 - 주변의 동식물에 관심을 가진다.

창의 · 인성 관련
- 창의성: 성향적 요소 - 개방성
- 인성: 존중 - 생명과 환경에 대한 존중

✿ 활동자료

노랫말판(노랫말 위에 색깔 스티커가 붙어 있는 노랫말판), 여러 가지 색의 모양 발판

✿ 활동방법

1) 도입

- 준비한 자료를 보며 활동을 소개한다.

: 노랫말판을 보며 '나비야' 노래를 함께 불러 보자.

: 노래 가사 위에 어떤 색깔 스티커가 붙어 있니?

: 교실 바닥에 어떤 색깔의 동그라미들이 붙어 있니?

: 오늘은 우리가 나비가 되어 노래를 부르며, 노랫말판 위의 색깔 스티커와 같은 색깔의 발판을 찾아다니는 활동을 할 거야.

2) 전개

- 색깔 스티커와 같은 색깔의 발판을 찾아본다.
  : 노랫말판의 빨간 스티커와 같은 발판을 찾아 걸어 보자.
  : 노랫말판의 빨간 스티커와 같은 발판을 찾아 뛰어 보자.
- 노래를 부르며 활동을 한다.
  : 노래에 맞추어 같은 색깔의 스티커 위로 걸어 다녀 보자.
  : 노랫말판 위의 스티커 색과 같은 색의 스티커를 찾아 천천히(빠르게) 걸어 다녀 보자.
  : 노랫말판 위의 스티커 색과 같은 색의 스티커를 찾아 두 발 모아 뛰어 보자.
  : 노랫말판 위의 스티커 색과 같은 색의 스티커를 찾아 빠르게 두 발 모아 뛰어 보자.

3) 평가 및 마무리

- 활동에 대한 생각이나 느낌을 이야기한다.
  : 색깔을 찾아 뛰어 보는 활동에서 재미있던 점은 무엇이었니?
  : 이 활동을 하면서 어려웠던 점은 무엇이었니?

〈노랫말판〉

활동 2 개구리처럼 멀리 뛰어요

목표	누리과정 관련요소
• 개구리의 움직임을 안다. • 멀리 뛰는 능력을 기른다. • 높이와 거리를 조절하며 움직여 본다.	• 신체운동 · 건강: 신체활동 즐기기 - 신체 움직임을 조절한다. • 예술경험: 아름다움 찾아보기 - 예술적 요소에 관심을 갖고 찾아본다. • 자연탐구: 자연과 더불어 살기 - 주변의 동식물에 관심을 가진다.
창의 · 인성 관련 • 창의성: 성향적 요소 - 독립성	

✿ 활동자료

매트, 개구리 머리띠

✿ 활동방법

1) 도입

- 개구리 막대 인형을 보며 이야기 나눈다.
  : 개구리가 뛰는 모습을 본 적이 있니?
  : 누가 나와서 개구리처럼 멀리 뛰어 보자.
- 다양한 방법의 멀리 뛰기 방법에 대해 생각해 보고 실제로 해 본다.
  : 개구리처럼 두 발을 모아서 멀리뛰기를 하려면 어떻게 해야 할까?
  : 뛰어서 더 멀리 가려면 어떻게 해야 할까?

2) 전개

- 멀리뛰기를 안전하게 할 수 있는 방법에 대해 이야기 나눈 후 규칙을 정한다.
  : 멀리뛰기를 할 때 친구와 부딪히지 않으려면 어떻게 해야 할까?
  : 멀리뛰기를 할 때 필요한 규칙에 대해 이야기해 보자.

- 개구리 머리띠를 하고 지시에 따라 멀리뛰기를 한다.
: 너희가 개구리가 되었다고 생각하고 멀리뛰기를 해 보자.
: 개구리가 되어 높게(낮게) 펄쩍 뛰어 보자.
: 개구리가 되어 최대한 멀리(아주 가까이) 뛰어 보자.

3) 평가 및 마무리

- 활동에 대한 생각이나 느낌을 이야기한다.
: 너희가 개구리가 되어 멀리뛰기를 해 보니 어땠니?
: 이 활동을 하면서 어떤 점이 재미있었니?
: 어려웠던 점은 무엇이었니?

활동 3 우리 몸을 반만 움직여 봐요

목표	누리과정 관련요소
• 지시에 따라 신체를 움직인다. • 신체조절능력을 기른다.	• 신체운동 · 건강: 신체활동 즐기기 - 신체를 인식하고 움직인다. 신체활동 즐기기 - 신체 움직임을 조절한다. 신체활동 즐기기 - 실내외 신체활동에 자발적으로 참여한다.

창의 · 인성 관련

- 창의성: 인지적 요소 - 사고의 확장, 문제해결력
  성향적 요소 - 독립성
- 인성: 협력 - 개인적 책임감

✿ 활동방법

1) 도입

- 활동을 소개한다.

: 오늘은 우리 몸을 반만 움직여 보는 활동을 할 거야.

: 우리 몸을 꽁꽁 언 얼음이라고 상상해 보자.

2) 전개

- 몸의 상체를 사용하여 다양하게 움직인다.

: 얼음처럼 꽁꽁 언 우리 몸이 윗부분부터 녹는 모습을 표현해 보자.

: 머리 부분만 녹았을 때 어떻게 움직일 수 있는지 표현해 보자.

: 어깨까지 녹았을 때 어떻게 움직일 수 있는지 표현해 보자.

: 팔까지 녹았을 때 어떻게 움직일 수 있는지 표현해 보자.

: 허리까지 녹았을 때 어떻게 움직일 수 있는지 표현해 보자.

- 몸의 하체를 사용하여 다양하게 움직인다.

: 얼음처럼 꽁꽁 언 우리 몸이 아랫부분부터 녹는 모습을 표현해 보자.

: 발만 녹았을 때 어떻게 움직일 수 있는지 표현해 보자.

: 발부터 무릎까지 녹았을 때 어떻게 움직일 수 있는지 표현해 보자.

: 다리가 모두 녹았을 때 어떻게 움직일 수 있는지 표현해 보자.

: 엉덩이까지 녹았을 때 어떻게 움직일 수 있는지 표현해 보자.

3) 평가 및 마무리

- 활동에 대한 생각이나 느낌을 이야기한다.

: 너희가 얼음이 되었다고 생각하고 표현해 보니 어땠니?

: 이 활동을 하면서 어떤 점이 재미있었니?

: 어려웠던 점은 무엇이었니?

활동 4 따뜻한 이불 속*

목표	누리과정 관련요소
• 신체를 인식하고 다양하게 움직일 수 있다. • 동화를 듣고 내용을 이해한다.	• 신체운동 · 건강: 신체활동 즐기기 - 신체를 인식하고 움직인다. 신체활동 즐기기 - 실내외 신체활동에 자발적으로 참여한다. • 의사소통: 듣기와 말하기 - 말이나 이야기를 관심 있게 듣는다. 책과 이야기 즐기기 - 책에 관심을 가지고 상상하기를 즐긴다.
창의 · 인성 관련 • 창의성: 인지적 요소 - 사고의 확장 • 인성: 협력 - 긍정적인 상호 의존성	

✿ 활동자료

동화 '따뜻한 이불 속'(이금구), 2m×2m 정도의 얇고 따뜻한 면 이불

✿ 활동방법

1) 도입

- 추운 겨울의 아침 모습에 대해 이야기를 나눈다.

: 오늘 아침 날씨는 어땠니?

: 아침에 잠에서 깨었을 때 이불 속은 어땠니?

: 따뜻한 이불 속에서 너희는 무엇을 하니?

- 플래시 동화 '따뜻한 이불 속'을 감상한다.

: '따뜻한 이불 속'이란 동화를 들려줄 테니 어떤 일이 일어났는지 잘 들어 보자.

* 3세 누리과정 교사용 지도서『봄 · 여름 · 가을 · 겨울』(pp. 224-227)에서 수정 · 발췌함.

따뜻한 이불 속

이금구

찬바람 소리가 창문 너머로 '휘이잉' 들려오는 겨울날 아침이었어요.
엄마는 "다윤아~ 하늘에 햇님이 환한 아침이야! 일어나야지~" 하셨어요.
하지만 다윤이는 노랗고 따뜻한 이불 속에서 나오고 싶지 않았어요.
따뜻한 이불 속에서 몸을 공처럼 웅크리고, 발가락만 꼼지락꼼지락.
따뜻한 이불 속에서 두 팔만 뻗어 쭈욱쭈욱.
따뜻한 이불 속에서 한 발을 살며시 뻗으니 발가락이 쏘오옥~
따뜻한 이불 속에서 웃음이 나와 다른 한쪽 발을 위로 쑤우욱~
따뜻한 이불 속에서 하늘을 나는 독수리처럼 팔락팔락.
따뜻한 이불 속에서 엉덩이를 들고 엉금엉금.
어느새 따뜻한 이불은 스르륵 미끄러져 버렸어요.
"엄마, 이제 몸이 따뜻해졌어요! 따뜻한 이불은 밤에 쓸래요!"
다윤이는 아침 햇살처럼 환하게 웃으며 엄마에게 뛰어와 안겼답니다.

2) 전개

- 동화를 다시 보며 유아가 동화 속에서 나오는 동작을 따라 해 보도록 한다.
: 동화 속 다윤이는 아침에 눈을 뜨고 제일 먼저 따뜻한 이불 속에서 어떻게 했니?
: 동화에서 나오는 다윤이의 몸짓을 따라 해 볼까?
- 유아에게 준비한 이불을 소개하고 이불 속에 있는 유아의 몸짓을 맞혀 본다.
: 선생님이 동화 속 이불처럼 따뜻한 이불을 준비했는데, 이 속에 친구들이 들어가서 어떤 몸짓을 할 거야. 그러면 우리가 한번 맞혀 보자.
: 누가 먼저 해 보고 싶니?
: ○○(이)가 따뜻한 이불 속에서 어떻게 하고 있는 것 같니?

3) 평가 및 마무리

- 활동에 대한 생각이나 느낌을 이야기한다.

: 다윤이는 이불 속에서 어떤 동작을 했었니?

: 친구들과 이불 속 몸짓 수수께끼 놀이를 해 보니 어떠니?

: 어떤 몸짓이 가장 재미있었니?

: 이불 속에서 또 해 보고 싶은 동작은 무엇이니?

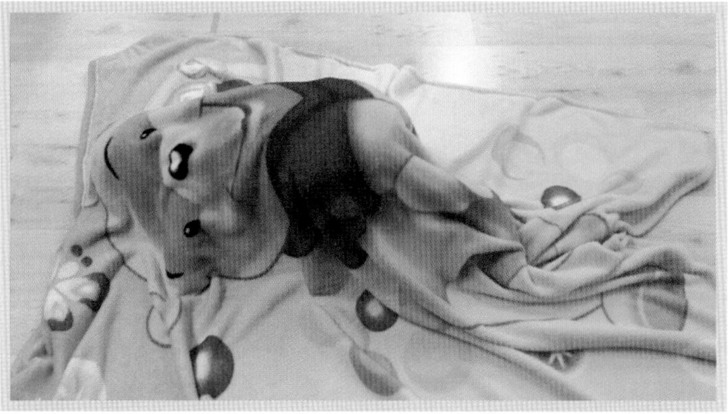

동작 감상하기

활동 5 왈츠 감상

목표	누리과정 관련요소
• 바르게 감상하는 태도를 기른다. • 자신의 느낌을 언어와 몸으로 표현한다.	• 예술경험: 아름다움 찾아보기 - 예술적 요소에 관심을 갖고 찾아본다. 예술 감상하기 - 서로 다른 예술 표현을 존중한다. • 의사소통: 듣기와 말하기 - 자신의 경험, 느낌, 생각을 말한다.

창의 · 인성 관련

- 창의성: 성향적 요소 - 개방성
  동기적 요소 - 몰입
- 인성: 협력 - 긍정적인 상호 의존성, 집단 협력
  존중 - 다른 사람과 다른 문화에 대한 존중

✿ 활동자료

'봄의 소리 왈츠' 동영상 자료, 요한 슈트라우스 2세의 '봄의 소리 왈츠'

✿ 활동방법

1) 도입

- 왈츠에 대해 소개한다.

: 왈츠를 들어 본 적 있니?

: 왈츠는 3/4 박자의 왈츠 곡에 맞추어 딛고 미끄러지고 서로 안고 도는 춤이야. 어떻게 추는 춤인지 동영상을 보면서 알아보자.

2) 전개

- '봄의 소리 왈츠' 동영상을 감상한다.

: 선생님이 보여 주려고 하는 왈츠의 제목은 '봄의 소리 왈츠'야.

: 왈츠를 추는 모습이 어떤지 잘 생각하면서 왈츠를 감상해 보자.

- 왈츠의 동작에 대해 이야기 나눈다.

: 왈츠를 보니 어떤 느낌이 들었니?

: 춤의 동작 중 기억나는 것은 무엇이니?

- '봄의 소리 왈츠' 동영상을 다시 한번 감상한다.

: '봄의 소리 왈츠' 동영상을 다시 한번 보여 줄 테니 우리 친구들이 이야기 한 춤동작이 어떻게 표현되었는지 생각하면서 감상해 보자.

- 음악을 들으면서 두 명씩 짝을 지어 왈츠를 춰 본다.

: 음악에 맞추어 왈츠를 춰 볼 수 있니?

: 두 명씩 짝을 지어 보자.

: 음악을 들으면서 왈츠를 춰 보자.

3) 평가 및 마무리

- 활동에 대한 생각이나 느낌을 이야기한다.

: 음악에 맞추어 왈츠를 춰 보니 어떤 느낌이 드니?

: 왈츠를 추면서 좋았던 점, 재미있던 점, 어려웠던 점은 무엇이었니?

활동 6 강강술래 감상하기

목표	누리과정 관련요소
• 강강술래의 의미와 유래를 안다. • 강강술래를 경험한다.	• 예술경험: 아름다움 찾아보기 - 예술적 요소에 관심을 갖고 찾아본다. 예술 감상하기 - 우리나라 전통 예술에 관심을 갖고 친숙해진다. • 의사소통: 듣기와 말하기 - 자신의 경험, 느낌, 생각을 말한다.

창의 · 인성 관련
- 창의성: 동기적 요소 - 몰입
- 인성: 협력 - 긍정적인 상호 의존성

✿ 활동자료

'강강술래' 비디오 자료, '강강술래' 사진 자료

✿ 활동방법

1) 도입

- '강강술래' 사진을 보며 강강술래를 소개한다.

: 무엇을 하는 사진인 것 같니?

: 이렇게 둥글게 돌며 춤을 추는 것을 본 적이 있니?

: 이러한 춤을 강강술래라고 해. 강강술래는 1년 중 가장 달이 밝은 밤인 추석에 동쪽 하늘에 둥근 달이 떠오르기 시작하면 노래를 하면서 손과 손을 서로 잡고 둥근 원을 그리며 추는 춤이야. 처음에는 느린 가락으로 시작하다가 점점 노래 소리가 빨라지면서 춤도 빨라지고 나중에는 뛰는 것처럼 빨라지다가 다시 점차로 느려지면서 춤을 춘단다. 강강술래는 이순신 장군이 일본군에게 우리의 군사가 많다는 것을 보이기 위해서 마을에 있는 여자들에게 남자 복장을 시킨 후 옥매산(玉埋山)이라는 산을 돌게 하면서 시작된 거야.

2) 전개

- '강강술래'를 감상한다.

: 노래와 춤의 속도가 어떻게 변화되는지 생각하면서 감상해 보자.

- '강강술래'를 감상한 후 느낌을 이야기한다.

: 강강술래를 보니 어떤 느낌이 드니?

: 춤의 동작 중 기억나는 것은 무엇이니?

- '강강술래' 동영상을 다시 한번 감상한다.

: '강강술래' 동영상을 다시 한번 보여 줄 테니 우리 친구들이 이야기한 춤동작이 어떻게 표현되었는지 생각하면서 잘 감상해 보자.

- 음악을 들으면서 '강강술래'를 춰 본다.

: 음악에 맞추어 어떻게 강강술래를 춰 볼 수 있니?

: 나와서 '강강술래'를 춰 보자.

3) 평가 및 마무리

- 활동에 대한 생각이나 느낌을 이야기한다.

: 음악에 맞추어 강강술래를 춰 보니 어떤 느낌이 드니?

: 강강술래를 하면서 좋았던 점, 재미있던 점, 어려웠던 점은 무엇이었니?

표현 동작하기

활동 7 민들레 씨앗 되어 보기

목표	누리과정 관련요소
• 민들레 홀씨에 대해 관심을 갖고 탐색해 본다. • 신체를 이용하여 민들레 홀씨의 움직임을 다양하게 표현한다.	• 신체운동 · 건강: 신체활동 즐기기 - 실내외 신체활동에 자발적으로 참여한다. • 예술경험: 창의적으로 표현하기 - 신체나 도구를 활용하여 움직임과 춤으로 자유롭게 표현한다. • 자연탐구: 자연과 더불어 살기 - 주변의 동식물에 관심을 가진다.
창의 · 인성 관련 • 창의성: 성향적 요소 - 개방성 동기적 요소 - 호기심, 흥미	

✿ 활동자료

민들레 홀씨 날리는 동영상 자료, 이야기 자료

✿ 활동방법

1) 도입

- 민들레 홀씨 날리는 동영상을 보고 홀씨가 바람에 날아가는 모습에 대해 이야기 나눈다.

: 무엇을 보았니?

: 민들레 홀씨를 날려 본 적이 있니?

: 민들레 홀씨가 어떻게 날아갔니?

2) 전개

- 몸, 손, 다리 등 다양한 신체를 이용하여 홀씨가 날아가는 모습을 표현해 본다.

: 민들레 홀씨가 훨훨 나는 것을 몸으로 표현해 본다면 어떻게 표현해 보고 싶니?

: 위로 날아가는 모습을 어떻게 표현하면 좋을까?

: 이번에는 민들레 홀씨가 이리저리로 흔들리는 모습을 어떻게 표현하면 좋을까?

- 이야기를 들으면서 홀씨가 날아가는 모습을 표현해 본다.

: 선생님이 들려주는 이야기를 들으면서 우리 친구들이 민들레 홀씨가 되어 움직여 보자.

바람이 천천히 불어옵니다.
민들레가 천천히 고개를 듭니다.
몸이 조금씩 하늘로 올라갑니다.
점점 바람이 세게 붑니다.
몸이 이리저리로 흔들립니다.
민들레 홀씨가 위로 위로 올라갑니다.

3) 평가 및 마무리

- 신체를 이용해 민들레 홀씨의 움직임을 다양하게 표현하는지 평가한다.

: 우리 몸의 어느 부분을 이용하여 민들레 홀씨를 표현하였니?

- 활동에 대한 생각이나 느낌을 이야기한다.

: 활동을 하면서 좋았던 점, 재미있던 점, 어려웠던 점은 무엇이었니?

활동 8 여름의 소리

목표	누리과정 관련요소
• 여름에 들을 수 있는 다양한 소리에 관심 갖는다. • 소리를 듣고 연상되는 곤충이나 자연의 소리에 대해 상상할 수 있다. • 생각을 말과 동작으로 표현하는 능력을 기른다.	• 신체운동 · 건강: 신체활동 즐기기 - 실내외 신체활동에 자발적으로 참여한다. • 예술경험: 창의적으로 표현하기 - 신체나 도구를 활용하여 움직임과 춤으로 자유롭게 표현한다. • 자연탐구: 탐구과정 즐기기 - 주변 세계와 자연에 대해 지속적으로 호기심을 가진다. • 의사소통: 듣기와 말하기 - 자신의 경험, 느낌, 생각을 말한다.

창의 · 인성 관련
- 창의성: 성향적 요소 - 개방성
- 인성: 협력 - 긍정적인 상호 의존성

활동자료

여름에 들을 수 있는 곤충의 소리, 물소리 등의 자료

활동방법

1) 도입

- 녹음자료를 들려준 후 어떤 생각과 느낌이 나는지 이야기해 본다.

: 어떤 소리인 것 같니?

: 이 소리를 듣고 떠오르는 생각이나 느낌을 동작으로 표현할 수 있겠니?

2) 전개

- 소리를 듣고 떠오르는 생각과 느낌을 동작으로 표현해 본다.

: 소리를 다시 들려줄 테니 자기의 생각과 느낌을 자기 자리에서 동작으로 표현해 보자.

: 이번에는 공간을 이동하며 동작으로 표현해 보자.

- 표현한 동작에 대해서 이야기 나눈다.
  : 소리를 들으며 자신의 생각과 느낌을 동작으로 표현해 보았는데 무엇을 표현한 것인지 이야기해 볼까?
  : ○○(이)가 표현한 동작을 나와서 친구들에게 보여 줄 수 있겠니?
  : ○○은/는 ~~ 동작을 표현했는데 어떤 것 같니?
  : 또 다른 동작을 보여 줄 친구 있니?
- 다시 한번 소리를 듣고 떠오르는 생각과 느낌을 동작으로 표현해 본다.
  : 선생님이 소리를 다시 들려줄 테니 자기의 생각과 느낌을 자유롭게 동작으로 표현해 보자.

3) 평가 및 마무리

- 활동에 대한 생각이나 느낌을 이야기한다.
  : 활동을 하면서 좋았던 점, 재미있던 점, 어려웠던 점은 무엇이었니?

활동 9 낙엽의 여행

목표	누리과정 관련요소
• 낙엽의 움직임을 창의적으로 표현한다. • 신체 각 부분의 움직임을 조절해 본다. • 힘, 흐름, 시간의 요소를 경험한다.	• 신체운동 · 건강: 신체활동 즐기기 – 실내외 신체활동에 자발적으로 참여한다. • 예술경험: 창의적으로 표현하기 – 신체나 도구를 활용하여 움직임과 춤으로 자유롭게 표현한다. • 자연탐구: 탐구과정 즐기기 – 주변 세계와 자연에 대해 지속적으로 호기심을 가진다.
창의 · 인성 관련 • 창의성: 성향적 요소 – 개방성 • 인성: 존중 – 생명과 환경에 대한 존중	

✿ 활동자료

낙엽

✿ 활동방법

1) 도입

– 낙엽을 보며 다양한 낙엽의 모습에 대해 이야기를 나눈다.

: 나무에 달린 나뭇잎의 모습은 어떠니?

: 바람이 살랑살랑 불어올 때 나뭇잎의 움직임은 어떠니?

: 나뭇가지에 매달려 있다가 떨어지는 나뭇잎은 어떤 모습이니?

: 쌀쌀한 바람이 부는 추운 겨울이 오면 나뭇잎은 어떻게 움직일까?

: 바람이 아주 세게 불 때 나뭇잎은 어떻게 떨어질까?

: 바람이 불면 땅에 떨어진 나뭇잎은 어떻게 될까?

: 낙엽이 떨어질 때 어떤 소리를 내니?

– 활동을 소개한다.

: 오늘은 '낙엽의 여행'이라는 활동을 해 보자.

2) 전개

- 역할을 정한다.

: 누가 나무와 나뭇잎이 되어 볼까?

: 그래. ○○(이)가 나무가 되어 보자.

: 그래. △△, □□, ☆☆(이)가 나뭇잎이 되어 표현해 보자.

: ◇◇은/는 바람이 되어 표현해 보자.

- 낙엽의 모습을 다양하게 표현해 본다.

: 음악을 들으며 다양한 상황의 낙엽을 몸으로 표현해 보자.

: 나무에 달린 나뭇잎이 되어 보자.

: 나뭇가지에 매달려 있는 나뭇잎이 흔들리는 모습을 표현해 보자.

: 살랑살랑 천천히 떨어지는 나뭇잎이 되어 표현해 보자.

: 굴러가는 낙엽이 되어 보자.

: 떨어져서 멈췄다 굴러가고 또 멈췄다 굴러가는 나뭇잎이 되어 표현해 보자.

: 세찬 바람이 불어오면 낙엽이 어떻게 될까 표현해 보자.

: 세찬 바람이 불어와 여러 개의 나뭇잎이 뒹굴고 있단다. 어떻게 표현해 볼까?

: 각자 자기가 되고 싶은 낙엽이 되어 보도록 하자.

3) 평가 및 마무리

- 활동에 대한 생각이나 느낌을 이야기한다.

: 낙엽을 몸으로 표현해 보니 어떤 느낌이 드니?

활동 10 나비가 되어 보자

목표	누리과정 관련요소
• 신체를 이용하여 나비의 성장과정을 창의적으로 표현할 수 있다. • 신체조절능력을 기른다.	• 신체운동 · 건강: 신체활동 즐기기 - 실내외 신체활동에 자발적으로 참여한다. • 예술경험: 창의적으로 표현하기 - 신체나 도구를 활용하여 움직임과 춤으로 자유롭게 표현한다. • 자연탐구: 탐구과정 즐기기 - 주변 세계와 자연에 대해 지속적으로 호기심을 가진다.

창의 · 인성 관련

- 창의성: 성향적 요소 - 개방성
  동기적 요소 - 호기심, 흥미

✿ 활동자료

동화 '나비가 되기까지'(이화성)

✿ 활동방법

1) 도입

- '나비가 되기까지' 활동을 소개하고 동화를 들려준다.

: 오늘은 나비가 되는 과정을 몸으로 표현해 보는 활동을 해 볼 거야.

: 먼저, 이야기를 잘 들어 보자.

2) 전개

- 이야기의 내용을 몸으로 어떻게 표현할 수 있을지 이야기 나눈다.

: 처음에 어떤 이야기가 나왔니?

: 동그란 알은 어떻게 표현할 수 있을까?

: ○○은/는 동그란 알을 머리로 무릎에 붙이고 두 팔로 다리를 감싸서 표현했구나! 또 다른 방법은 무엇이 있을까? 등

(이하 생략)

- 나비가 되기까지의 과정을 몸으로 표현해 본다.

: 이야기를 처음부터 들려줄 테니 잘 듣고 우리 친구들이 생각한 것을 표현 해 보자.

: 나는 동그란 알이에요.

: 이제 알에서 나올 거예요. 머리로 톡톡 알을 깨요.

: 꿈틀꿈틀 애벌레가 되었어요.

: 맛있는 잎을 아삭아삭 먹어요.

: 아이 졸려, 배가 부른 애벌레는 번데기가 되었어요.

: 번데기에서 나와요. 영차! 영차!

: 멋진 나비가 되었어요.

: 예쁜 꽃을 찾아다녀요.

3) 평가 및 마무리

- 활동에 대한 생각이나 느낌을 이야기한다.

: 알이 나비가 되기까지의 과정을 몸으로 표현해 보니 어떤 느낌이 드니?

: 어떤 동작이 가장 기억에 남니?

나비가 되기까지

이화성

엄마 나비와 아빠 나비가 아름다운 꽃밭에서 결혼식을 했습니다. 얼마 후 엄마 나비는 나뭇잎 뒤에 조그맣고 예쁜 분홍색 알을 낳았어요. 하루가 지나고 이틀이 지나자 꿈틀꿈틀 알에서 애벌레가 나왔어요. "아이, 배고파." 오랫동안 알 속에 있었던 애벌레는 사각사각 알껍데기를 갉아 먹었어요. "응, 그래도 배고파. 옳지, 이 나뭇잎을 갉아먹어야겠다." 애벌레는 꿈틀거리며 초록빛 나뭇잎을 갉아먹기 시작했어요. "아, 이제 배부르다. 많이 먹었더니 키도 조금 자란 것 같다." "아휴! 졸려. 이제 잠 좀 자야겠다." 애벌레는 입에서 실을 뽑아 번데기가 되어 먹지도 놀지도 않고 깊고 깊은 잠이 들었어요.

한참 뒤 "아! 잘잤다." 애벌레는 번데기 속에서 얼굴을 내밀었어요. 그런데 이게 웬일일까요? 번데기 속에서 잠을 자던 애벌레는 이제 예쁜 나비가 되었어요. "우와, 나도 이제 엄마처럼 날개가 있는 나비가 되었구나!" "나도 이제 하늘을 훨훨 날고, 꿀도 실컷 빨아먹을 수 있어!" 나비가 된 애벌레는 이 꽃 저 꽃을 찾아다니며 행복해했답니다.

활동 11 겨울잠 자는 동물 표현하기

목표	누리과정 관련요소
• 신체를 통해 동물의 모습을 나타낸다. • 동물의 특징에 대해 안다.	• 신체운동 · 건강: 신체활동 즐기기 - 실내외 신체활동에 자발적으로 참여한다. • 예술경험: 창의적으로 표현하기 - 신체나 도구를 활용하여 움직임과 춤으로 자유롭게 표현한다. • 자연탐구: 탐구과정 즐기기 - 주변 세계와 자연에 대해 지속적으로 호기심을 가진다.
창의 · 인성 관련 • 창의성: 성향적 요소 - 개방성 동기적 요소 - 호기심, 흥미	

✿ 활동자료

겨울잠을 자는 동물의 깨어 있는 모습과 잠자는 사진이나 그림 자료, 동화『어떻게 잠을 잘까요』(야브우치 마사유키, 2006, 한림출판사)

✿ 활동방법

1) 도입

-『어떻게 잠을 잘까요』 책을 보면서 동물들이 잠자는 모습을 함께 본다.

: 겨울잠을 자는 동물들이 어떤 모습으로 자는지 생각하며 함께 책을 보자.

- 오늘의 활동을 소개한다.

: 오늘은 겨울잠 자는 동물들을 표현해 보는 활동을 해 보자.

2) 전개

- 겨울잠을 자는 동물에 대해 이야기한다.

: 어떤 동물들이 겨울잠을 잤니?

: 어떤 모습으로 잠을 자고 있니?

: 그 모습을 몸으로 표현해 보자.
: 지금 표현한 것을 앞에 나와서 친구들에게 보여 주고 싶은 친구 있니?
: ◇◇(이)가 앞에 나와서 친구들에 보여 주자.
- 겨울잠 자는 동물들의 모습을 모두 함께 몸으로 표현한다.
: 겨울잠을 자고 있는 동물들의 모습을 모두 함께 표현해 보자.
: ○○은/는 어떤 동물이 자는 모습을 표현했니?
: ○○은/는 △△(이)가 나무속에 푹 들어가서 자는 모습을 표현했구나!
: 또 다르게 표현한 친구 있니?

3) 평가 및 마무리
- 활동에 대한 생각이나 느낌을 이야기한다.
: 겨울잠 자는 동물들의 모습을 몸으로 표현해 보니 어떤 느낌이 드니?
: 동물들이 자는 모습을 표현한 것 중 가장 마음에 드는 것은 무엇이었니?

〈야브우치 마사유키, 2006, 한림출판사〉

활동 12 굴속의 곰

목표	누리과정 관련요소
• 동작의 순서를 기억하여 표현한다. • 신체조절능력을 기른다.	• 신체운동 · 건강: 신체활동 즐기기 - 신체를 인식하고 움직인다. 신체활동 즐기기 - 실내외 신체활동에 자발적으로 참여한다.

창의 · 인성 관련
- 창의성: 인지적 요소 - 사고의 수렴
  동기적 요소 - 몰입

✿ 활동방법

1) 도입

- 겨울잠을 자는 동물에 대해 이야기 나눈다.

: 어떤 동물들이 겨울잠을 잘까?

: 다람쥐는 나무 위에서 도토리나 알밤을 모아서 겨우내 잠을 자고 곰은 가을에 먹이를 잔뜩 먹고 겨울이 되면 굴속에 들어가서 잠을 잔대. 그리고 따뜻한 봄이 되면 깨어난단다.

- 활동을 소개한다.

: 오늘은 '굴속의 곰'이라는 손유희를 배워 보자.

2) 전개

- 유아에게 손유희를 소개한다.

: 선생님이 먼저 손유희를 해 볼 테니 잘 보자.

- 유아와 함께 손유희를 해 본다.

: 선생님이 하는 손유희를 보면서 모두 함께 따라 해 보자.

: 어려운 부분이 있니?

: 다시 한번 함께해 보자.

3) 평가 및 마무리

- 활동에 대한 생각이나 느낌을 이야기한다.

: 오늘 새로운 손유희를 배워 보았는데 재미있었던 점은 무엇이니?

: 다른 동작으로 바꾸어 보고 싶은 부분은 어디니?

커다란

양팔로 원을 그린다.

곰 한 마리

양쪽 엄지, 검지 손가락으로 동그라미를 만들어 눈에 갖다 댄다.

커다란

처음보다 더 크게 양팔로 원을 그린다.

곰 한 마리

양쪽 엄지, 검지 손가락으로 동그라미를 만들어 눈에 갖다 댄다.

굴속에서

두 손을 머리 위로 들어 원을 만든다.

잠자고 있어요 쿨쿨

두 손을 포개어 귓가에 댄다.

잠꼬대도 하네요 중얼중얼

잠자는 시늉을 한다.

잠을 깨어 일어나

기지개를 켜듯이 양팔을 위로 쭉 편다.

커다란 입 벌리고

입 주변에서 원을 크게 그린다.

모두 잡아먹는다 어흥

손가락으로 할퀴는 동작을 한다.

4) 확장활동

- 손유희가 익숙해지면 유아와 함께 손유희를 바꾸어 본다.

주제

4. 도구와 기계

기본운동 동작하기

활동 1 깡통신발 놀이
활동 2 흔들어 봐요
활동 3 파라슈트(낙하산) 놀이
활동 4 모양 만들기
활동 5 고리 끼우기

동작 감상하기

활동 6 부채춤 감상하기

표현 동작하기

활동 7 주방기구 표현하기
활동 8 자석놀이
활동 9 내 팔과 다리가 몽땅 고무줄이 되어 버렸어요
활동 10 로봇 청소기 되어 보기
활동 11 나는 주전자
활동 12 모자 건져 오기

기본운동 동작하기

활동 1 깡통신발 놀이

목표	누리과정 관련요소
• 신체의 협응력을 기른다. • 신체의 무게 중심을 이동하며, 신체의 평형을 유지한다. • 깡통신발을 신고 다양하게 걸을 수 있다.	• 신체운동 · 건강: 신체활동 즐기기 – 기초적인 이동운동, 제자리 운동, 도구를 이용한 운동을 한다. 신체활동 즐기기 – 신체 움직임을 조절한다. • 자연탐구: 생활 속에서 탐구하기 – 도구와 기계에 대해 관심을 가진다.

창의 · 인성 관련

- 창의성: 성향적 요소 – 개방성
  동기적 요소 – 호기심, 흥미
- 인성: 협력 – 개인적 책임감

✿ 활동자료

단단한 줄이 달린 깡통신발

✿ 활동방법

1) 도입

– 자료를 보여 주며 활동을 소개한다.

: 깡통에 줄을 단 깡통신발이야.

: 어떻게 사용할 수 있을까?

: 오늘은 이 깡통신발을 신고 다양한 방법으로 걸어 보는 활동을 해 보자.

2) 전개

- 깡통에 달린 줄을 잡고 깡통 위에 발을 올려놓은 후 천천히 걷게 한다.

: 깡통신발을 신고 천천히 걸어 보자.

: 천천히 앞(오른쪽, 왼쪽)으로 걸어 보자.

- 걷기가 익숙해지면 높이와 넓이를 조절하며 걷게 한다.

: 큰 걸음(작은 걸음)으로 걸어 보자.

: 높이 높이 걸어 보자.

3) 평가 및 마무리

- 활동에 대한 생각이나 느낌을 이야기한다.

: 오늘 깡통신발을 신고 걸어 보았는데 느낌이 어땠니?

: 깡통신발을 신고 걷는 데 어려운 점은 없었니?

: 또 어떤 방법으로 걸어 볼 수 있겠니?

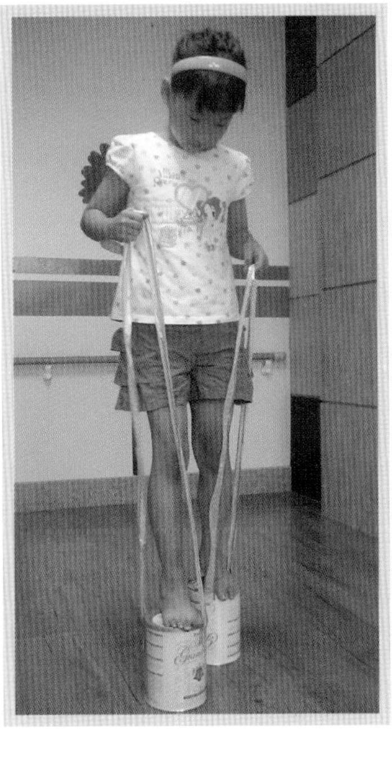

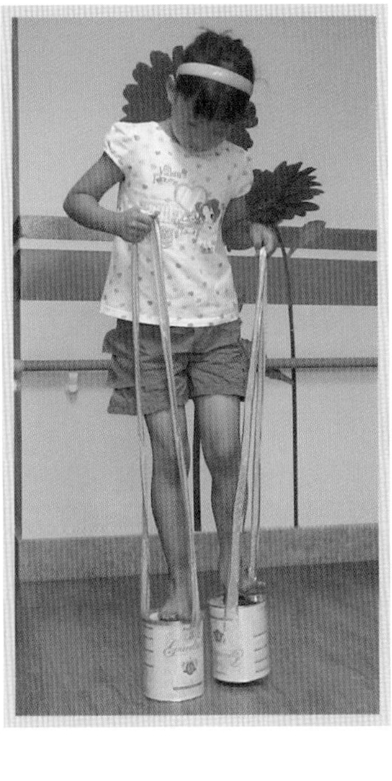

활동 2 흔들어 봐요

목표	누리과정 관련요소
• 주변의 흔들리는 사물에 관심을 갖는다. • 다양한 방법으로 몸을 흔들어 볼 수 있다. • 흔들리는 사물을 연상하여 표현할 수 있다.	• 신체운동 · 건강: 신체활동 즐기기 - 신체 움직임을 조절한다. 신체활동 즐기기 - 실내외 신체활동에 자발적으로 참여한다. • 자연탐구: 생활 속에서 탐구하기 - 도구와 기계에 대해 관심을 가진다.

창의 · 인성 관련
- 창의성: 성향적 요소 - 개방성
  동기적 요소 - 호기심, 흥미
- 인성: 협력 - 개인적 책임감

✿ 활동자료

그림카드(깃발, 그네, 악수하는 손, 자동차 와이퍼, 휴대전화, 시계추 등), 음악 자료

✿ 활동방법

1) 도입

- 오늘의 활동을 소개한다.

: 오늘은 우리 몸을 흔들어 보는 활동을 할 거야.

- 생활 주변에 흔들리는 사물이 무엇이 있는지에 대해 이야기 나눈다.

: 우리 주변에 흔들리는 것은 무엇이 있을까?

(깃발, 그네, 악수하는 손, 자동차 와이퍼, 휴대전화, 시계추)

- 준비운동을 한다.

: 흔들어 보는 활동을 하기 전에 준비운동을 먼저 해 보자.

2) 전개

- 신체 각 부분을 흔들어 본다.

: 우리 몸에서 흔들 수 있는 부분은 어디가 있을까?

: 손(팔, 머리, 몸통, 엉덩이, 온몸)을 흔들어 보자.

: 음악을 들으며 손(팔, 머리, 몸통, 엉덩이, 온몸)을 가볍게(강하게, 크게, 작게, 빨리, 천천히 등) 흔들어 보자.

- 흔들리는 사물을 연상하며 신체를 흔들어 표현해 본다.

: 진동으로 놓여 있는 휴대전화를 표현해 보자.

: 시계추를 표현해 보자.

3) 평가 및 마무리

- 활동 후의 느낌을 이야기한다.

: 몸을 흔들어 보니 어떤 느낌이 들었니?

: 또 어떤 물건을 표현해 볼 수 있을까?

- 친구들의 움직임을 본 느낌을 이야기한다.

: 친구들이 흔드는 모습을 보니 어떤 느낌이 드니?

: 친구들이 흔드는 모습을 생각해 보며 따라 할 수 있겠니?

활동 3 파라슈트(낙하산) 놀이

목표	누리과정 관련요소
• 기구를 활용하여 다양한 방법으로 움직일 수 있다. • 신체 부분과 기구와의 협응력을 기른다. • 서로 협동하는 경험을 한다.	• 신체운동 · 건강: 신체활동 즐기기 - 신체 움직임을 조절한다. 신체활동 즐기기 - 실내외 신체활동에 자발적으로 참여한다. 신체활동 즐기기 - 기초적인 이동운동, 제자리 운동, 도구를 이용한 운동을 한다. • 자연탐구: 생활 속에서 탐구하기 - 도구와 기계에 대해 관심을 가진다.

창의 · 인성 관련
- 창의성: 성향적 요소 - 개방성
- 인성: 존중 - 다른 사람과 다른 문화에 대한 존중
  협력 - 집단 협력

활동자료

파라슈트 2개

활동방법

1) 도입

- 활동을 소개한다.

: 오늘은 파라슈트를 가지고 여러 가지 놀이를 할 거야.

2) 전개

- 파라슈트를 자유롭게 탐색해 본다.

: 파라슈트의 가장자리 손잡이를 잡고 흔들흔들 흔들어 보자.

: 파라슈트를 아주 낮게(높게), 천천히(빠르게) 내려 보자(교사가 천천히 "하나, 둘, 셋." 하고 세어 주거나 친숙한 노래 또는 찬트로 "위로, 위로, 위로 올려. 맨 꼭대기까지 / 아래로, 아래로, 아래로 내려오네. / 머리 위에 멈췄네."와 같은 노랫말을 붙여서 노래 불러 준다).

: 파라슈트를 아주 낮게/높게, 천천히/빠르게 올려 보자.
: 파라슈트를 잡고 왼쪽/오른쪽으로 움직여 보자.
: 파라슈트를 잡고 제자리에서 걸어 보자.
: 파라슈트를 잡고 다양하게(말 뛰기/깡충 뛰기) 걸어 보자.
- 파라슈트 위에서 다양하게 움직여 본다.
: 파라슈트에 친구를 태우고 흔들어 주자.
: 파라슈트에 두 명 정도의 친구를 태우고 나머지 친구들이 빙글빙글 돌려 주자.
: 파라슈트에 한 친구를 태우고 나머지 친구들이 파라슈트를 당겨 주자.
- 파라슈트 아래에서 다양하게 움직여 본다.
: 친구가 "하나, 둘, 셋." 하고 파라슈트를 높이 들었을 때 파라슈트 밑을 통과해 보자.
: 친구가 "하나, 둘, 셋(또는 대한민국)." 하고 파라슈트를 높이 들었을 때 재미있는 멈춤 동작을 만들어 보자.

3) 평가 및 마무리
- 활동에 대한 생각이나 느낌을 이야기한다.
: 오늘 파라슈트를 가지고 다양한 놀이를 해 보았는데 가장 재미있었던 점은 무엇이니?
: 파라슈트를 이용해서 또 어떤 동작을 해 볼 수 있겠니?

활동 4 모양 만들기

목표	누리과정 관련요소
• 기구를 활용하여 다양한 방법으로 움직일 수 있다. • 신체 부분과 기구와의 협응력을 기른다. • 서로 협동하는 경험을 한다.	• 신체운동 · 건강: 신체활동 즐기기 – 신체 움직임을 조절한다. 신체활동 즐기기 – 실내외 신체활동에 자발적으로 참여한다. 신체활동 즐기기 – 기초적인 이동운동, 제자리 운동, 도구를 이용한 운동을 한다. • 자연탐구: 생활 속에서 탐구하기 – 도구와 기계에 대해 관심을 가진다.

창의 · 인성 관련
- 창의성: 동기적 요소 – 호기심, 흥미
- 인성: 존중 – 다른 사람과 다른 문화에 대한 존중
  협력 – 집단 협력

✿ 활동자료

탄력밴드, 배경음악 자료

✿ 활동방법

1) 도입

- 활동을 소개한다.

: 오늘은 탄력밴드를 이용하여 다양한 모양을 만들어 보고 움직여 보는 활동을 할 거야.

2) 전개

- 탄력밴드를 이용해 다양한 모양을 만들어 본다.

: 탄력밴드를 이용하여 어떤 모양을 만들 수 있을까?

: 탄력밴드를 이용하여 만들어 보고 싶은 모양을 만들어 보자.

: ○○(이)는 어떤 모양을 만들었니?

: ○○(이)는 두 팔을 위로 쭉 뻗고 두 다리를 크게 벌려 네모 모양을 만들었

구나!
: 친구가 만든 모양과 똑같은 모양을 만들어 보자.
: 이번에는 친구와 함께 모양을 만들어 보자. 어떤 모양을 만들 수 있을까?
- 음악을 들으며 탄력밴드로 모양을 만들어 움직여 본다.
: 탄력밴드를 발에 끼고 팽팽한 모양을 유지하면서 제자리에서 다양하게 움직여 보자.
: 탄력밴드를 이용하여 만든 모양을 유지하면서 음악에 맞춰 빠르게(느리게) 움직여 보자.
: 탄력밴드를 이용하여 만든 모양을 유지하면서 몸을 높게(낮게) 하여 움직여 보자.
: 탄력밴드를 이용하여 만든 모양을 유지하면서 앞(뒤, 옆)으로 이동해 보자.
: 탄력밴드를 이용하여 만든 모양을 유지하면서 바닥에 그려진 다양한 길을 따라 움직여 보자.

3) 평가 및 마무리
- 활동에 대한 생각이나 느낌을 이야기한다.
: 탄력밴드로 모양 만들기를 해 보았는데 가장 재미있었던 점은 무엇이었니?
: 혼자서 모양을 만들어 본 것과 친구와 함께 만들어 본 것에는 어떤 차이가 있었니?
: 가장 기억에 남는 모양은 무엇이었니?

활동 5 고리 끼우기

목표	누리과정 관련요소
• 교사의 지시에 따라 신체로 고리를 만들수 있다. • 파트너의 신체모양에 창의적으로 고리 끼우기를 할 수 있다.	• 신체운동 · 건강: 신체활동 즐기기 - 신체 움직임을 조절한다. 신체활동 즐기기 - 실내외 신체활동에 자발적으로 참여한다. • 사회관계: 더불어 생활하기 - 친구와 서로 도우며 사이좋게 지낸다.

창의 · 인성 관련
- 창의성: 성향적 요소 - 개방성
  동기적 요소 - 호기심, 흥미
- 인성: 존중 - 다른 사람과 다른 문화에 대한 존중
  협력 - 집단 협력

✿ 활동자료

다양한 크기의 고리, 리듬감을 느낄 수 있는 경쾌한 음악 자료

✿ 활동방법

1) 도입

- 다양한 고리를 내주며, 탐색하게 한다.

: 오늘은 고리 끼우기 활동을 할 거야.

: 선생님이 준비한 고리를 서로 어떻게 끼울 수 있는지 생각해 보자.

: 큰 모양 고리와 작은 모양 고리를 서로 끼워 볼까? 같은 크기의 고리를 끼워 보자.

2) 전개

- 신체로 고리 모양을 만들어 본다.

: 우리의 몸을 이용해서 고리를 만들어 보자.

: 팔을 이용하여 고리 모양을 만들어 보자.

: 팔을 이용하여 또 다른 방법으로 고리 모양을 만들어 보자.

: 다리를 이용하여 고리 모양을 다양하게 만들어 보자.

: 몸을 모두 이용하여 고리 모양을 다양하게 만들어 보자.

- 신체로 고리 끼우기를 해 본다.

: 친구가 만든 고리 모양에 너의 몸을 이용하여 끼우기를 해 보자.

3) 평가 및 마무리

- 활동에 대한 생각이나 느낌을 이야기한다.

: 몸을 이용하여 고리 만들기를 해 보았는데 고리가 만들어지지 않는 신체 부분은 어디였니?

: 고리 만들기 중 재미있는 방법은 무엇이었니?

동작 감상하기

활동 6 부채춤 감상하기

목표	누리과정 관련요소
• 우리 민족 고유의 춤이 있음을 안다. • 부채를 이용한 춤 동작을 감상한다. • 감상 후의 느낌을 다양한 방법으로 표현할 수 있다.	• 예술경험: 예술 감상하기 - 다양한 예술을 감상하며 상상하기를 즐긴다. 예술 감상하기 - 우리나라 전통 예술에 관심을 갖고 친숙해진다. 창의적으로 표현하기 - 신체나 도구를 활용하여 움직임과 춤으로 자유롭게 표현한다. • 의사소통: 듣기와 말하기 - 자신의 경험, 느낌, 생각을 말한다.
창의 · 인성 관련 • 창의성: 동기적 요소 - 몰입 • 인성: 협력 - 긍정적인 상호 의존성	

✿ 활동자료

부채, 부채춤 동영상과 사진 자료

✿ 활동방법

1) 도입

- 활동을 소개한다.

: (사진 자료를 보여 주며) 어떤 사진인 것 같니? 부채춤 추는 모습을 찍은 사진이야.

: 부채춤을 본 친구가 있니? 어떻게 추는 것일까?

: 오늘은 부채춤을 감상해 보는 활동을 할 거야.

2) 전개

- 부채춤 동영상을 보여 준다.

: 선생님이 부채춤 비디오를 보여 줄 테니까 몸의 움직임이 어떤지 잘 생각하면서 보도록 하자.

- 부채춤을 본 느낌을 이야기해 본다.

: 부채춤을 보니 어떤 느낌이 들었니?

: 부채춤을 출 때 팔(다리)의 움직임이 어땠니?

: 부채를 어떻게 사용하였니?

: 생각나는 춤 동작은 무엇이었니?

- 부채춤 동영상을 다시 한번 보여 준다.

: 부채춤을 다시 보여 줄 테니 우리 친구들이 이야기한 춤 동작을 생각하며 감상해 보자.

- 부채춤을 몸으로 표현해 본다.

: 부채를 직접 들고 너희가 본 부채춤 중에서 기억나는 동작을 표현해 보자.

: 또 다른 방법으로 부채춤을 춰 볼 수 있겠니?

3) 평가 및 마무리

- 활동에 대한 생각과 느낌을 이야기한다.

: 오늘 부채춤을 보았는데 어떤 생각이 들었니?

: 부채춤을 직접 춰 보니까 느낌이 어땠니?

표현 동작하기

활동 7 주방기구 표현하기

목표	누리과정 관련요소
• 주방기구의 이름과 용도에 대해 알아본다. • 주방기구의 모습, 쓰임을 신체로 표현한다.	• 신체운동 · 건강: 신체활동 즐기기 - 실내외 신체활동에 자발적으로 참여한다. • 예술경험: 창의적으로 표현하기 - 신체나 도구를 활용하여 움직임과 춤으로 자유롭게 표현한다. • 자연탐구: 탐구과정 즐기기 - 궁금한 것을 탐구하는 과정에 즐겁게 참여한다.

창의 · 인성 관련
- 창의성: 성향적 요소 - 개방성
  동기적 요소 - 호기심, 흥미

✿ 활동자료

주방기구(숟가락, 주걱, 양념 병, 프라이팬, 뒤집개, 체, 솥, 냄비 등), 행진곡풍의 재미있는 음악 자료

✿ 활동방법

1) 도입

- 활동을 소개한다.

: 선생님이 주방에서 사용하는 기구들을 가져왔어. 어떻게 사용하는 건지 살펴보자.

: 오늘은 자기가 표현해 보고 싶은 주방기구를 몸으로 표현해 보는 활동을 할 거야.

2) 전개

- 교사가 주방기구 중 하나를 들면 유아는 자기 몸을 주방기구를 사용하는 것처럼 표현해 본다.

: 선생님이 보여 주는 주방기구를 보고 그 주방기구를 사용하는 모습을 표현해 보자.

- 유아에게 자기가 원하는 주방기구를 한 가지씩 선택하여 신체로 표현하게 한다.

: 우리 친구들이 표현해 보고 싶은 주방기구를 하나씩 선택해서 몸으로 표현해 보자.

: ○○은/는 어떤 주방기구를 표현했니?

- 음악을 들으며 행진하다가 자기가 표현하고 싶은 주방기구를 말하면서 신체로 표현해 보자.

: 선생님이 들려주는 음악을 들으며 걷다가 표현하고 싶은 주방기구를 말하면서 몸으로 표현해 보자.

3) 평가 및 마무리

- 활동에 대한 생각이나 느낌을 이야기한다.

: 주방기구를 몸으로 표현해 보았는데 어떤 점이 가장 재미있었니?

: 어떤 주방기구를 표현한 것이 기억에 남니?

: 가장 독특했다고 생각하는 동작은 무엇이었니?

활동 8 자석놀이

목표	누리과정 관련요소
• 자석의 성질을 이해한다. • 자력에 따라 자석과 사물의 관계를 알고 이를 신체로 표현한다. • 신체의 다양한 부분을 활용하여 표현한다.	• 신체운동 · 건강: 신체활동 즐기기 - 실내외 신체활동에 자발적으로 참여한다. • 예술경험: 창의적으로 표현하기 - 신체나 도구를 활용하여 움직임과 춤으로 자유롭게 표현한다. • 자연탐구: 탐구과정 즐기기 - 궁금한 것을 탐구하는 과정에 즐겁게 참여한다.

창의 · 인성 관련
- 창의성: 성향적 요소 - 개방성
  동기적 요소 - 호기심, 흥미

✿ 활동자료

자석, 자석에 붙는 물건(클립, 못, 가위 등), 자석에 붙지 않는 물건(나무, 지우개 등), 자석 모양 그림이 붙은 머리띠, 물건 그림이 붙은 머리띠, 소고

✿ 활동방법

1) 도입
- 자석, 자석에 붙는 물건과 붙지 않는 물건을 제시하며 자석의 성질에 대해 이야기 나눈다.

: 선생님이 자석을 준비했어.

: 자석을 물건들에 갖다 대면 어떻게 되는지 잘 보자.

: 어떤 물건이 자석에 붙니? 어떤 물건이 자석에 붙지 않니?

: 자석과 물건이 붙는 모습은 어떠니?

- 활동을 소개한다.

: 오늘은 물건들이 자석에 붙는 모습을 표현하는 활동을 해 볼 거야.

2) 전개

- 역할을 나누어 자석과 물건이 되어 활동해 본다.

: 자석 역할을 할 친구와 물건 역할을 할 친구로 나누어야 하는데 누가 자석 역할을 하고 싶니?

: 그럼 ○○(이)가 자석 역할을 하고 다른 친구들은 물건 역할을 해 보자.

: 자석 역할을 하는 친구가 소고를 치면 물건 역할을 하는 친구들은 자석에 붙어 보자.

: 자석의 힘이 셀 때 소고를 크고 빠르게 쳐 보자. 그러면 자석과 물건들이 서로 어떻게 될까?

: 그것을 몸으로 표현해 보자.

: 자석의 힘이 약할 때 소고를 작고 느리게 쳐 보자. 이때 자석과 물건들은 서로 어떻게 될지 몸으로 표현해 보자.

: 자석에 붙을 때는 팔, 다리, 엉덩이, 팔꿈치 등 다양한 신체 부분을 붙여 보자.

- 역할을 바꾸어서 해 본다.

: 자, 이번에는 다른 친구가 자석이 되어 보자. 어떤 친구가 자석 역할을 해 보겠니?

3) 평가 및 마무리

- 활동에 대한 생각이나 느낌을 이야기한다.

: 자석은 어떤 물건들과 붙었니?

: 너희가 자석과 물건이 되어 활동해 보았는데 어떤 느낌이 들었니?

: 자석의 힘이 강(약)할 때는 자석과 물건이 어떤 속도로 붙었니?

활동 9 내 팔과 다리가 몽땅 고무줄이 되어 버렸어요

목표	누리과정 관련요소
• 고무줄의 성질을 안다. • 자신의 신체를 다양한 방법으로 늘여 보는 경험을 한다.	• 신체운동 · 건강: 신체활동 즐기기 - 실내외 신체활동에 자발적으로 참여한다. • 예술경험: 창의적으로 표현하기 - 신체나 도구를 활용하여 움직임과 춤으로 자유롭게 표현한다. • 자연탐구: 생활 속에서 탐구하기 - 물체의 특성과 변화를 여러 가지 방법으로 탐색한다.

창의 · 인성 관련
- 창의성: 성향적 요소 - 개방성
  동기적 요소 - 호기심, 흥미
- 인성: 존중 - 다른 사람과 다른 문화에 대한 존중

✿ 활동자료

고무줄, 음악 자료

✿ 활동방법

1) 도입

- 준비한 고무줄을 보여 주며 활동을 소개한다.

: 고무줄을 길게 늘이면 고무줄의 모양은 어떻게 변하니?

: 잡아당길수록 고무줄이 어떻게 되니?

: 오늘은 우리 친구들이 고무줄이 되어 표현해 보는 활동을 해 보자.

2) 전개

- 고무줄이 되어 동작으로 표현해 본다.

: 우리 친구들의 팔과 다리가 모두 고무줄이 되었다고 상상해 보자.

: 누군가가 지금 친구의 오른쪽 새끼손가락을 위로 잡아당긴다고 상상해 보

자. 이때 팔 전체가 다 당겨지고 고무줄처럼 길게 늘어나면서 옆으로 점점 크게 벌려 보자.

: 이제 서서히 잡아당기는 힘이 줄어들면서 팔이 천천히 제자리로 돌아오고 아래로 툭 떨어지는 모습을 표현해 보자.

: 우리 친구들이 고무줄이라면 또 어떤 모습을 표현해 볼 수 있겠니?

- 음악을 틀어 준 후 눈을 감고 자신이 고무줄이 되었다고 상상하면서 움직여 보게 한다.

: 선생님이 음악을 들려줄게. 눈을 감고 음악을 들으면서 너희가 고무줄이 되었다고 생각하여 몸을 다양하게 늘여 보자.

3) 평가 및 마무리

- 활동에 대한 생각이나 느낌을 이야기한다.

: 고무줄이 되었다고 생각하고 고무줄처럼 몸을 늘여 보니 어떤 느낌이 들었니?

: 고무줄이 되어 표현해 본 것 중 기억에 남는 동작은 무엇이었니?

활동 10 로봇 청소기 되어 보기*

목표	누리과정 관련요소
• 신체를 이용하여 로봇의 움직임을 표현할 수 있다. • 친구의 지시에 따라 움직여 볼 수 있다.	• 신체운동 · 건강: 신체활동 즐기기 - 실내외 신체활동에 자발적으로 참여한다. • 예술경험: 창의적으로 표현하기 - 신체나 도구를 활용하여 움직임과 춤으로 자유롭게 표현한다.
창의 · 인성 관련 • 창의성: 동기적 요소 - 호기심, 흥미 • 인성: 협력 - 긍정적인 상호 의존성	

✿ 활동자료

'로봇 청소기' 동영상, 부직포와 털실로 만든 걸레, 리모컨 사진, 경쾌한 음악 자료

✿ 활동방법

1) 도입

- 로봇을 본 경험에 대해 이야기 나눈다.

: 로봇이 움직이는 것을 본 적이 있니?

: 로봇은 어떻게 움직일까?

: (동영상을 보며) 로봇의 움직임을 관찰해 보자.

2) 전개

- 동영상을 보고, 로봇의 움직임에 대하여 이야기 나눈다.

: 로봇 청소기는 어떤 모습으로 움직였니?

: 로봇 청소기는 벽에 부딪히면 어떻게 되었니?

- 로봇 청소기의 움직임을 몸으로 표현해 본다.

---

* 4세 누리과정 교사용 지도서『생활도구』(pp. 227-229)에서 수정 · 발췌함.

: 우리가 로봇 청소기가 되어, 청소를 해 보는 것은 어떨까?
: 청소기가 되면 어떻게 움직일까? 팔과 다리는 어떻게 해 볼까?
: 로봇 청소기의 전원을 켜면 어떤 모습일까?
: 넓은 공간을 어떻게 청소해 볼까?
: 이번엔 방향을 정해서 움직여 볼까? 왼쪽으로 움직여 볼까? 오른쪽으로 움직여 볼까?
: 바닥에 먼지가 없다면 청소기는 어떻게 해야 할까?

3) 평가 및 마무리

- 활동에 대한 생각이나 느낌을 이야기한다.
: 로봇 청소기가 되어 보니 어땠니?
: 어떻게 움직일 때가 가장 즐거웠니?
: 로봇처럼 움직여 보니 어떤 점이 재미있었니?
: 어떤 점이 어려웠니?
: 다른 친구들이 로봇이 되어 본 모습 중에 어떤 것이 재미있었니?
: 다음에는 로봇 청소기가 아닌 어떤 로봇이 되어 보고 싶니?

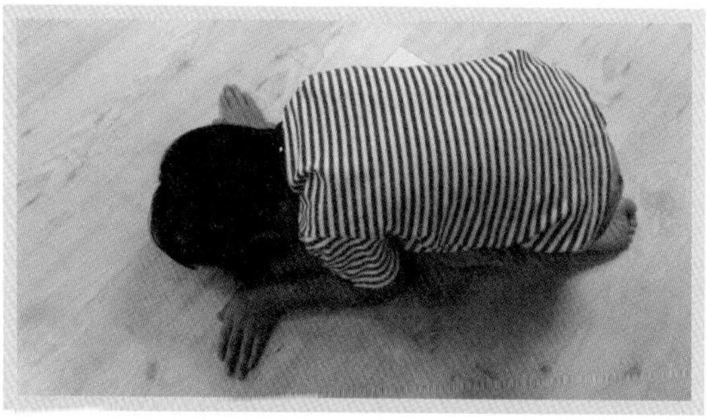

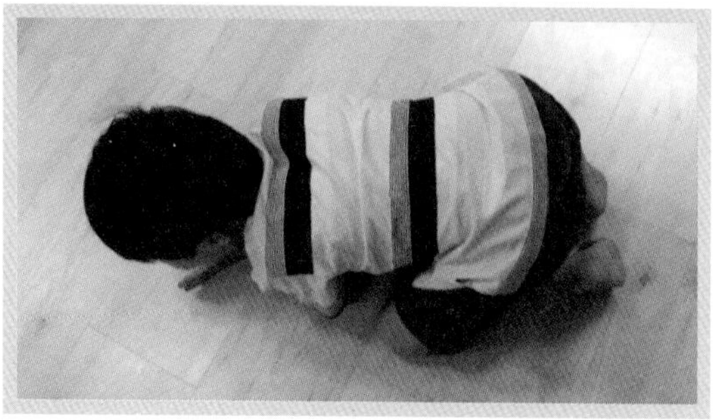

활동 11 나는 주전자

목표	누리과정 관련요소
• 신체조절능력을 기른다. • 동작의 순서를 기억하고 표현한다.	• 신체운동 · 건강: 신체활동 즐기기 - 신체를 인식하고 움직인다. 신체활동 즐기기 - 실내외 신체활동에 자발적으로 참여한다.

창의 · 인성 관련

• 창의성: 인지적 요소 - 사고의 수렴
동기적 요소 - 몰입

✿ 활동자료

노랫말판

✿ 활동방법

1) 도입

- 활동을 소개한다.

: 오늘은 '나는 주전자'라는 손유희를 배워 보도록 하자.

2) 전개

- 유아에게 손유희를 소개한다.

: 선생님이 먼저 '나는 주전자'를 해 볼게. 잘 보자.

- 유아와 함께 손유희를 해 본다.

: 선생님이 하는 손유희를 보면서 모두 함께 따라 해 보자.

- 유아들이 어려워하는 부분이 있으면 알려 준다.

: 선생님을 따라 하면서 어려운 부분이 있었니?

- 다시 한번 유아와 함께 손유희를 해 본다.

: 다시 한번 모두 함께 손유희를 해 보자.

3) 평가 및 마무리

- 활동에 대한 생각이나 느낌을 이야기한다.

: 오늘 새로운 손유희를 배워 보았는데 어려운 점은 무엇이었니?

: 더 재미있게 바꿔 보고 싶은 부분이 있었니?

4) 확장활동

- 손유희가 익숙해지면 유아와 함께 손유희를 새롭게 바꾸어 본다.

나는

양손 엄지손가락으로
자기를 가리킨다.

작고

양팔로 몸을 감싸고
작게 움츠린다.

뚱뚱한

양팔을 크게 벌리고
몸을 좌우로 흔든다.

주전자

주전자 모양을 흉내 낸다.

주둥이도 있고 손잡이도 있어요

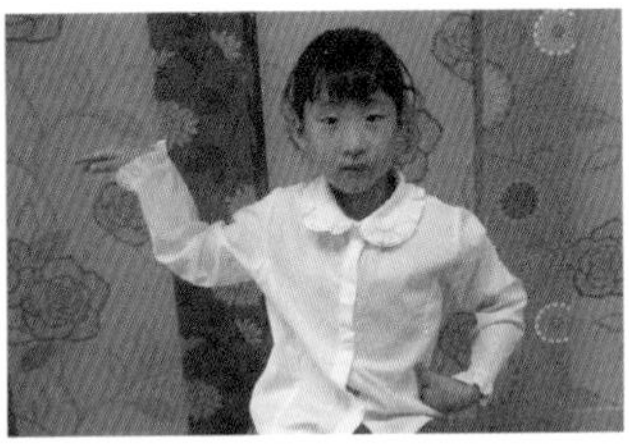

노랫말에 따라 한 손으로 주둥이를
표현하고 다른 한 손으로
손잡이를 표현한다.

물이 부글부글 끓으면
쭉 하고 따라 주세요

몸을 좌우로 마구 흔들다가 물을
따를 때 주전자가 기울어지는
모습을 흉내 낸다.

아빠는 두 컵

한 박자씩 두 번 물 따르는
흉내를 낸다.

엄마는 한 컵

한 박자씩 한 번 물 따르는
흉내를 낸다.

아기는 반 컵으로 따라 주세요

반 박자로 한 번 물 따르는
흉내를 낸다.

아기는 반 컵만

반 박자로 한 번 물 따르는
흉내를 낸다.

따라 주세요

손뼉을 친다.

활동 12 모자 건져 오기

목표	누리과정 관련요소
• 상황에 따른 문제 해결력을 기른다. • 자신의 생각을 몸으로 표현할 수 있다.	• 신체운동 · 건강: 신체활동 즐기기 - 실내외 신체활동에 자발적으로 참여한다. • 의사소통: 듣기와 말하기 - 말이나 이야기를 관심 있게 듣는다. • 자연탐구: 생활 속에서 탐구하기 - 도구와 기계에 대해 관심을 가진다.
창의 · 인성 관련 • 창의성: 인지적 요소 - 문제해결력 동기적 요소 - 호기심, 흥미 • 인성: 협력 - 개인적 책임감	

✿ 활동자료

문제 상황의 그림 자료, 모자, 마스킹테이프로 표시한 연못

✿ 활동방법

1) 도입

- 동화를 들려준다.

: 예쁜 공주님이 아름다운 모자를 쓰고 큰 연못가로 소풍을 갔어요. 그런데 갑자기 강한 바람이 불어와서 그만 모자가 연못에 빠져 버렸어요. 그런데 그 연못은 아주아주 깊고 큰 연못이었어요. 공주님은 "도와주세요, 도와주세요." 하고 외쳤어요. 그런데 아무도 이 소리를 듣지 못했어요. 왜냐하면 아주아주 깊은 산속에 있는 연못이었으니까요. 할 수 없이 공주님은 혼자 모자를 건져 내기로 했어요. '어떻게 하면 연못에 빠진 모자를 건져 낼 수 있을까?' 공주님은 곰곰이 생각했어요.

- 활동을 소개한다.

: 연못 주변에는 기다란 밧줄, 나뭇가지들, 토끼와 코끼리, 원숭이 등의 동물들이 있었어요. 우리 친구들이 공주님이라면 어떻게 모자를 꺼낼지 곰곰이 생각해 보고 동작으로 모자를 건져 보기로 하자.

2) 전개

- 다양한 도구 등을 이용하여 모자를 건져 오는 활동을 한다.

: 연못 주변에 있는 다양한 도구를 이용해서 모자를 건져 보자.

: 다른 친구들은 친구의 동작을 감상하면서 또 다른 방법은 무엇이 있는지 생각해 보자.

- 문제 상황을 다양하게 제시하여 해결하도록 확장한다.

: 모자가 높은 나무에 걸렸다면 어떻게 할 수 있을까?

: 낭떠러지 밑으로 모자가 굴러 떨어졌다면 어떻게 할 수 있을까?

: 무서운 개집 앞에 모자를 떨어뜨렸다면 모자를 어떻게 가져올 수 있을까?

3) 평가 및 마무리

- 활동에 대한 생각이나 느낌을 이야기한다.

: 모자를 건져 보는 활동을 해 보았는데 어떤 점이 가장 즐거웠니?

: 더 독특한 방법으로 모자를 건질 수 있는 방법은 무엇이겠니?

주제

5. 동물

기본운동 동작하기

활동 1 뛰기와 돌기를 표현해 보아요
활동 2 말처럼 뛰어 보아요

동작 감상하기

활동 3 사자춤 놀이

표현 동작하기

활동 4 동물의 소리
활동 5 정글 탐험
활동 6 빠른 토끼와 느린 거북
활동 7 곰 잡으러 간단다
활동 8 병아리 가족
활동 9 숲의 동식물 되어 보기

기본운동 동작하기

활동 1 뛰기와 돌기를 표현해 보아요

목표	누리과정 관련요소
• 다양한 방법으로 뛰기와 돌기를 해 본다. • 동물들이 뛰는 모습을 생각하며 동작으로 표현해 본다. • 신체활동에 즐겁게 참여한다.	• 신체운동 · 건강: 신체활동 즐기기 - 신체를 인식하고 움직인다. 신체활동 즐기기 - 기초적인 이동운동, 제자리운동, 도구를 이용한 운동을 한다.
창의 · 인성 관련 • 창의성: 인지적 요소 - 문제해결력	

✿ 활동자료

신호 악기(탬버린, 소고), 동물 그림 자료(토끼, 캥거루, 말 등), 표현활동 시나리오, 다양한 소품

✿ 활동방법

1) 도입

- 동물 그림 자료(토끼, 캥거루, 말)를 제시하며 높이 뛰는 동물에 대해 이야기 나눈다.

: 어떤 동물들이 높이 뛸까?

- 동물들이 도는 모습에 대해 이야기 나눈다.

: 동물들이 도는 모습을 본 적이 있니? 어떨 때 동물들이 빙빙 돌까?

2) 전개

- 동물들이 뛰는 모습을 동작으로 표현해 본다.

: 토끼, 캥거루, 말이 뛰는 모습을 동작으로 표현해 보자.

- 동물들이 도는 모습을 동작으로 표현해 본다.

: 강아지가 빙빙 도는 모습, 고양이가 뒹구는 모습을 동작으로 표현해 보자.

3) 평가 및 마무리

- 뛰기와 돌기 표현을 한 후 느낌을 이야기한다.

: 활동을 하면서 재미있었던 점, 어려웠던 점은 무엇이었니?

- 친구들의 움직임을 본 느낌을 이야기한다.

활동 2 말처럼 뛰어 보아요

목표	누리과정 관련요소
• 말의 움직임에 관심을 가진다. • 신체 각 부분의 기능에 관심을 가지고 몸을 움직여 표현한다.	• 신체운동 · 건강: 신체활동 즐기기 - 실내외 신체활동에 자발적으로 참여한다. 신체활동 즐기기 - 기초적인 이동운동, 제자리 운동, 도구를 이용한 운동을 한다. • 자연탐구: 생활 속에서 탐구하기 - 주변의 동식물에 관심을 가진다.

창의 · 인성 관련
- 창의성: 인지적 요소 - 사고의 확장
  동기적 요소 - 몰입

✿ 활동자료

말 관련 그림이나 사진, 리듬막대, 음악 자료

✿ 활동방법

1) 도입

- 말 사진이나 그림을 보면서 말의 모습과 움직임에 대해 이야기해 본다.
 : 이 동물의 이름은 무엇이니?
 : 말이 움직이는 모습을 본 적이 있니? 어떻게 움직일까?

2) 전개

- 말의 움직임을 몸으로 표현해 본다.
 : 말이 달릴 때는 어떤 모습일까?
 : 말이 멀리 뛸 때는 어떤 모습일까?
 : 음악에 맞추어 말처럼 달려 보자.
- 음악에 맞추어 말 달리기를 표현한다.
- 리듬막대의 박자에 따라 말 달리기(갤러핑)를 표현한다.

- 멈춤 신호에 따라 '휘잉' 하고 소리치며 멈춘다.

3) 평가 및 마무리

- 활동에 대한 생각이나 느낌을 이야기한다.

동작 감상하기

활동 3 사자춤 놀이

목표	누리과정 관련요소
• 신체를 이용하여 사자의 특징을 창의적으로 표현해 본다.	• 신체운동 · 건강: 신체활동 즐기기 - 실내외 신체활동에 자발적으로 참여한다. • 예술경험: 창의적으로 표현하기 - 신체나 도구를 활용하여 움직임과 춤으로 자유롭게 표현한다. 예술 감상하기 - 우리나라 전통 예술에 관심을 갖고 친숙해진다. • 의사소통: 듣기와 말하기 - 자신의 경험, 느낌, 생각을 말한다.

창의 · 인성 관련
- 창의성: 인지적 요소 - 사고의 확장
  동기적 요소 - 몰입

✿ 활동자료

'사자춤' 동영상 자료, 사자탈, 동화 『봉산탈사자춤』(유승정, 2007, 초방책방)

✿ 활동방법

1) 도입

- 사자탈을 보여 주며 사자춤을 소개한다.

: 사자탈을 본 적이 있니?

: 사자탈을 쓰고 추는 춤을 사자춤이라고 한단다.

: 사자춤은 정월 대보름날 나무, 종이, 대광주리, 천 등으로 사자 모양의 탈을 만들어 쓰고 집집마다 돌아다니며 춤을 추는 놀이란다. 사자탈을 쓰고

춤을 추면 마을의 나쁜 기운을 물리칠 수 있다고 했어. 사자춤 놀이가 벌어진 집의 주인들은 춤을 춘 사람들에게 고맙다는 의미로 맛있는 음식을 대접했단다.

2) 전개

- 사자춤 동영상 자료를 본다.
- 사자춤의 동작을 보고 사자의 움직임에 대해 이야기한다.

: 사자는 어떻게 생겼니?

: 사자춤을 출 때 사자의 갈기는 어떻게 움직였니?

: 사자처럼 큰 동물을 표현하기 위해서 우리 몸을 어떻게 하면 좋을까?

: 사자는 어떻게 걸어가니? 사자가 걸어가는 모습을 누가 나와서 보여 주겠니?

- 앉은 자리에서 사자탈을 쓰고 사자의 모습을 표현해 본다.
- 일어나서 사자탈을 쓰고 움직이면서 사자의 모습을 표현해 본다.

3) 평가 및 마무리

- 활동에 대한 생각이나 느낌을 이야기한다.

: 어떤 표현이 가장 재미있었니?

: 어떤 느낌의 사자를 표현하였니?

〈유승정, 2007, 초방책방〉

표현 동작하기

활동 4 동물의 소리

목표	누리과정 관련요소
• 소리를 듣고 연상되는 동물에 대해 상상할 수 있다. • 생각을 동작으로 표현하는 능력을 기른다.	• 신체운동 · 건강: 신체활동 즐기기 - 실내외 신체활동에 자발적으로 참여한다. • 예술경험: 창의적으로 표현하기 - 신체나 도구를 활용하여 움직임과 춤으로 자유롭게 표현한다.

창의 · 인성 관련

- 창의성: 인지적 요소 - 사고의 확장
  동기적 요소 - 몰입

✿ 활동자료

동물 울음소리 녹음 자료, 다양한 빠르기의 음악 자료

✿ 활동방법

1) 도입

- 동물 울음소리를 들려준 후 어떤 생각과 느낌이 나는지 이야기를 나눈다.

: 지금부터 동물 울음소리를 들어 보자. 들리는 소리를 잘 듣고 어떤 동물의 울음소리인지 생각해 보자.

: 어떤 동물의 울음소리인 것 같니?

: 동물의 울음소리를 듣고 떠오르는 동물의 특징을 생각해 보자.

2) 전개

- 음악을 듣고 떠오르는 동물을 동작으로 표현해 본다.

: 음악이 나오면 자기가 생각한 동물의 모습을 몸으로 표현해 보자.

: 자기 자리에서 동물의 모습을 동작으로 표현해 보자.

: 공간을 이동하며 동물의 모습을 동작으로 표현해 보자.

3) 평가 및 마무리

- 활동에 대한 생각이나 느낌을 이야기한다.

: 음악을 듣고 떠오르는 동물의 모습을 동작으로 표현할 때 재미있었던 점은 무엇이었니?

: 어려웠던 점은 무엇이었니?

활동 5 정글 탐험

목표	누리과정 관련요소
• 신체활동에 즐겁게 자발적으로 참여한다. • 창의적으로 표현하는 능력을 기른다. • 정글에 사는 다양한 동물의 움직임을 즐겁게 표현한다.	• 신체운동 · 건강: 신체활동 즐기기 - 실내외 신체활동에 자발적으로 참여한다. • 예술경험: 창의적으로 표현하기 - 신체나 도구를 활용하여 움직임과 춤으로 자유롭게 표현한다.

창의 · 인성 관련

- 창의성: 동기적 요소 - 몰입

✿ 활동자료

(교실 바닥에 제시한) 정글과 늪, 나뭇잎이 매달린 줄, 악어탈 머리띠

✿ 활동방법

1) 도입

- 준비된 자료(교실 바닥에 제시한 정글, 늪, 나뭇잎이 매달린 줄, 악어탈 머리띠 등)를 제시하며, 정글 탐험을 소개한다.

: 이 자료를 보면 어떤 생각이 드니?

2) 전개

- 유아들과 함께 '악어떼' 노래에 맞추어 교실에 준비된 정글을 탐험하는 동작활동을 해 본다.

: '악어떼' 노래를 부르며 정글을 탐험해 보자.

: 배가 고픈 악어는 어떻게 움직일까? 친구랑 즐겁게 놀고 싶은 악어는 어떻게 움직일까?

- 역할을 정하여 정글 탐험을 하는 동작활동을 해 본다.

: 온 가족이 함께 사는 악어 가족을 표현해 볼 수 있겠니?

: 엄마와 아빠, 아기 악어가 함께 있는 정글을 탐험해 보자.

- 정글에서 볼 수 있는 동물들을 표현해 본다.

: 악어 말고 정글에서 사는 다른 동물에는 무엇이 있니?

: 천천히 몸을 움직이는 동물의 모습을 표현할 수 있겠니?

: 자기 자리에서 정글의 동물을 표현해 보자.

: 몸을 이리저리 움직이면서 정글의 동물을 표현해 보자.

3) 평가 및 마무리

- 친구들의 움직임을 본 느낌을 이야기한다.

활동 6 빠른 토끼와 느린 거북

목표	누리과정 관련요소
• 신체를 이용하여 다양한 움직임을 표현한다. • 동물의 특징을 몸으로 표현해 본다. • 신체활동에 즐겁게 참여한다.	• 신체운동 · 건강: 신체활동 즐기기 - 실내외 신체활동에 자발적으로 참여한다. 신체활동 즐기기 - 신체를 인식하고 움직인다. • 의사소통: 책과 이야기 즐기기 - 동화, 동시에서 말의 재미를 느낀다.

창의 · 인성 관련
• 창의성: 동기적 요소 - 호기심, 흥미

활동자료

'빠른 토끼와 느린 거북' 동시 자료

빠른 토끼와 느린 거북

깡충깡충 빠르게 빠르게
토끼 한 마리가 뛰어가네
깡충깡충 정말 빠르게
고갯길을 뛰어가네

엉금엉금 느리게 느리게
거북이 한 마리가 기어가네
엉금엉금 정말 느리게
모랫길을 기어가네

활동방법

1) 도입

- 빠르게/느리게 움직이는 동물들의 특징과 느낌을 이야기 나눈다.

: 빠르게/느리게 움직이는 동물에는 어떤 동물이 있을까?

: 빠르게/느리게 움직이는 속도를 손바닥으로 치며 나타내 보자.

- 빠른 토끼와 느린 거북에 대한 동시를 들어 본다.

: 동시를 들으면서 신체의 여러 부분을 이용하여 신체 동작으로 표현해 보자.

2) 전개

- '빠른 토끼와 느린 거북'에 대한 동시를 상기시켜 본다.

: 앉은 자리에서 팔과 다리를 이용하여 토끼와 거북이의 느낌이나 모습을 표현해 보자.

: 고갯길을 뛰어갈 때의 토끼 모습을 생각하며 표현해 보자.

: 모랫길을 기어가는 거북이의 모습을 생각하며 표현해 보자.

3) 평가 및 마무리

- 활동에 대한 생각이나 느낌을 이야기한다.

: 활동을 하면서 재미있던 점, 어려웠던 점은 무엇이었니?

활동 7 곰 잡으러 간단다

목표	누리과정 관련요소
• 이야기 속 상황을 몸을 이용하여 창의적으로 표현한다. • 신체활동에 즐겁게 참여한다.	• 신체운동 · 건강: 신체활동 즐기기 – 실내외 신체활동에 자발적으로 참여한다. • 의사소통: 책과 이야기 즐기기 – 동화, 동시에서 말의 재미를 느낀다. • 예술경험: 창의적으로 표현하기 – 신체나 도구를 활용하여 움직임과 춤으로 자유롭게 표현한다.
창의 · 인성 관련 • 창의성: 인지적 요소 – 사고의 확장 동기적 요소 – 몰입	

✿ 활동자료

동화『곰 사냥을 떠나자』(마이클 로젠 글, 공경희 역, 2020, 시공주니어), 신체 표현에 필요한 소품 및 머리띠(곰, 동굴 등 유아들과 결정 후 준비)

✿ 활동방법

1) 도입

– '곰 사냥을 떠나자' 동화를 들은 후 이야기를 상기한다.

: '곰 사냥을 떠나자' 동화의 내용이 생각나니?

: 우리도 멋진 곰을 잡으러 멀리 떠나 볼까? 곰을 잡으러 가려면 무엇을 준비해야 할까?

2) 전개

– 이야기 속 상황과 움직임을 생각하며 움직임과 소리를 몸으로 표현해 본다.

: 자! 이제 곰을 잡으러 갑시다. 무엇이 필요할까요? 어떻게 출발할까요?

: 어! 저기 앞에 높은 풀들이 우거져 있는 풀숲이 나오네요. 어떻게 풀숲을

헤치며 나갈 수 있을까요? 모두 씩씩하게 풀숲을 헤쳐 나왔군요.

: 저기 앞에 진흙탕이 있네요. 첨벙첨벙 진흙탕을 지나가요.

: 어! 신발도 벗고 양말도 벗고 가는 친구도 있네요.

: 자! 다시 힘을 내서 진흙탕을 건너가 봐요.

: 캄캄한 동굴이 나왔어요. 캄캄한 동굴 속으로 들어가요.

: 조심조심! 살금살금!

: 와! 곰이다.

3) 평가 및 마무리

- 활동에 대한 생각이나 느낌을 이야기한다.

: 활동을 하면서 좋았던 점, 재미있던 점, 어려웠던 점은 무엇이었니?

: 풀숲을 걸어갈 때와 진흙탕을 걸어갈 때의 느낌이 어땠니? 어려웠던 점은 없었니?

〈마이클 로젠, 2020, 시공주니어〉

활동 8 병아리 가족

목표	누리과정 관련요소
• 동작의 순서를 기억하여 표현한다. • 신체조절능력을 기른다.	• 신체운동 · 건강: 신체활동 즐기기 - 실내외 신체활동에 자발적으로 참여한다. 신체활동 즐기기 - 신체 움직임을 조절한다.
창의 · 인성 관련 • 창의성: 인지적 요소 - 사고의 확장 동기적 요소 - 몰입	

✿ 활동방법

1) 도입

- 활동을 소개한다.

: 오늘은 '병아리 가족'이라는 손유희를 해 보자.

2) 전개

- 유아에게 손유희를 소개한다.

: 선생님이 하는 손유희를 한번 보자.

- 유아와 함께 손유희를 해 본다.

: 선생님과 함께하는 손유희를 따라 해 보자.

3) 평가 및 마무리

- 활동에 대한 생각이나 느낌을 이야기한다.

: 오늘 새로운 손유희를 배워 봤는데 어려운 점은 없었니?

: 어느 부분이 제일 재미있었니?

: 더 재미있게 바꾸고 싶은 부분은 있었니?

아빠 닭이

양손의 엄지를
번갈아 내민다.

산책하다

양팔을 경쾌하게 흔든다.

커다란 돌덩이에

머리 위로 큰 원을 만든다.

부딪쳤다네

오른쪽 손바닥으로
이마를 친다.

꼬끼오 꼬끼오 꼬끼오

두 손을 입 앞으로 모아
새 흉내를 낸다.

너무너무 아파서

무릎을 오른손으로 탁 친다.

잉잉잉

우는 시늉을 한다.

엄마 닭이

양손의 검지를
번갈아 내민 후

산책하다

양팔을 경쾌하게 흔든다.

커다란 돌덩이에

머리 위로 큰 원을 만든 후

부딪쳤다네

오른쪽 손바닥으로
이마를 친다.

꼬꼬댁 꼬꼬댁 꼬꼬댁

두 손을 입 앞으로 모아
새 흉내를 낸다.

너무너무 아파서

무릎을 오른손으로 탁 친다.

잉잉잉

우는 시늉을 한다.

병아리가

양손의 약지를 번갈아 내민다.

산책하다

양팔을 경쾌하게 흔든다.

커다란 돌덩이에

머리 위로 큰 원을 만든다.

부딪쳤다네

오른쪽 손바닥으로 이마를 친다.

삐약 삐약 삐약

두손을 입 앞으로 모아
새 흉내를 낸다.

너무너무 아프지만

무릎을 오른쪽으로 탁 친다.

꾹 참았네! 꾹!

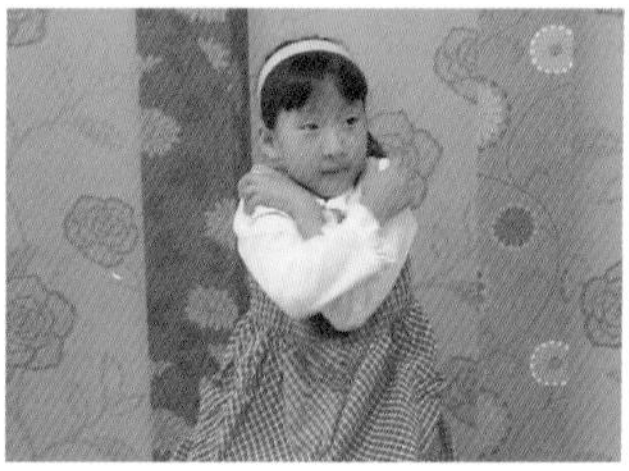

양팔로 어깨를 감싸 쥐고
좌우로 흔든다.

활동 9 숲의 동식물 되어 보기*

목표	누리과정 관련요소
• 숲의 동식물에 관심을 갖는다. • 이야기 속 상황을 몸을 이용하여 창의적으로 표현한다. • 신체활동에 즐겁게 참여한다.	• 신체운동 · 건강: 신체활동 즐기기 - 실내외 신체활동에 자발적으로 참여한다. • 의사소통: 책과 이야기 즐기기 - 동화, 동시에서 말의 재미를 느낀다. • 예술경험: 창의적으로 표현하기 - 신체나 도구를 활용하여 움직임과 춤으로 자유롭게 표현한다.
창의 · 인성 관련 • 창의성: 인지적 요소 - 사고의 확장 동기적 요소 - 몰입	

✿ 활동자료

신체표현에 필요한 머리띠 및 소품(OO이, 노란 새, 파란 새, 빨간 꽃, 하얀 꽃, 분홍 꽃, 해님, 풀벌레 등 유아들과 결정 후 준비)

✿ 활동방법

1) 도입

- 숲속 나들이와 관련된 짧은 이야기를 상기하며 유아들의 이야기를 듣는다.

: 우리가 숲속에 나들이를 다녀온 후 함께 나누었던 이야기가 생각나니?

* 4세 누리과정 교사용지도서『식물과 자연』(pp. 214-216)에서 수정 · 발췌함.

○○의 숲속 나들이

김경화, 박종은

초록 숲속에 갔어요. 숲에 노란 예쁜 새가 나타나 날아다녀요.

새는 이리저리 날아다니다 나뭇가지 위에 앉아요. 이번에는 파란 새가 나타나 노란 새 옆에 앉았어요. 새들이 함께 '짹짹짹', '호로롱' 예쁜 노래를 부르네요.

○○이가 "안녕?" 하고 인사를 하자 새들이 깜짝 놀랐는지 하늘 높이 날아올랐어요.

풀숲에는 빨간, 하얀, 분홍 꽃들이 '뽀롱뽀롱' 예쁘게 피어 있어요. 꽃들은 해님을 보며 방실방실 웃네요. 꽃들 사이로 '팔랑팔랑' 나비가 날아다녀요. 나비는 꽃이 좋은지 꽃들을 꼭 껴안아 주어요.

어, 이게 무슨 소리죠? 아! '찌르찌르' 풀벌레였군요. 풀벌레들은 풀밭을 폴짝폴짝 뛰어다녀요. 이리 폴짝, 저리 폴짝 잘도 뛰어다니네요.

새와 꽃, 나비 그리고 풀벌레를 볼 수 있는 숲속 나들이는 정말 즐거워요.

2) 전개

- 이야기 속 동물과 식물의 움직임과 소리를 몸으로 표현해 본다.
  : 숲속에 갔을 때 새가 어떤 소리를 내고 있었니?
  : 새가 노래를 부르는 모습을 몸으로 어떻게 표현하면 좋을까?
  : 새가 깜짝 놀라 날아갈 때 날개를 어떻게 움직였니?
  : 날아오르는 새를 어떻게 표현할 수 있을까?
  : 폴짝폴짝 뛰어다니는 풀벌레는 어떻게 표현할 수 있을까?
- 하고 싶은 동물의 역할을 정한다.
  : 어떤 동물이 되어 보고 싶니?
- 사전 활동에서 만들어 놓은 소품을 착용한다.
  : 빨간, 하얀, 분홍 꽃에게는 어떤 모양의 머리띠가 필요할까?
  : 나비가 날아가는 모습을 표현하려면 무엇이 필요할까?
- 녹음된 이야기를 들으며 각 등장인물의 특징을 자유롭게 표현해 본다.
- 역할을 바꾸어 진행해 본다.

3) 평가 및 마무리

- 활동에 대한 생각이나 느낌을 이야기한다.

주제

6. 우리나라와 다른 나라

기본운동 동작하기

활동 1 내 몸은 빈대떡
활동 2 앉아서 걷기
활동 3 신문지 옮기기

동작 감상하기

활동 4 덩더쿵 체조 감상하기
활동 5 소고춤 감상하기
활동 6 탱고춤 감상하기

표현 동작하기

활동 7 신호로 표현해요
활동 8 비빔밥 되어 보기
활동 9 세계 여러 나라의 인사법
활동 10 김밥 만들기
활동 11 우리나라 밥

기본운동 동작하기

활동 1 내 몸은 빈대떡

목표	누리과정 관련요소
• 회전하기(돌기) 동작으로 빈대떡을 표현한다. • 친구와 협력하여 활동에 참여한다.	• 신체운동 · 건강: 신체활동 즐기기 – 실내외 신체활동에 자발적으로 참여한다. • 사회관계: 더불어 생활하기 – 친구와 서로 도우며 사이좋게 지낸다. • 예술경험: 창의적으로 표현하기 – 신체나 도구를 활용하여 움직임과 춤으로 자유롭게 표현한다.

창의 · 인성 관련
- 창의성: 인지적 요소 – 사고의 수렴
- 인성: 존중 – 자신과 전통문화에 대한 존중
  협력 – 긍정적인 상호 의존성

✿ 활동자료

매트, 신호 악기(탬버린), 뒤집개, 경쾌한 음악 자료

✿ 활동방법

1) 도입

– 수수께끼로 활동을 소개한다.

: 엄마가 부엌에서 무언가를 만들고 계세요. 커다란 프라이팬에 기름을 두르고 국자로 반죽을 푹 떠서 프라이팬이 쭉 부으니 '지지직' 소리가 나네요. 나는 무엇일까요?

: 오늘은 빈대떡이 되어 몸을 뒤집어 보는(돌려 보는) 활동을 해 볼 거야.

2) 전개

- 손바닥으로 빈대떡을 표현해 본다.

: 먼저, 손바닥으로 빈대떡을 표현해 보자.

: 손바닥을 위로 하여 팔을 쭉 뻗어 보자.

: 선생님이 탬버린을 치면 빈대떡이 타지 않도록 손바닥을 빨리 뒤집어 손등이 보이도록 해 보자.

- 몸으로 빈대떡을 표현해 본다.

: 우리 몸으로 빈대떡을 표현해 보자. 편한 자세로 누워 보자.

: 탬버린을 치면 빠르게 몸을 돌려 엎드려 보자.

: 탬버린을 다시 치면 몸을 다시 돌려 누워 보자.

: 선생님이 뒤집개로 빈대떡이 된 친구들을 뒤집어 볼게.

: (교사가 뒤집개로 유아들의 몸을 건드리면 재빠르게 몸을 뒤집어 본다.)

- 두 사람이 짝이 되어 빈대떡을 표현해 본다.

: 두 사람씩 짝이 되어 서로 껴안고 빈대떡을 표현해 보자.

- 음악을 들으며 다시 한번 표현해 본다.

3) 평가 및 마무리

- 활동에 대한 생각이나 느낌을 이야기한다.

: 빈대떡이 되어 보는 활동을 했는데 어떤 느낌이 들었니?

: 어려운 점은 무엇이었니?

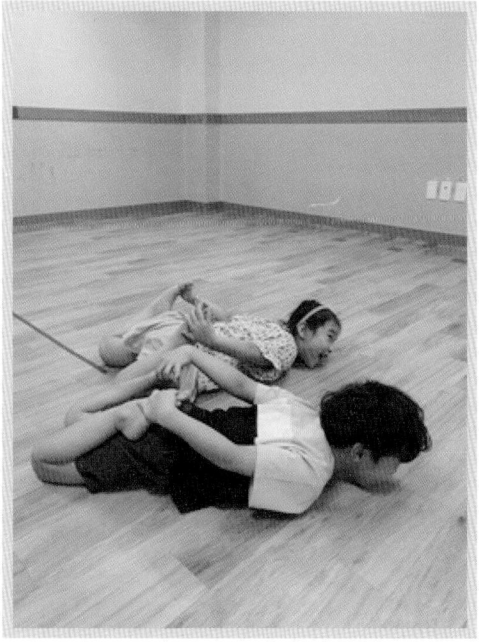

활동 2 앉아서 걷기

목표	누리과정 관련요소
• 신체균형을 유지하며 앉은 자세로 이동운동을 한다. • 신체의 균형을 유지하며 앉은 자세로 비이동 동작을 한다.	• 신체운동 · 건강: 신체활동 즐기기 – 신체 움직임을 조절한다. 신체활동 즐기기 – 기초적인 이동운동, 제자리 운동, 도구를 이용한 운동을 한다.

창의 · 인성 관련
- 창의성: 인지적 요소 – 사고의 수렴
- 인성: 질서 – 기초질서

✿ 활동자료

태극기 목적물(반환점), 음악 테이프, 다양한 모양으로 그려진 바닥 선

✿ 활동방법

1) 도입

- 활동을 소개한다.

: 오늘은 앉아서 걸어 보는 활동을 할 거야.

2) 전개

- 앉은 자세로 제자리에서 걸어 본다.

: 앉은 자세로 제자리에서 걸어 보자. 앉아서 빠르게 걸어 보자. 앉아서 느리게 걸어 보자.

: 앉아서 걸으면서 태극기 반환점을 돌아와 보자.

- 바닥 모양을 따라 걸어 본다.

: 앉아서 바닥 모양을 따라 걸어 보자.

: 앉아서 손을 옆으로 들고 바닥 모양을 따라 걸어가 보자.

- 반환점을 제시하고, 앉아서 걸으면서 반환점을 돌아와 본다.

3) 평가 및 마무리

- 활동에 대한 생각이나 느낌을 이야기한다.

: 앉아서 걸어 보는 활동에서 어려웠던 점은 무엇이니?

활동 3 신문지 옮기기

목표	누리과정 관련요소
• 눈과 손을 조절하여 신문지 공을 전달한다. • 활동 규칙을 알고 즐겁게 참여한다.	• 신체운동 · 건강: 신체활동 즐기기 - 신체 움직임을 조절한다. • 사회관계: 더불어 생활하기 - 친구와 서로 도우며 사이좋게 지낸다.
창의 · 인성 관련 • 창의성: 인지적 요소 - 사고의 수렴 • 인성: 질서 - 기초질서	

✿ 활동자료

둥글게 만 신문지 공(10개), 바구니 4개, 호루라기

✿ 활동방법

1) 도입

- 수수께끼로 신문을 소개한다.

: 글자가 많이 적혀 있어요? 여러 가지 새로운 정보를 전달하지요. 나는 누구일까?

- 활동을 소개한다.

: 오늘은 둥글게 만 신문지 공을 친구에게 전달하는 활동을 할 거야.

2) 전개

- 유아를 두 팀으로 나눈 후 두 줄로 앉힌다.

: 두 명씩 손을 잡고 줄을 서 보자.

: 자리에 앉아 보자.

- 호루라기를 불면 시작 소리에 맞추어 손으로 신문지 공을 받아 맨 끝의 바구니에 담는다.

: 맨 앞에 서 있는 친구들은 자기 앞에 놓여 있는 바구니 안의 신문지 공을

뒤의 친구에게 전달하자.

: 신문지 공을 전달받으면 바로 뒤로 넘기고 맨 뒤에 있는 친구는 맨 끝의 바구니에 담아 보자.

3) 평가 및 마무리

- 활동에 대한 생각이나 느낌을 이야기한다.

: 신문지 옮기기 활동을 하면서 어려운 점은 무엇이었니?

동작 감상하기

활동 4 덩더쿵 체조 감상하기

목표	누리과정 관련요소
• 덩더쿵 체조의 동작에 관심을 가진다. • 음악에 맞춰서 덩더쿵 춤 동작을 표현한다.	• 신체운동 · 건강: 신체활동 즐기기 - 신체 움직임을 조절한다. • 예술경험: 아름다움 찾아보기 - 예술적 요소에 관심을 갖고 찾아본다. 예술 감상하기 - 우리나라 전통 예술에 관심을 갖고 친숙해진다.

창의 · 인성 관련
- 창의성: 동기적 요소 - 호기심, 흥미
- 인성: 존중 - 자신과 전통문화에 대한 존중

✿ 활동자료

덩더쿵 체조 동영상 자료

✿ 활동방법

1) 도입

- 활동을 소개한다.

: 선생님이 덩더쿵 체조라는 동영상 자료를 준비했어.

: 덩더쿵 체조를 어떻게 하는지 감상해 보자.

2) 전개

- 덩더쿵 체조 동영상 자료를 보여 준다.

: 선생님이 덩더쿵 체조 동영상을 보여 줄 테니까 몸의 움직임이 어떤지 잘

생각하면서 보도록 하자.

- 덩더쿵 체조를 본 느낌을 이야기해 본다.

: 덩더쿵 체조에서 팔의 움직임은 어떻게 해야 할까?

: 덩더쿵 체조에서 다리의 움직임이 어땠니?

: 생각나는 체조 동작은 무엇이었니?

- 덩더쿵 체조를 몸으로 표현해 본다.

: 선생님이 준비한 덩더쿵 체조 음악을 들으며 너희들이 본 덩더쿵 체조 중에서 기억나는 동작을 표현해 보자.

: 또 다른 방법으로 덩더쿵 체조를 해 볼 수 있겠니?

3) 평가 및 마무리

- 활동에 대한 생각과 느낌을 이야기한다.

: 오늘 덩더쿵 체조를 보았는데 어떤 생각이 들었니?

: 덩더쿵 체조를 직접 해 보니까 느낌이 어땠니?

활동 5 소고춤 감상하기

목표	누리과정 관련요소
• 소고춤에 관심을 갖는다. • 음악에 맞춰서 소고춤을 춘다. • 신체를 조절하여 소고춤 동작을 표현한다.	• 신체운동 · 건강: 신체활동 즐기기 - 신체 움직임을 조절한다. • 예술경험: 아름다움 찾아보기 - 예술적 요소에 관심을 갖고 찾아본다. 예술 감상하기 - 우리나라 전통 예술에 관심을 갖고 친숙해진다.
창의 · 인성 관련 • 창의성: 동기적 요소 - 호기심, 흥미	

✿ 활동자료

'소고춤을 감상해요' 동영상 자료, 소고

✿ 활동방법

1) 도입

- 활동을 소개한다.

: (소고를 보여 주며) 이 악기의 이름은 무엇일까?

: 이 악기에서는 어떤 소리가 나니?

: 악기를 이용하여 춤을 춘다면 어떤 동작을 만들 수 있니?

: 오늘은 소고를 자유롭게 탐색하고 춤을 춰 보는 활동을 할 거야.

2) 전개

- '소고춤을 감상해요' 동영상을 감상한다.

: 소고를 가지고 춤을 추는 모습을 감상해 볼 거야.

: 소고를 가지고 춤을 추는 모습을 보니 어떤 느낌이 드니?

: 어떤 동작이 기억에 남니?

- 음악에 맞추어 소고춤을 춰 본다.

: 음악에 맞추어 소고를 이용하여 자유롭게 춤을 춰 보자.

: 어떻게 움직여 볼까?

3) 평가 및 마무리

- 소고춤을 춰 본 느낌을 이야기한다.

: 어떤 동작이 재미있었니?

: 소고춤을 춰 보니 기분이 어떠니?

활동 6 탱고춤 감상하기

목표	누리과정 관련요소
• 탱고춤에 관심을 갖는다. • 감상한 탱고춤을 창의적으로 표현해 본다.	• 신체운동 · 건강: 신체활동 즐기기 - 신체 움직임을 조절한다. • 예술경험: 아름다움 찾아보기 - 예술적 요소에 관심을 갖고 찾아본다. 예술 감상하기 - 서로 다른 예술 표현을 존중한다. 창의적으로 표현하기 - 신체나 도구를 활용하여 움직임과 춤으로 자유롭게 표현한다.

창의 · 인성 관련
- 창의성: 동기적 요소 - 호기심, 흥미
- 인성: 존중 - 다른 사람과 다른 문화에 대한 존중

✿ 활동자료

탱고 동영상과 사진 자료

✿ 활동방법

1) 도입

- 활동을 소개한다.

: (사진 자료를 보여 주며) 무엇을 하는 사진인 것 같니? 이 사진은 '탱고'라는 춤을 추는 거란다. 탱고는 아르헨티나 사람들이 즐겨서 추는 춤이란다.

: 탱고춤을 본 친구가 있니? 어떻게 추는 것일까?

: 오늘은 탱고춤을 어떻게 추는지 감상해 보는 활동을 할 거야.

2) 전개

- 탱고춤 동영상 자료를 보여 준다.

: 선생님이 탱고춤 동영상을 보여 줄 테니까 몸의 움직임이 어떤지 잘 생각하면서 보도록 하자.

- 탱고춤을 본 느낌을 이야기해 본다.

: 어떤 동작이 기억에 남니?

- 탱고춤 사진 자료를 보며 탱고춤 동작을 탐색한다.

: 탱고춤을 출 때 팔의 움직임이 어땠니?

: 탱고춤을 출 때 다리의 움직임이 어땠니?

: 생각나는 춤 동작은 무엇이었니?

- 탱고춤을 몸으로 표현해 본다.

: 선생님이 준비한 탱고 음악을 들으며 너희들이 본 탱고춤 중에서 기억나는 동작을 표현해 보자.

: 또 다른 방법으로 탱고를 춰 볼 수 있겠니?

3) 평가 및 마무리

- 활동에 대한 생각과 느낌을 이야기한다.

: 오늘 탱고를 보았는데 어떤 생각이 들었니?

: 탱고를 직접 춰 보니까 느낌이 어땠니?

표현 동작하기

활동 7 신호로 표현해요

목표	누리과정 관련요소
• 신호에 따라 리본테이프로 창의적으로 표현한다. • 신체운동에 즐겁게 참여한다.	• 신체운동 · 건강: 신체활동 즐기기 - 실내외 신체활동에 자발적으로 참여한다. • 예술경험: 창의적으로 표현하기 - 신체나 도구를 활용하여 움직임과 춤으로 자유롭게 표현한다.

창의 · 인성 관련
- 창의성: 인지적 요소 - 사고의 확장

✿ 활동자료

융판 동화 자료, 악기(북, 탬버린, 마라카스, 캐스터네츠 등), 보드판, 리본테이프

✿ 활동방법

1) 도입

- 준비한 동화를 들려준다.

: 어느 날 인도, 미국, 프랑스, 일본, 아프리카 등 여러 나라의 친구들이 우리 ○○반 친구들에게 리본춤을 배우려고 비행기를 타고 오게 되었어. 그런데 우리 반 친구들이 설명해 주는 말을 알아들을 수 없어 리본춤을 배울 수 없었대. 왜 이 친구들이 말을 알아들을 수 없을까? 여러 나라에서 온 친구들은 모두 다른 나라의 말을 사용했기 때문이야. 그래서 우리 친구들이 해 주는 말을 듣고 서로 다른 생각을 하게 되고 싸움도 하게 되고 속상해서 우는 친구도 있었어. 그래서 선생님은 어떻게 하면 모든 사람이 재미있고 즐겁게 리본춤을 배울 수 있을까 고민을 하다가 좋은 방법이 생각났어.

무슨 방법을 생각해 냈을까? 그것은 바로 모든 나라에서 온 친구들이 알아들을 수 있는 악기로 신호를 정하여 리본춤을 추기로 한 거야. 다른 나라 친구들에게 악기로 신호를 정해서 알려 주기 전에 우리 반 친구들이 먼저 악기로 신호를 정한 다음 신호대로 리본춤을 춰 보자.

- 준비한 악기의 이름과 소리를 탐색해 본다.

: 선생님이 준비한 악기들이야.

: 이 악기의 이름은 무엇이니? 소리를 잘 들어 보자.

2) 전개

- 악기 소리에 따라 신호를 정한다.

: 악기의 소리에 따라 리본을 어떻게 움직이면 좋을지 신호를 만들어 보자.

: (준비가 된 악기를 하나씩 들고 소리를 들려주며) 어떻게 리본을 움직이면 좋겠니?

: 또 다른 방법으로 생각한 친구 있니?

: 선생님이 너희가 말한 신호를 그림으로 그려 줄게.

- 교사가 들려주는 악기 소리에 따라 표현해 보게 한다.

: 선생님이 악기 소리를 들려주면 앉아서 너희가 만든 신호대로 리본을 움직여 보자.

: 자, 이번에는 일어서서 움직여 볼 거야. 옆 친구와 닿지 않게 넓게 서 보자.

: 선생님이 악기 소리를 들려주면 자유롭게 돌아다니며 신호에 따라 움직여 보자.

3) 평가 및 마무리

- 활동에 대한 생각이나 느낌을 이야기한다.

: 악기 소리에 따라 신호를 만들어 보는 활동에서 독특하다고 생각한 것은 무엇이니?

: 너희가 만든 신호대로 움직일 때 어떤 점이 어려웠니?

: 움직이면서 친구와 부딪치지 않으려면 어떻게 해야 했니?

활동 8 비빔밥 되어 보기

목표	누리과정 관련요소
• 신체를 이용해 다양한 음식을 창의적으로 표현한다. • 신체활동에 즐겁게 참여한다.	• 신체운동 · 건강: 신체활동 즐기기 - 실내외 신체활동에 자발적으로 참여한다. • 예술경험: 창의적으로 표현하기 - 신체나 도구를 활용하여 움직임과 춤으로 자유롭게 표현한다. • 사회관계: 더불어 생활하기 - 친구와 서로 도우며 사이좋게 지낸다.

창의 · 인성 관련
- 창의성: 인지적 요소 - 사고의 확장

✿ 활동자료

비빔밥 만들기 요리 순서표, 음식 재료 머리띠(고추장, 시금치, 콩나물, 고기, 참기름 등), 색 테이프(둥근 원 모양으로 바닥에 붙임) 또는 카펫

✿ 활동방법

1) 도입

- 비빔밥 요리 순서표를 보며 비빔밥 만드는 과정에 대해 이야기 나눈다.

: 비빔밥을 어떻게 만드는지 순서표를 함께 보자.

: 비빔밥을 어떻게 만들었니?

- 활동을 소개한다.

: 오늘은 우리가 비빔밥이 되어 보는 활동을 해 볼 거야.

2) 전개

- 비빔밥에 들어가는 재료의 역할을 나누어 비빔밥을 만들어 본다.

: 누가 시금치를 해 볼까? 고추장을 해 볼 친구는 누구니?

: 비빔밥에 맨 먼저 무엇을 넣으면 좋을까? 시금치를 어떻게 넣을까? 그 외

에 필요한 재료는 무엇일까? 고추장은 얼마나 넣을까?

: 여기 색 테이프로 그린 그릇(또는 카펫) 속으로 비빔밥 재료들을 넣어 보자.

: 원하는 재료를 다 넣었으면 우리 함께 비벼 보자.

: 어떻게 하면 골고루 잘 비벼질까?

3) 평가 및 마무리

- 활동에 대한 생각이나 느낌을 이야기한다.

: 비빔밥을 만들면서 어려운 점은 무엇이었니?

: 움직일 때 어떤 느낌을 표현해 보았니?

활동 9 세계 여러 나라의 인사법

목표	누리과정 관련요소
• 나라마다 나름대로 고유한 인사 방법이 있음을 안다. • 신체를 이용해 창의적인 방법으로 인사를 표현해 본다.	• 신체운동 · 건강: 신체활동 즐기기 - 실내외 신체활동에 자발적으로 참여한다. • 사회관계: 사회에 관심 가지기 - 다양한 문화에 관심을 가진다. • 예술경험: 창의적으로 표현하기 - 신체나 도구를 활용하여 움직임과 춤으로 자유롭게 표현한다.

창의 · 인성 관련

- 창의성: 인지적 요소 - 사고의 확장
- 인성: 존중 - 다른 사람과 다른 문화에 대한 존중

✿ 활동자료

세계 여러 나라의 인사법에 관한 사진 자료, 경쾌한 음악 자료

✿ 활동방법

1) 도입

- 세계 여러 나라의 인사법에 대한 사진 자료를 보여 주며 알아본다.

: 다른 나라 사람은 어떻게 인사하는지 사진을 보며 알아보자.

- 활동을 소개한다.

: 오늘은 활동실을 돌면서 세계 여행을 하다가 친구와 만나면 인사 나누는 활동을 할 거야.

2) 전개

- 세계 여러 나라의 인사법과 유아들이 만든 인사법으로 활동을 전개한다.

: 활동실을 돌며 세계 여행을 다니는 동안 다른 친구를 만나면 세계 여러 나라의 인사법으로 인사를 나눠 보자.

: 이번에는 나만의 인사법을 만들어 보자. (두 손으로 손뼉치기, 서로 발을 내밀기, 서로 어깨를 툭툭 치기, 서로 등을 대고 부딪치기, 상대방 친구의 코끝을 가볍게 건드리기, 귓불을 서로 잡아당기기, 주먹을 서로 부딪치기, 서로 손을 흔들기, 발바닥을 마주 대고 흔들기)

: 음악에 맞춰 활동실을 돌아다니다가 친구를 만나면 나만의 인사법으로 인사를 나누어 보자.

3) 평가 및 마무리

- 활동에 대한 생각이나 느낌을 이야기한다.

: 오늘 인사를 나누면서 제일 기억에 남는 인사는 어떤 것이었니?

: 활동하면서 속상했던 점은 무엇이니?

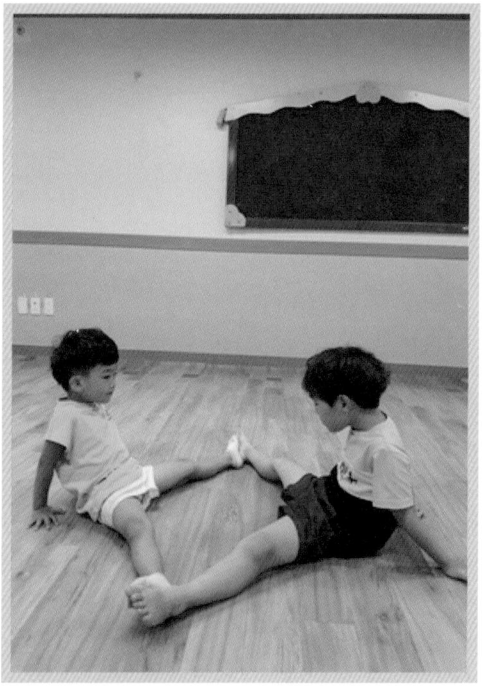

활동 10 김밥 만들기

목표	누리과정 관련요소
• 동작의 순서를 기억하여 손동작으로 표현한다.	• 신체운동 · 건강: 신체활동 즐기기 – 신체 움직임을 조절한다.

창의 · 인성 관련
- 창의성: 동기적 요소 – 호기심, 흥미
- 인성: 질서 – 기초질서

✿ 활동자료

김밥 만드는 그림 자료

✿ 활동방법

1) 도입

- 김밥을 만드는 것과 관련된 경험을 이야기한다.

: 김밥은 어떻게 만드는 것일까? 김밥 만드는 것을 보거나 직접 만들어 본 적이 있니?

- 김밥 만드는 순서를 이야기한다.

: 김밥 만드는 순서를 이야기해 볼 수 있니?

- 유아의 이야기에 맞추어 미리 준비한 그림을 순서대로 놓아 순서도를 만든다.

: 너희들이 말한 김밥 만들기 순서대로 김밥 순서도를 만들어 보자.

- 활동을 소개한다.

: 오늘은 김밥 만들기 손유희를 배워 보자.

2) 전개

- 유아에게 손유희를 소개한다.

: 선생님이 하는 손유희를 한번 보자.

- 유아와 함께 손유희를 해 본다.

: 선생님과 함께 손유희를 따라 해 보자.

3) 평가 및 마무리

– 활동에 대한 생각이나 느낌을 이야기한다.

: 오늘 새로운 손유희를 배웠는데 어려운 점은 무엇이니?

: 어느 부분이 제일 재미있었니?

: 더 재미있게 바꾸고 싶은 부분이 있었니?

김을 펼쳐 놓고 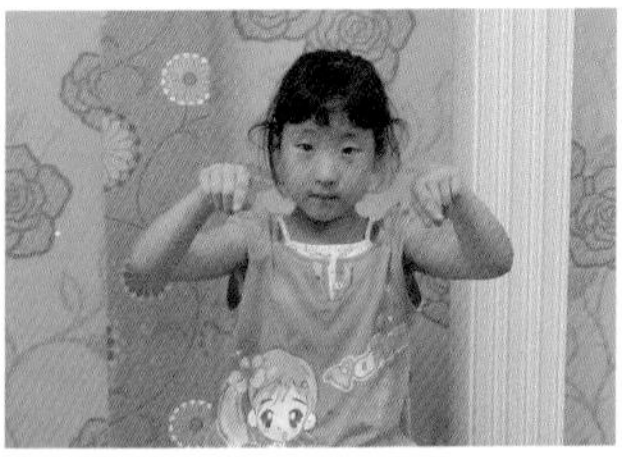 손가락으로 네모를 그린다.	밥을 송송송 깔아 놓아  밥알을 집어서 김에 펼쳐 놓는 시늉을 한다.	빨간 당근  검지, 장지로 가위 모양을 만든다.
파란 시금치  두 손가락 모두 펼쳐서 S자 모양으로 흔든다.	노란 단무지 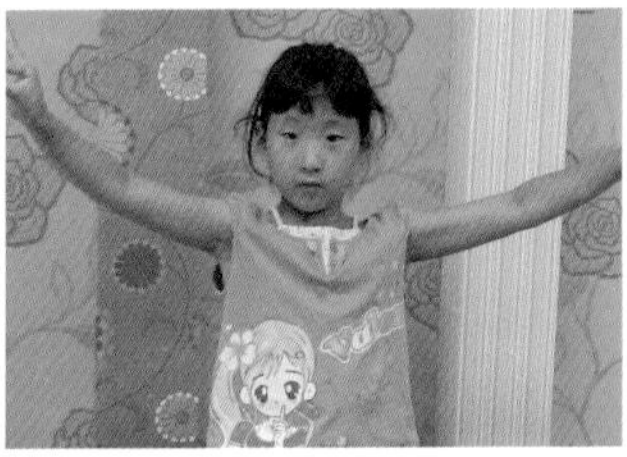 직사각형으로 네모를 길게 그린다.	달걀 프라이를 넣어서 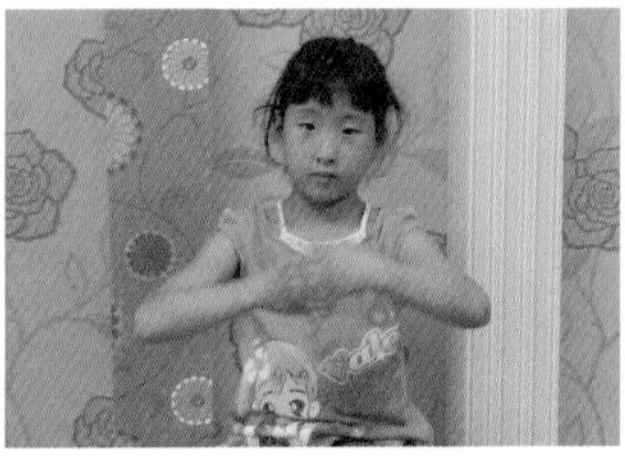 양팔을 실패 감듯이 뱅글뱅글 돌린다.
둘둘둘 꼭꼭꼭 말아 말아 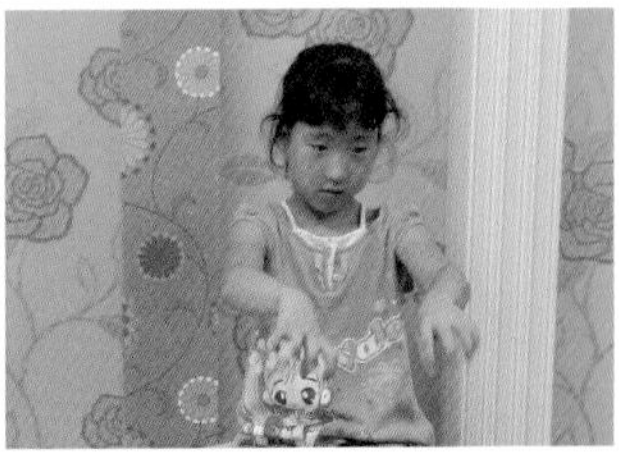 김발을 주먹 쥐어 꼭꼭 누르면서 만다.	쓱쓱쓱 둥글게 썰어 썰어  김밥 써는 시늉을 한다.	쟁반 위에 담아 맛있게 먹어요.  왼손바닥을 펴서 김밥을 담아 놓고 먹는 시늉을 한다.

활동 11 우리나라 밥

목표	누리과정 관련요소
• 동작의 순서를 기억하여 손동작으로 표현한다.	• 신체운동 · 건강: 신체활동 즐기기 - 신체 움직임을 조절한다. • 사회관계: 사회에 관심 가지기 - 우리나라에 대해 자부심을 가진다.

창의 · 인성 관련

• 창의성: 동기적 요소 - 호기심, 흥미

✿ 활동자료

다양한 밥 그림(사진) 자료

✿ 활동방법

1) 도입

- 유아들이 좋아하는 음식에 대해 이야기 나눈다.

: 가장 좋아하는 음식은 어떤 것이니?

: 너희가 좋아하는 음식 중에서 우리나라 음식에는 무엇이 있을까?

- 우리나라 음식 중에서 유아들이 먹어 본 밥의 종류에 대해 이야기 나눈다.

: 우리나라 음식 중에서 너희가 먹어 본 밥은 어떤 밥이 있니?

- 유아들이 먹어 본 밥의 종류를 이야기할 때 그에 맞는 사진을 붙여 준다.

- 활동을 소개한다

: 오늘은 '우리나라 밥'이라는 손유희를 배워 볼 거야.

2) 전개

- 유아에게 손유희를 소개한다.

: 선생님이 하는 손유희를 한번 보자.

- 유아와 함께 손유희를 해 본다.

: 선생님과 함께 손유희를 따라 해 보자.

3) 평가 및 마무리

- 활동에 대한 생각이나 느낌을 이야기한다.

: 오늘 새로운 손유희를 배웠는데 어려운 점은 무엇이니?

: 어느 부분이 제일 재미있었니?

: 더 재미있게 바꾸고 싶은 부분이 있었니?

동글동글 김밥 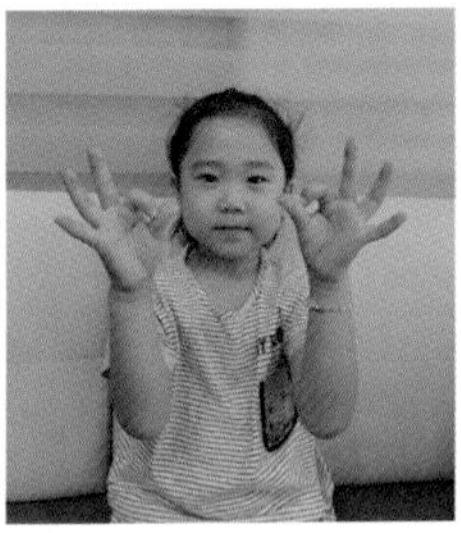 엄지, 검지를 동그랗게 만들어 굴린다.	가마솥에 누룽지밥 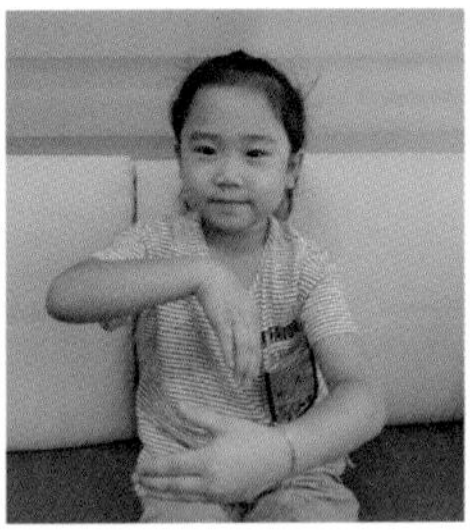 양손으로 원을 그린 후, 누룽지 긁는 시늉을 한다.	이것저것 비빔밥 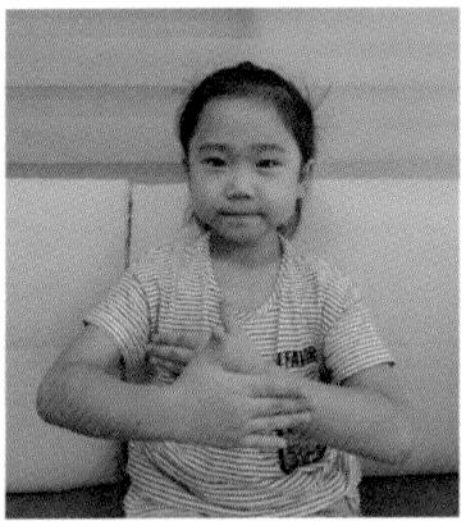 물건을 집는 시늉을 한 후, 양손을 실패 감듯 돌린다.
지글지글 볶음밥 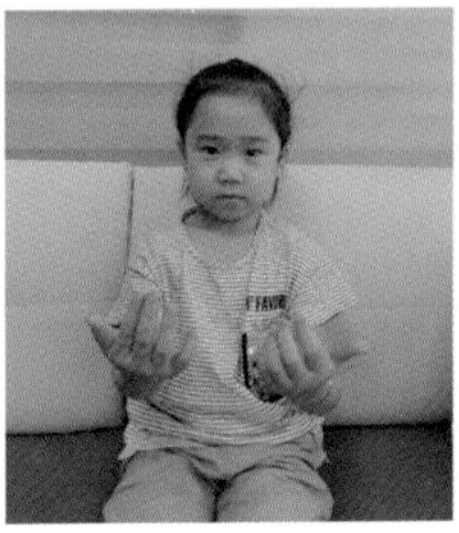 손가락을 위로 향하게 하여 오므렸다 폈다 한다.	조물조물 주먹밥 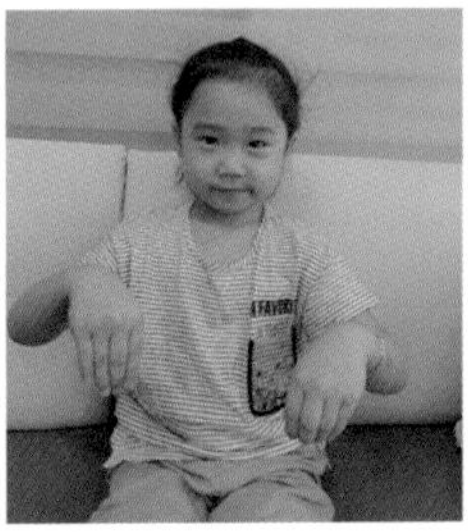 손가락을 밑으로 향하게 하여 조물조물한다.	도미솔도 콩나물밥 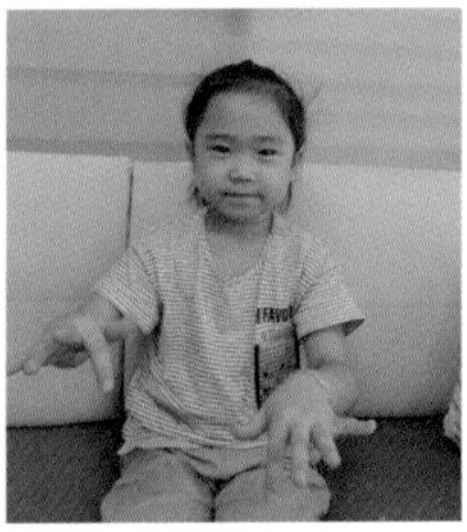 피아노 치는 흉내를 낸다.
아무거나 잘 먹으면 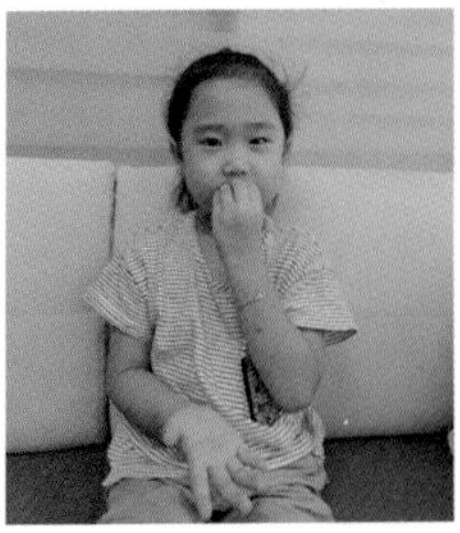 음식을 집어먹는 시늉을 하다가 배를 두드린다.	천하장사 힘장사  양손을 주먹 쥐어 번갈아 가며 위로 올렸다 내린다.	으랏차차 얏! 으랏차차 얏!  양팔을 동시에 위로 올렸다 내린다.

주제

7. 교통기관

기본운동 동작하기

활동 1 칙칙폭폭 터널을 지나가요
활동 2 높이 뛰어라
활동 3 자동차 운전 놀이

동작 감상하기

활동 4 공체조 감상하기

표현 동작하기

활동 5 뱃놀이
활동 6 비행기가 날아요
활동 7 나는 비행기
활동 8 빙빙 헬리콥터
활동 9 일하는 자동차
활동 10 누워서 자전거를 타요

기본운동 동작하기

활동 1 칙칙폭폭 터널을 지나가요

목표	누리과정 관련요소
• 신체를 이용하여 터널의 모습과 기차의 움직임을 표현한다. • 친구와 협력하여 활동에 참여한다.	• 신체운동 · 건강: 신체활동 즐기기 – 신체 움직임을 조절한다. 신체활동 즐기기 – 기초적인 이동운동, 제자리 운동, 도구를 이용한 운동을 한다. • 자연탐구: 탐구과정 즐기기 – 탐구과정에서 서로 다른 생각에 관심을 가진다.
창의 · 인성 관련 • 창의성: 인지적 요소 – 문제해결력 • 인성: 협력 – 긍정적 상호 의존성	

✿ 활동자료

기차가 터널을 지나가는 동영상과 사진 자료

✿ 활동방법

1) 도입

- 기차가 지나가는 사진 자료와 동영상 자료를 보며 활동을 소개한다.

: (사진 자료를 보며) 이것은 어떤 모습이니?

: 기차가 터널을 어떻게 지나가는지 동영상을 보자.

: 기차가 터널을 어떻게 지나갔니?

: 우리 몸을 이용하여 기차가 터널을 지나가는 모습을 표현해 볼 수 있을까?

: 오늘은 몸으로 터널과 기차를 만드는 활동을 해 보자.

2) 전개

- 터널을 만들어 본다.

: 우리 몸을 이용하여 어떻게 터널을 만들 수 있을까?

: 기차가 터널을 지나갈 수 있게 넓은 터널을 만들어 보자.

: 다리를 어깨만큼 벌리고 서서 허리를 구부려 손바닥을 바닥에 대어 보자.

- 친구와 짝이 되어 터널과 기차 역할을 한다.

: 한 명이 터널을 만들면, 다른 친구들은 기차가 되어 보자.

: 기차 역할을 하는 유아는 터널에 부딪치지 않도록 조심조심 기어서 지나가 보자.

: 서로 역할을 바꾸어서 해 보자.

- 유아들과 함께 터널과 기차를 만들어 본다.

: 넓은 터널을 만들고 싶은 친구들은 넓은 터널을 만들어 보자.

: 기차가 되고 싶은 친구들은 한 줄 기차를 만들어 보자.

: 자! 기차 출발합니다.

3) 평가 및 마무리

- 활동에 대한 생각이나 느낌을 이야기한다.

: 어떤 점이 가장 재미있었니?

: 다시 한번 해 본다면 어떻게 할까?

활동 2 높이 뛰어라

목표	누리과정 관련요소
• 교통기관에 관심을 가진다. • 지시에 따라 뛰기와 앙감질을 한다. • 신체운동에 즐겁게 참여한다.	• 신체운동 · 건강: 신체활동 즐기기 – 신체 움직임을 조절한다. 신체활동 즐기기 – 기초적인 이동운동, 제자리 운동, 도구를 이용한 운동을 한다. • 사회관계: 더불어 생활하기 – 약속과 규칙의 필요성을 알고 지킨다.

창의 · 인성 관련

- 창의성: 동기적 요소 – 호기심, 흥미
- 인성: 질서 – 기초질서

✿ 활동자료

교통기관(버스, 택시, 지하철) 그림을 붙인 훌라후프 여러 개

✿ 활동방법

1) 도입

- 교통기관을 타고 여행해 본 경험에 대해 이야기 나눈 후 활동을 소개한다.

: 여러 가지의 교통기관을 타고 멀리 여행을 해 본 적이 있니?

: 무엇을 타고 갔었니?

: 여러 교통기관을 타고 여행을 떠나 보는 활동을 해 보자.

2) 전개

- 교사의 지시에 따라 적절한 교통 기관을 찾아 두 발로 뛴다.

: 우리 다 같이 대전으로 여행을 떠나 볼 거야. 그런데 선생님이 들려주는 이야기를 잘 듣고, 무엇을 타고 가야 하는지 잘 찾아보자.

: 우린 먼저 두 발로 뛰어서 우리가 타야 할 교통기관을 찾아보자.

: 먼저, 버스를 타 보자. 부릉부릉 대전입니다. 버스에서 내려 지하철로 갈아타세요.

- 교사의 지시에 따라 적절한 교통기관을 찾아 앙감질로 뛴다.
: 자, 지하철에서 내려 이번엔 택시로 갈아타세요. 걸어가지 말고, 한 발로 콩콩 뛰어가세요.
- 이 외에 다양한 방법으로 교통기관을 찾아 타 보는 활동을 해 본다.
: 두 발로 뛰어서 타기와 한 발로 콩콩 타는 방법 말고 또 어떤 방법이 있을까?
: 천천히 뛰어 보자. 재빨리 뛰어 보자.

3) 평가 및 마무리

- 활동에 대한 생각이나 느낌을 이야기한다.
: 두 발로 뛰어 보고, 한 발로 뛰어 보니 어떤 느낌이 드니?
: 어떤 점이 가장 재미있었니?
: 다시 한번 해 본다면 어떻게 해 볼까?

활동 3 자동차 운전 놀이

목표	누리과정 관련요소
• 훌라후프를 이용하여 균형감과 신체의 움직임을 조절한다. • 신체운동에 즐겁게 참여한다.	• 신체운동 · 건강: 신체활동 즐기기 - 신체 움직임을 조절한다. 신체활동 즐기기 - 기초적인 이동운동, 제자리 운동, 도구를 이용한 운동을 한다.

창의 · 인성 관련
- 창의성: 동기적 요소 - 호기심 · 흥미
- 인성: 협력 - 집단협력
  질서 - 기초질서

✿ 활동자료

유아용 훌라후프로 만든 자동차, 신호등 지시카드

✿ 활동방법

1) 도입

- 훌라후프로 만든 자동차를 제시하며 활동을 소개한다.
  : 이것이 무엇인 것 같니?
  : 오늘은 훌라후프 자동차로 운전을 하는 활동을 해 볼 거야.

2) 전개

- 훌라후프 자동차를 운전하는 동작을 표현해 본다.
  : 훌라후프 자동차를 운전해 보자.
  : 자동차를 '빠르게/느리게' 운전해 보자.
- 신호등 지시카드를 보면서 신호에 맞게 움직여 본다.
  : 빨간불이에요. 멈추세요. 초록불이에요. 달리세요.
- 유아 여러 명이 운전사와 손님이 되어 움직여 본다.
  : 정류장에 섰어요. 내릴 분은 내리시고 타실 분은 얼른 타세요. 자, 출발합니다.

3) 평가 및 마무리

- 활동에 대한 생각이나 느낌을 이야기한다.

: 어떤 동작이 가장 재미있었니?

: 다시 한번 해 본다면 어떻게 해 볼까?

동작 감상하기

활동 4 공체조 감상하기

목표	누리과정 관련요소
• 공체조를 감상하며 동작의 요소 모양, 힘, 빠르기를 탐색한다. • 공체조하는 모습을 창의적으로 표현한다.	• 신체운동 · 건강: 신체활동 즐기기 – 신체 움직임을 조절한다. • 예술경험: 창의적으로 표현하기 – 신체나 도구를 활용하여 움직임과 춤으로 자유롭게 표현한다. 아름다움 찾아보기 – 예술적 요소에 관심을 갖고 찾아본다.

창의 · 인성 관련
- 창의성: 동기적 요소 – 호기심, 흥미

✿ 활동자료

공체조 그림이나 동영상 자료, 소프트공(풍선)

✿ 활동방법

1) 도입

– (수수께끼로 공을 소개하고) 공체조를 소개한다.

: 나는 뛸 수도 있고 굴러갈 수도 있어요. 나는 굴러서 원하는 곳으로 갈 수 있도록 하는 탈것의 바퀴와 비슷하게 생긴 운동도구예요. 나는 누구일까요?

: 오늘은 공으로 체조를 하는 모습을 감상해 보는 활동을 할 거야.

: 공으로 체조하는 모습을 본 적이 있니?

: 공으로 체조를 한다면 어떤 동작들이 나올 것 같니?

2) 전개

- 공체조하는 동영상 자료를 본다.
- 공체조 모습에 대해 이야기 나눈다.

: 공으로 체조하는 모습을 보니 어떤 느낌이 들었니?

: 공체조 동작에서 어떤 동작이 가장 기억에 남았니?

: 기억에 남는 모습을 친구들에게 표현해 줄 수 있겠니?

- 공체조를 해 본다.

3) 평가 및 마무리

- 유아의 움직임에 대하여 평가해 본다.

: 공체조 동작을 표현해 보니 어떠니? 어떤 점이 가장 재미있었니?

: 다시 한번 해 본다면 어떻게 해 보겠니?

표현 동작하기

활동 5 뱃놀이

목표	누리과정 관련요소
• 신체를 이용하여 노 젓는 움직임을 창의적으로 표현한다.	• 신체운동 · 건강: 신체활동 즐기기 - 기초적인 이동운동, 제자리 운동, 도구를 이용한 운동을 한다. • 예술경험: 창의적으로 표현하기 - 신체나 도구를 활용하여 움직임과 춤으로 자유롭게 표현한다.

창의 · 인성 관련
- 창의성: 인지적 요소 - 사고의 수렴

✿ 활동자료

평균대, 노 젓는 그림이나 동영상 자료, '뱃노래' 음악 자료

✿ 활동방법

1) 도입

- 노 젓는 배의 사진을 보여 주며 활동을 소개한다.

: 노 젓는 배를 타 본 적이 있니?

: 오늘은 배의 노를 젓는 활동을 해 볼 거야.

2) 전개

- 노 젓는 방법을 생각해 본 후, 노 젓는 모습을 표현한다.

: 어떻게 노를 저을 수 있을까?

: 힘차게 노를 저어 보자.

: 커다란 배로 항해하려면, 한 사람만 노를 저으면 될까?

: 모두 함께 힘차게 노를 저어 보자.

: 평균대 위에 나란히 앉아 함께 노를 저어 보자.

3) 평가 및 마무리

- 유아의 움직임에 대하여 평가해 본다.

: 노 젓는 동작을 표현해 보니 어떠니? 어떤 점이 가장 재미있었니?

: 다시 한번 해 본다면 어떻게 해 보겠니?

활동 6 비행기가 날아요

목표	누리과정 관련요소
• 팔과 다리의 움직임을 조절할 수 있다. • 신체를 이용하여 비행기의 움직임을 창의적으로 표현한다.	• 신체운동 · 건강: 신체활동 즐기기 - 기초적인 이동운동, 제자리 운동, 도구를 이용한 운동을 한다. • 예술경험: 창의적으로 표현하기 - 신체나 도구를 활용하여 움직임과 춤으로 자유롭게 표현한다.
창의 · 인성 관련 • 창의성: 인지적 요소 - 사고의 확장	

✿ 활동자료

비행기가 이착륙하는 그림, 동영상 자료, 비행기에 관련된 효과음(이착륙 시에 나는 효과음, 하늘을 날 때의 효과음)

✿ 활동방법

1) 도입

- 소리를 들려주고 비행기를 소개한다.

: 어떤 소리인 것 같니?

: 비행기가 하늘로 뜰 때 나는 소리란다. 비행기가 하늘을 나는 모습을 본 적이 있니?

: 하늘로 뜰 때와 땅으로 내려앉을 때의 모습을 본 적이 있니?

: 오늘은 비행기가 되어 보는 활동을 해 보자.

- 비행기 이착륙에 관한 동영상을 감상해 본다.

: 비행기가 어떻게 날기 시작하는지, 어떻게 멈추는지 관찰해 보자.

2) 전개

- 비행기가 움직이는 모습을 지시에 따라 동작으로 표현해 본다.

: 비행기가 하늘로 뜰 때의 모습을 동작으로 표현해 보자.

: 바퀴가 비행기 몸체 속으로 들어가는 것을 몸으로 나타내 보자.

: 비행기가 하늘 높이 나는 모습을 동작으로 표현해 보자.

: 비행기가 내려앉을 때의 모습을 표현해 보자.

- 효과음에 맞추어 자유롭게 비행기의 움직임을 표현해 본다.

: 선생님이 들려준 음악소리를 잘 들어 보고 마음껏 표현해 보자.

3) 평가 및 마무리

- 유아의 움직임에 대하여 평가해 본다.

: 비행기를 몸으로 표현해 보니 어떠니? 어떤 점이 가장 재미있었니?

: 다시 한번 해 본다면 어떻게 해 보겠니?

활동 7 나는 비행기

목표	누리과정 관련요소
• 동작의 순서를 기억하여 손동작으로 표현한다.	• 신체운동 · 건강: 신체활동 즐기기 - 신체 움직임을 조절한다. • 예술경험: 창의적으로 표현하기 - 신체나 도구를 활용하여 움직임과 춤으로 자유롭게 표현한다.

창의 · 인성 관련

- 창의성: 동기적 요소 - 호기심, 흥미
- 인성: 질서 - 기초질서

✿ 활동방법

1) 도입

- 비행기에 대해 이야기를 나눈 후 활동을 소개한다.

: 오늘은 '나는 비행기'라는 재미있는 손유희를 배워 볼 거야.

2) 전개

- 유아와 함께 손유희를 해 본다.

3) 평가 및 마무리

- 활동에 대한 생각이나 느낌을 이야기한다.

: 오늘 새로운 손유희를 배워 봤는데 어려운 점은 없었니?

: 어느 부분이 제일 재미있었니?

: 더 재미있게 바꾸고 싶은 부분은 있었니?

나는 비행기

오른손 손바닥을 펴서 허리에서
가슴 앞으로 가져온다.

나는 비행기

왼손 손바닥을 펴서 허리에서 가슴
앞으로 가져다 대며 양쪽 엄지를
마주 대고 나머지 손을 편다.

높은 하늘을 훨훨 날아요

엄지를 마주 대며 위에서부터
리듬감 있게 내려온다.

나무 숲을 지나

왼손을 쫙 편 후 손가락을
흔들며 왼쪽 허리에
가져다 댄다.

바다 위를 건너서

오른손을 쫙 편 후 손가락을
흔들며 오른쪽 허리에
가져다 댄다.

어디로 날아가 볼까

왼손을 왼쪽 이마에 대며
고개를 갸우뚱한다.

어디로 날아가 볼까

왼손을 왼쪽 이마에 대며
고개를 갸우뚱한다.

예쁜 친구 무릎 위

예쁜 친구 부분: 앉은 자리에서 양쪽
허벅지를 양손으로 두 번 친다.
무릎 윗부분: 손바닥을 두 번 친다.

쓩~~

양손을 모으고 무릎 위에
가지런히 놓는다.

주: '나는 콩, 나는 콩' 리듬에 맞춰 불러 보면 좀 더 쉽다.

활동 8 빙빙 헬리콥터

목표	누리과정 관련요소
• 헬리콥터의 움직임에 관심을 가진다. • 신체를 이용하여 헬리콥터의 움직임을 창의적으로 표현한다.	• 예술경험: 창의적으로 표현하기 - 신체나 도구를 활용하여 움직임과 춤으로 자유롭게 표현한다. • 자연탐구: 탐구과정 즐기기 - 궁금한 것을 탐구하는 과정에 즐겁게 참여한다.

창의 · 인성 관련
- 창의성: 동기적 요소 - 호기심, 흥미

✿ 활동자료

헬리콥터 그림

✿ 활동방법

1) 도입

- 교사는 헬리콥터 그림을 제시하며 활동을 소개한다.

: 어떤 그림인 것 같니?

: 헬리콥터가 하는 이야기를 한번 들어 보자.

: "나는 헬리콥터야. 하늘을 날아다니는 일을 하지. 내 모습을 잘 살펴보면, 비행기와 약간 다르단다. 어떤 것이 다른지 찾아볼까? 그래, 맞아. 나의 머리 위에는 빙빙 도는 프로펠러가 있어."

: 오늘은 헬리콥터가 되어 보는 활동을 해 보자.

2) 전개

- 헬리콥터가 되었다고 상상하며 동작으로 표현해 본다.

: 우리 몸이 헬리콥터가 되었다고 상상해 보자.

: 프로펠러를 돌려 하늘 위로 올라가 보자.

: 높은 하늘 위를 날아 보자. 낮은 바다 위를 날아 보자.

: 비바람이 몰아치는 정글 숲을 날아 보자.

: 이제, 프로펠러를 천천히 돌리면서 정지해 보자.

3) 평가 및 마무리

- 활동에 대한 생각이나 느낌을 이야기한다.

활동 9 일하는 자동차

목표	누리과정 관련요소
• 일하는 교통기관이 하는 일에 관심을 가진다. • 신체를 이용하여 일하는 자동차들의 움직임을 창의적으로 표현한다.	• 예술경험: 창의적으로 표현하기 - 신체나 도구를 활용하여 움직임과 춤으로 자유롭게 표현한다. • 자연탐구: 탐구과정 즐기기 - 궁금한 것을 탐구하는 과정에 즐겁게 참여한다.

창의 · 인성 관련
- 창의성: 인지적 요소 - 문제해결력

✿ 활동자료

우레탄 블록, 일하는 자동차 그림(굴착기, 로더, 레미콘, 트레일러, 덤프트럭), 음악 자료

✿ 활동방법

1) 도입

- 여러 가지 일하는 자동차 그림(굴착기, 로더, 레미콘, 트레일러, 덤프트럭)을 보면서, 활동을 소개한다.

: 이런 자동차들을 본 적이 있니? 이런 자동차들은 어디에서 어떤 일을 하니?

: 오늘은 이런 자동차들의 일하는 모습을 동작으로 표현해 보는 활동을 할 거야.

2) 전개

- 일하는 자동차를 동작으로 표현해 본다.

: 굴착기(불도저, 레미콘, 트레일러)가 움직이는 것을 몸으로 표현해 보자.

- 유아들과 함께 일하는 자동차들을 표현해 본다.

: 공사장에서 일하는 자동차들을 표현해 보자.

: 공사장에서 흙을 파서 덤프트럭에 싣는 모습을 표현해 보자.

3) 평가 및 마무리

- 활동에 대한 생각이나 느낌을 이야기해 본다.

: 일하는 자동차를 표현해 본 느낌이 어떠니?

: 어떻게 움직이는 모습이 가장 재미있었니?

활동 10 누워서 자전거를 타요

목표	누리과정 관련요소
• 신호에 맞추어 신체를 빨리 또는 천천히 움직이다. • 움직임의 모양, 힘, 빠르기 등에 관심을 가진다. • 자전거를 타는 모습을 동작으로 표현한다.	• 신체운동 · 건강: 신체활동 즐기기 - 신체 움직임을 조절한다. 신체활동 즐기기 - 기초적인 이동운동, 제자리 운동, 도구를 이용한 운동을 한다. • 예술경험: 아름다움 찾아보기 - 예술적 요소에 관심을 갖고 찾아본다.

창의 · 인성 관련
- 창의성: 동기적 요소 - 호기심, 흥미
- 인성: 배려 - 친구에 대한 배려

✿ 활동자료

낙하산, 자전거를 타는 모습 사진 자료(미리 교실에 게시하여 호기심을 자극)

✿ 활동방법

1) 도입

- 다양한 자전거를 타는 모습을 살펴보고 이야기 나눈 후 활동을 소개한다.

: 어떤 모습이니? 어떤 자전거를 타고 있니?

: 오늘은 자전거 타는 모습을 동작으로 표현해 보는 활동을 할 거야.

2) 전개

- 교사의 지시에 따라 자전거 타는 흉내를 내 본다.

: 자전거 타는 흉내를 내 볼까?

: 손은 핸들을 잡고, 안장에 앉은 것처럼 해 볼 수 있겠니?

: 자전거를 탈 때 다리를 어떻게 움직이지?

: 빠르게 달릴 때는 어떻게 움직일까? 느리게 달릴 때는 어떻게 움직일까?

- 누워서 자전거 타는 흉내를 낸다.

: 누워서 자전거를 타 볼까?

: 노래를 부르며 노래에 맞추어 굴려 볼까?

: 빨리/느리게 달리는 자전거가 되어 볼까? (노래를 빠르게/느리게 부른다.)

- 낙하산 아래에 누워서 낙하산천을 발로 차면서 자전거 타기를 해 본다.

: 이번에는 낙하산 아래에 들어가서 자전거를 타 보자. 낙하산 끝을 잡고 발로 낙하산을 차면서 굴려 볼까?

: 다 같이 천천히 달리며 낙하산이 움직이는 것을 볼까?

3) 평가 및 마무리

- 활동에 대한 생각과 느낌을 이야기한다.

: 누워서 자전거를 타 보니 기분이 어떠니?

: 낙하산의 움직임을 보았니? 어떻게 움직였니?

: 어떤 점이 가장 재미있었니?

주제

8. 특별한 날들

기본운동 동작하기

활동 1 소리를 잘 들을 수 있어요

활동 2 제기 차자

동작 감상하기

활동 3 신나는 행진

표현 동작하기

활동 4 눈송이들의 춤

활동 5 나무가 되어요

활동 6 음표들의 봄 소풍

활동 7 모두 다 홉홉홉 뛰어라

활동 8 몸으로 글자 만들기

기본운동 동작하기

활동 1 소리를 잘 들을 수 있어요

목표	누리과정 관련요소
• 장애인의 날에 대해 안다. • 장애를 가진 친구들을 배려하는 마음을 가진다. • 소리에 따라 몸을 움직여 본다.	• 신체운동 · 건강: 신체활동 즐기기 – 신체 움직임을 조절한다. 신체활동 즐기기 – 기초적인 이동운동, 제자리 운동, 도구를 이용한 운동을 한다. • 사회관계: 더불어 생활하기 – 친구와 서로 도우며 사이좋게 지낸다.
창의 · 인성 관련 • 창의성: 인지적 요소 – 사고의 수렴 • 인성: 배려 – 친구에 대한 배려	

✿ 활동자료

신호 악기(탬버린, 방울, 소고 각 1개)

✿ 활동방법

1) 도입

- 장애인의 날에 대해 이야기 나눈다.

: 장애인의 날은 어떤 날일까?

: 어떻게 장애를 가진 친구들을 도와주면 좋을까?

- 여러 가지 악기를 소개한다.

: 무엇일까?

: 어떤 소리가 나니?

- 활동을 소개한다.

: 앞을 보지 못하는 시각장애 친구들에게 소리로 동작을 안내해 주는 활동을 해 볼 거야.

2) 전개

- 유아와 함께 악기 소리에 대한 동작을 만들어 본다.

: 악기 소리별로 동작을 만들어 보자.

: 탬버린(방울 소리, 소고) 소리는 어떤 동작의 신호로 정할까?

(예: 탬버린 소리가 나면 머리를 흔들어 보자, 방울 소리가 나면 손뼉을 치자, 소고 소리가 나면 고개를 끄덕여 보자 등)

: 우리 함께 악기 신호에 따라 동작으로 표현해 보자.

- 악기 신호의 횟수에 따라 유아와 함께 다른 동작을 만들어 본다.

: 이번에는 악기를 치는 횟수에 따라 다르게 동작 신호를 만들어 보자.

: 탬버린 소리(방울 소리, 소고) 한 번을 어떤 동작 신호로 정할까?

: 소리가 들리면 신호에 따라 동작을 표현해 보자.

3) 평가 및 마무리

- 활동을 하고 나서 생각이나 느낌을 표현해 본다.

: 잘 볼 수 없는 시각 장애인 친구들이 소리로만 친구를 찾거나 물건을 찾는 것은 어떤 어려움이 있을까? 어떻게 시각 장애인 친구에게 도움을 줄 수 있을까?

: 악기 소리를 듣고 동작을 정해 표현해 보니 느낌이 어떠니?

: 다시 한번 해 본다면 어떻게 하면 좋을까?

활동 2 제기 차자

목표	누리과정 관련요소
• 설날의 민속놀이를 안다. • 팔과 다리의 움직임을 조절하여 제기를 찬다.	• 신체운동 · 건강: 신체활동 즐기기 - 신체 움직임을 조절한다. 신체활동 즐기기 - 기초적인 이동운동, 제자리 운동, 도구를 이용한 운동을 한다.

창의 · 인성 관련
- 창의성: 인지적 요소 - 문제해결
- 인성: 존중 - 자신과 전통문화에 대한 존중

✿ 활동자료

'얼씨구나 제기 차자' 동시 자료, 부채나 쓰레받기 등의 제기 채에 줄을 매달은 제기, 손으로 잡을 수 있는 줄을 매단 제기

✿ 활동방법

1) 도입

- 설날과 설날에 하는 민속놀이에 대해 이야기를 나눈다.

: 설날은 어떤 날일까?

: 설날에는 어떤 놀이를 하며 지냈을까?

- 동시를 읊어 주며 제기차기 활동을 소개한다.

: 오늘은 '얼씨구나 제기 차자' 동시로 제기차기에 대해 알아보고 여러 가지 방법으로 제기를 차 볼 거야.

2) 전개

- 다양한 제기차기 자료로 다양하게 제기를 차 본다.

: 부채에 매달린 제기를 어떻게 찰 수 있을까?

: 줄을 매단 제기를 어떻게 찰 수 있을까?

: 어떻게 하면 더 높이 제기를 찰 수 있을까?

3) 평가 및 마무리

- 활동을 하고 난 후의 느낌이나 생각에 대해 이야기해 본다.

: 제기를 하늘 높이 차 보니 느낌이 어떠니?

: 원하는 것처럼 제기를 잘 찰 수 있었니?

얼씨구나 제기 차자

얼씨구나 제기 차자
높이높이 차 보자

얼씨구나 제기 차자
하늘까지 차 보자

얼씨구나 제기 차자
멀리멀리 차 보자

얼씨구나 제기 차자
친구에게 차 보자

〈동시판〉

동작 감상하기

활동 3 신나는 행진

목표	누리과정 관련요소
• 국군의 날의 의미를 안다. • 행진곡에 맞추어 행진하며 동작의 요소를 탐색한다.	• 신체운동 · 건강: 신체활동 즐기기 - 기초적인 이동운동, 제자리 운동, 도구를 이용한 운동을 한다. • 예술경험: 창의적으로 표현하기 - 신체나 도구를 활용하여 움직임과 춤으로 자유롭게 표현한다. 아름다움 찾아보기 - 예술적 요소에 관심을 갖고 찾아본다.

창의 · 인성 관련
- 창의성: 성향적 요소 - 개방성
- 인성: 협력 - 집단 협력

✿ 활동자료

국군사진 군인들이 다양하게 걷는 사진 자료, 슈베르트의 '군대행진곡' 음악 자료, 풍선, 리본테이프, 리듬악기, 모자, 가발, 가면 등

✿ 활동방법

1) 도입

- 국군 사진을 보며 국군의 날의 의미를 이야기 나눈다.

: 국인은 어떤 일을 하시는 분일까?

- 군인들이 행진하는 모습의 사진 자료를 제시하며 활동을 소개한다.

: 군인들이 행진하는 모습을 본 적이 있니?

: 국인들이 어떻게 행진할 것 같니?

: 오늘은 군대행진 하는 모습을 감상해 볼 거야.

2) 전개

- 군대가 행진하는 동영상을 본다.
 : 군인들이 행진하는 모습을 살펴보자.
 : 군인들이 행진을 하며 어떤 동작을 하는지도 주의 깊게 살펴보자.
- 군대행진하는 모습에 대해 이야기를 나눈다.
 : 군인들이 행진하는 모습을 보니 어떤 느낌이 드니?
 : 군인들이 행진할 때 모습은 어땠니?
 : 가장 기억에 남는 동작이 있니?
 : 어떤 동작이었니? 친구들에게 표현해 줄 수 있겠니?
- 군대행진곡에 맞추어 행진해 본다.
 : 우리도 군인처럼 씩씩하게 행진해 보자.

3) 평가 및 마무리

- 행진 시의 느낌에 대해서 이야기를 나누며 마무리한다.
 : 함께 행진하니 어떤 느낌이 들었니?

표현 동작하기

활동 4 눈송이들의 춤

목표	누리과정 관련요소
• 입동의 의미에 관심을 가진다. • 눈이 내리는 모습을 창의적으로 표현한다.	• 예술경험: 창의적으로 표현하기 - 신체나 도구를 활용하여 움직임과 춤으로 자유롭게 표현한다. 아름다움 찾아보기 - 예술적 요소에 관심을 갖고 찾아본다. • 자연탐구: 자연과 더불어 살기 - 날씨와 계절의 변화를 생활과 관련짓는다.
창의 · 인성 관련 • 창의성: 성향적 요소 - 개방성	

✿ 활동자료

신호 악기(종), 바람을 표현할 시폰 머플러, 캐럴 음악 자료

✿ 활동방법

1) 도입

- 겨울의 시작을 알리는 절기 '입동'에 대해 이야기 나눈다.

: 겨울의 시작을 알리는 절기 이름을 알고 있니?

: 겨울이 되면 무엇이 기다려지니?

- 활동을 소개한다.

: 하늘에서 내려오는 눈을 본 적이 있니?

: 오늘은 하늘에서 내리는 눈을 동작으로 표현해 보자.

2) 전개

- 지시에 따라 하늘에서 눈이 내리는 모습을 동작으로 표현해 본다.
: 공중으로 높이 뛰어올라 보자.
: 날아갈 듯 경쾌하게 걸어 보거나 몸을 빙빙 돌려 보자.
: 공중을 날던 눈송이가 조용히 땅에 내려앉는 모습을 표현해 보자.
: 갑자기 돌풍이 불어와 바닥에 있는 눈송이들이 다시 날아가는 모습을 표현해 보자.
: 바람이 점점 잠잠해지다가 완전히 가라앉는 모습을 표현해 보자.
: 눈송이들도 바람과 함께 천천히 내려와 바닥에 자리 잡고 앉는 모습을 표현해 보자.
- 캐럴에 맞추어 눈송이를 표현해 본다.
: 이제부터 들려주는 캐럴을 들으면서 눈송이를 다양하게 표현해 보자.

3) 평가 및 마무리

- 활동을 하고 난 후의 생각이나 느낌을 표현해 본다.
: 오늘 하늘에서 내리는 눈에 대해 표현해 보았는데 어떤 느낌이 들었니?

활동 5 나무가 되어요

목표	누리과정 관련요소
• 나무의 움직임을 창의적으로 표현한다. • 음악의 요소에 맞춰 창의적으로 표현한다. • 식목일의 의미를 안다.	• 예술경험: 창의적으로 표현하기 - 신체나 도구를 활용하여 움직임과 춤으로 자유롭게 표현한다. 아름다움 찾아보기 - 예술적 요소에 관심을 갖고 찾아본다. • 자연탐구: 자연과 더불어 살기 - 주변의 동식물에 관심을 가진다.

창의 · 인성 관련
- 창의성: 성향적 요소 - 개방성
- 인성: 존중 - 생명과 환경에 대한 존중

✿ 활동자료

황병기 가야금곡 '숲' 음악 자료

✿ 활동방법

1) 도입

- 식목일에 대해 이야기 나눈다.
- 활동을 소개한다.

: 오늘은 우리 친구들이 나무가 되어 나무가 움직이는 모습을 동작으로 표현해 보자.

2) 전개

- 나무의 움직임에 대해 이야기 나누며 동작으로 표현해 본다.

: 아주 어린 묘목을 몸으로 표현해 보자.

: 한들한들 바람에 흔들리는 모습을 표현해 보자.

: 새싹이 움직이는 모습을 표현해 보자.

: 비바람에 흔들거리는 나뭇잎을 표현해 보자.

: 아주 아주 커다란 나무를 표현해 보자.

- 가야금 산조에 맞추어 나무의 움직임을 동작으로 표현해 본다.

: 눈을 감고 음악을 느껴 보자.

: 음악에 맞추어 바람에 흔들리는 나무의 모습을 표현해 보자.

3) 평가 및 마무리

- 활동을 하고 난 후의 느낌이나 생각에 대해 이야기한다.

: 나무가 되어 여러 가지 느낌을 표현해 보니 어떠니?

활동 6 음표들의 봄 소풍

목표	누리과정 관련요소
• 동화를 통하여 음표들의 생김새와 리듬에 관심을 갖는다. • 다양한 리듬을 신체로 표현해 본다. • 따뜻한 날씨에 할 수 있는 봄 소풍에 대해 안다.	• 의사소통: 책과 이야기 즐기기 - 책에 관심을 가지고 상상하기를 즐긴다. • 예술경험: 창의적으로 표현하기 - 신체나 도구를 활용하여 움직임과 춤으로 자유롭게 표현한다. 아름다움 찾아보기 - 예술적 요소에 관심을 갖고 찾아본다. • 자연탐구: 자연과 더불어 살기 - 날씨와 계절의 변화를 생활과 관련짓는다.

창의 · 인성 관련
• 창의성: 동기적 요소 - 호기심, 흥미

✿ 활동자료

음표 동화 자료, 오선(바닥에 색테이프로 붙임)

✿ 활동방법

1) 도입

- 봄 소풍에 대해 이야기 나눈다.
  : 봄 소풍을 가 본 적 있니?
  : 봄 소풍을 간다면 무엇을 하고 싶니?
  : 봄 소풍을 가면 기분이 어떨까?
- 봄 소풍에 대한 이야기를 나눈 후 '음표들의 봄 소풍'에 대한 이야기를 들려준다.
- 활동을 소개한다.
  : 오늘은 봄이 되어 봄 소풍 나온 음표가 되어 보는 활동을 해 볼 거야.

2) 전개

- 다양한 음표를 몸으로 어떻게 표현할 수 있을지 이야기 나누고 몸으로 표현해 본다.

: 인형들이 음표로 변하는 모습을 표현해 보자.

: 하얀 머리 음표(까만 머리 음표, 꼬리 달린 까만 음표)의 모습을 몸으로 표현해 보자.

: 하얀 머리 음표(까만 머리 음표, 꼬리 달린 까만 음표)들이 어떻게 움직이는지 몸으로 표현해 보자.

: ○○은/는 하얀 머리 음표처럼 '쿠웅' 하며 천천히 움직이는구나!

- 바닥의 오선 위에서 음표를 표현해 본다.

: 바닥의 오선 위에서 소풍 나온 음표처럼 자유롭게 움직여 보자.

: 되고 싶은 음표를 생각해 본 후 음표의 모습과 움직임을 몸으로 표현해 보자.

- '음표들의 봄 소풍' 이야기를 신체로 표현해 본다.

: '음표들의 봄 소풍' 이야기를 들으며 신체로 표현해 보자.

3) 평가 및 마무리

- 활동에 대한 생각이나 느낌을 이야기한다.

: 음표를 신체로 표현해 보면서 느낀 점을 표현해 보자.

음표들의 봄 소풍

옛날에 다양한 머리 모양의 인형들이 살고 있는 마을이 있었어요. 어느 따스한 봄날, 하얗고 둥근 머리 모양을 한 인형과 까맣고 둥근 머리 모양을 한 인형은 봄 소풍을 떠났어요. 두 인형 친구는 개나리, 민들레, 팬지 등 예쁜 봄 꽃도 보고, 싸 온 도시락을 먹으며 재미있게 놀았어요.

그런데 갑자기 맑았던 하늘에서 이슬비가 내리기 시작했어요. 두 인형 친구는 비가 그칠 때까지 잠시 피하려 커다란 벚나무 아래로 들어갔어요. 그런데 비를 피하는 동안 인형들은 그만 스르르 잠이 들어 버렸어요. 얼마 후 비가 그치고 다시 나온 따사로운 봄 햇살에 잠을 자고 있던 인형이 깨어났어요.

"아이 잘 잤다!"

그런데 잠을 자고 일어나 보니 인형들에게 이상한 일이 일어났어요.

글쎄, 인형들의 모습이 변한 거예요. 하얀 둥근 머리 인형은 하얗고 둥근 머리가 아래에 있고 위로 기둥이 길게 뻗은 모습으로 변했고(2분 음표 그림카드 제시), 까맣고 둥근 머리 인형도 까맣고 둥근 머리가 아래에 있고 위로 길게 기둥이 뻗어 나온 모습으로 변한 거예요(4분 음표 그림카드 제시). 그뿐만이 아니에요. 하얀 둥근 머리 인형은 '쿠웅' 하는 큰 소리를 내며 천천히 걷게 되었고, 까만 둥근 머리 인형은 '쿵, 쿵' 하는 소리를 내며 걷게 되었어요.

두 인형 친구는 서로 변화된 모습을 보고 재미있어서 까르르 웃었어요. 그러고는 재미있는 걸음으로 행진하며 신나게 놀았어요. '쿠웅', '쿠웅', '쿵쿵', '쿵쿵'

신나는 행진 놀이를 하고 있는데, 숲속에서 까맣고 둥근 머리가 아래에 있고 위로 기둥 쭉 그리고 거기에 꼬리 하나가 쏙 나와 있는 인형 친구가 '콩콩 콩콩' 하며 다가왔지요. 세 명의 인형 친구는 서로 손을 잡고 '쿠웅', '쿠웅', '쿵쿵', '쿵쿵', '콩콩콩콩', '콩콩콩콩' 몸을 움직이며 신나게 놀았답니다.

어느 날부터인가 사람들은 이런 모습을 한 인형들을 음표라고 불렀대요. 우리 모두 이 음표 인형들과 춤을 춰 볼까요? 인형들이 바닥에 그려진 다섯 개의 빨랫줄에서 춤을 추고 싶대요. 우리도 함께 노래를 하며 춤을 추어 보아요.

활동 7 모두 다 홉홉홉 뛰어라

목표	누리과정 관련요소
• 노랫말 지시에 따라 움직여 본다. • 노랫말에 관심을 가지고 즐겁게 활동에 참여한다. • 어린이날 기분을 신체로 표현해 본다.	• 신체운동 · 건강: 신체활동 즐기기 - 기초적인 이동운동, 제자리 운동, 도구를 이용한 운동을 한다. • 예술경험: 창의적으로 표현하기 - 신체나 도구를 활용하여 움직임과 춤으로 자유롭게 표현한다.

창의 · 인성 관련
- 창의성: 동기적 요소 - 호기심, 흥미
- 인성: 질서 - 기초질서

✿ 활동자료

'모두 다 홉홉홉 뛰어라' 음악 자료

✿ 활동방법

1) 도입

- 어린이날의 의미와 어린이날 주인공이 된 기분을 이야기 나눈다.
  : 어린이날 주인공은 누구일까?
  : 주인공이 된 기분을 뛰기로 표현하면 어떻게 표현할 수 있을까?
  : 주인공이 된 기분을 신나게 홉홉홉 뛰어 보자.
- '모두 다 홉홉홉 뛰어라' 노래를 들려주며 활동을 소개한다.
  : '모두 다 홉홉홉 뛰어라' 노래를 들어 보니 어떠니?
  : 무엇을 할 때 듣는 음악 같니?
  : 우리도 '모두 다 홉홉홉 뛰어라' 노래에 맞추어 동작을 해 보자.

2) 전개

- 전체 유아와 노래를 불러 보며, 노랫말에 나오는 동작을 어떻게 표현하면 좋을지 이야기를 나눈다.

:'모두 다 홉홉홉 뛰어라'는 어떻게 표현해 볼까?
:'모두 다 훨훨훨 날아라'는 어떻게 표현해 볼까?
- 유아들과 이야기를 나눈 동작을 함께 표현해 본다.
- 노래에 맞추어 동작으로 표현해 본다.

3) 평가 및 마무리
- 신나는 기분을 홉홉홉 뛰기로 표현해 본 느낌을 이야기 나눠 본다.
- 노래를 부르며 동작한 내용에 대한 느낌을 나눠 본다.
: 노랫말 지시에 따라 몸을 움직여 보니 어떤 느낌이 들었니?

활동 8 몸으로 글자 만들기

목표	누리과정 관련요소
• 신체를 이용하여 다양한 글자 모양을 표현한다.	• 의사소통: 읽기와 쓰기에 관심 가지기 – 주변의 상징, 글자 등의 읽기에 관심을 가진다. • 신체운동 · 건강: 신체활동 즐기기 – 기초적인 이동운동, 제자리 운동, 도구를 이용한 운동을 한다. • 예술경험: 창의적으로 표현하기 – 신체나 도구를 활용하여 움직임과 춤으로 자유롭게 표현한다.

창의 · 인성 관련
- 창의성: 인지적 요소 – 사고의 확장
- 인성: 존중 – 자신과 전통문화에 대한 존중

활동자료

한글 자음과 모음 카드, 글자그림 카드(가방, 나비, 다리 등)

활동방법

1) 도입

- 한글날에 대해 이야기 나눈다.

: 한글날은 어떤 날이니?

- 한글의 자음 · 모음 글자 카드를 보여 주고, 활동을 소개한다.

: 오늘은 몸으로 글자를 만들어 보는 활동을 해 볼 거야.

2) 전개

- 한글 자음 · 모음 카드를 보며 신체의 여러 부위를 이용해 글자를 만들어 본다.

: 카드 속의 글자를 우리 몸을 이용하여 만들어 보자.

: 우리 몸의 여러 부위를 이용하여 작은 글자를 만들어 보자.

: 우리 몸 전체를 이용하여 아주 크게 글자를 만들어 보자.
- 2~3명의 유아가 함께 글자그림 카드의 글자를 몸으로 만들어 본다.
: 옆 친구와 함께 글자그림 카드에 적힌 글자를 몸으로 만들어 보자.
- 친구들이 몸으로 만든 후 글자를 보고 어떤 글자를 만들었는지 맞혀 본다.
: 2~3명의 친구가 나와 글자 카드를 뽑아 글자를 만들어 보자.
: 다른 친구들은 이 친구들이 어떤 글자를 만들었는지 맞혀 보자.

3) 평가 및 마무리

- 활동에 대한 느낌을 평가하고 이야기한다.
: 몸으로 글자를 만들어 보니 느낌이 어떠니?
: 표현하기 쉬운 글자는 무엇이니?
: 표현하기 어려웠던 글자는 무엇이니?

실제편 참고문헌

교육과학기술부(2012a). 3세 누리과정 교사용 지도서 봄 · 여름 · 가을 · 겨울. 서울: 교육과학기술부.

교육과학기술부(2012b). 4세 누리과정 교사용 지도서 생활도구. 서울: 교육과학기술부.

교육과학기술부(2012c). 4세 누리과정 교사용 지도서 동식물과 자연. 서울: 교육과학기술부.

교육과학기술부(2012d). 5세 누리과정 교사용 지도서 유치원과 친구. 서울: 교육과학기술부.

교육과학기술부(2012e). 5세 누리과정 교사용 지도서 나와 가족. 서울: 교육과학기술부.

교육인적자원부(2000). 유치원 교육활동 자료 4. 서울: 교육인적자원부.

보건복지부, 교육과학기술부(2013). 3세 누리과정 교사용 지도서 교통기관. 우리나라. 서울: 보건복지부, 교육과학기술부.

야브우치 마사유키(2006). 어떻게 잠을 잘까요(박은덕 역). 서울: 한림출판사.

유승정(2007). 봉산탈사자춤. 서울: 초암책방.

이은화, 김순세(1978). 어린이 춤곡. 서울: 형설출판사.

Rosen, M. (2020). 곰 사냥을 떠나자(공경희 역). 서울: 시공주니어.

절취선

부록 [동작의 기본요소와 동작활동의 분석표] 만들기

유아동작교육 계획 시 다양한 기본요소들과 동작이 포함되도록 활용해 보세요.

〈만드는 방법〉

1. 세 원을 오린다.
2. 오려 둔 3개의 원을 크기 순으로 포개어 중앙에 구멍을 내어 할핀으로 고정한다.
3. 동작의 기본요소와 동작활동 분석표를 완성한다(p. 69 참조).
4. 동작활동 시 세 원을 돌려 가며 동작의 기본요소와 다양한 동작이 포함되도록 계획한다.

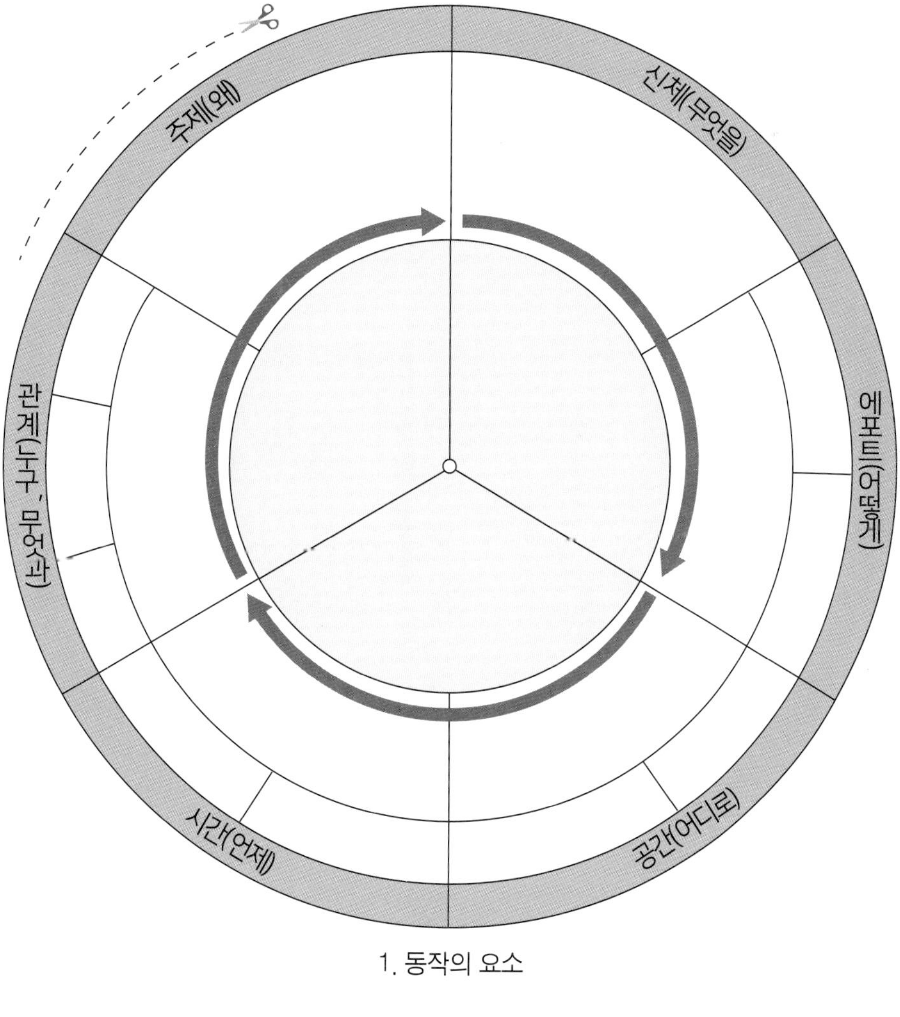

1. 동작의 요소

절취선

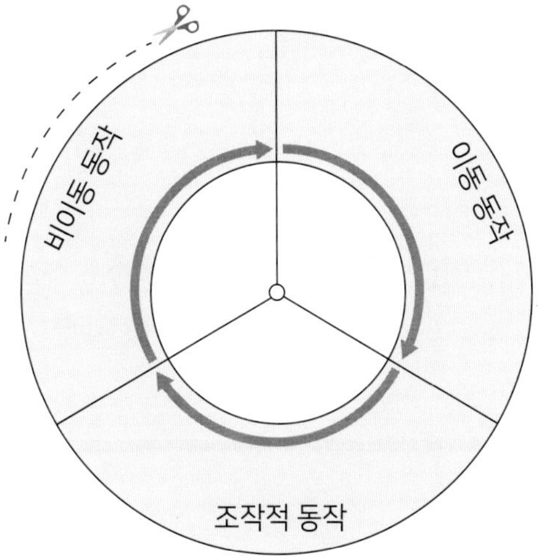

2. 기본운동 동작하기

3. 표현 동작하기

찾아보기

인명

내용

저자 소개

심성경(Shim Seongkyung)
이화여자대학교 사범대학 교육학과 학사
이화여자대학교 대학원 교육학과(유아교육 전공) 석사, 박사
한국유아교육학회 전북지회 초대회장 역임
(사)한국육아지원학회 회장 역임
원광대학교 사범대학 부속유치원 원장 역임
현 원광대학교 사범대학 유아교육과 교수

이선경(Lee Seonkyung)
원광대학교 사범대학 유아교육과 학사
이화여자대학교 대학원 교육학과(유아교육 전공) 석사
원광대학교 대학원(유아교육 전공) 박사
현 송원대학교 유아교육과 교수

변길희(Byon Kilhee)
원광대학교 사범대학 유아교육과 학사
원광대학교 교육대학원(유아교육 전공) 석사
원광대학교 대학원(유아교육 전공) 박사
한국유아교육학회 전북지회 12, 13대 회장 역임
현 서원대학교 사범대학 유아교육과 교수

박주희(Park Joohee)
원광대학교 사범대학 유아교육과 학사
원광대학교 대학원(유아교육 전공) 석사, 박사
현 행복한 사과나무 어린이집 원장

전영선(Jeon Youngsun)
원광대학교 사범대학 유아교육과 학사
원광대학교 교육대학원(유아교육 전공) 석사
원광대학교 대학원(유아교육 전공) 박사
현 원광대학교 초빙교수

유아를 위한 동작교육의 이론과 실제(3판)

Movement Education for Young Children, 3rd ed.

2007년 9월 10일 1판 1쇄 발행
2012년 3월 10일 1판 3쇄 발행
2015년 5월 30일 2판 1쇄 발행
2019년 7월 10일 2판 4쇄 발행
2021년 3월 10일 3판 1쇄 발행

지은이 • 심성경 · 이선경 · 변길희 · 박주희 · 전영선
펴낸이 • 김진환
펴낸곳 • (주) 학지사
04031 서울특별시 마포구 양화로 15길 20 마인드월드빌딩
대표전화 • 02)330-5114 팩스 02)324-2345
등록번호 • 제313-2006-000265호

홈페이지 • http://www.hakjisa.co.kr
페이스북 • https://www.facebook.com/hakjisa

ISBN 978-89-997-2338-4 93370

정가 20,000원